BIBLIOTHÈQUE NOUVELLE
à 1 fr. le volume.

ALEX. DUMAS FILS

DIANE DE LYS

CE QU'ON NE SAIT PAS

GRANGETTE — UNE LOGE A CAMILLE

PARIS
LIBRAIRIE NOUVELLE
BOULEVARD DES ITALIENS, 15, EN FACE DE LA MAISON DORÉE

1855

DIANE DE LYS

PARIS. — TYP. DONDEY-DUPRÉ, RUE SAINT-LOUIS, 46.

DIANE
DE LYS

CE QU'ON NE SAIT PAS

GRANGETTE. — UNE LOGE A CAMILLE

PAR

ALEXANDRE DUMAS FILS

PARIS
LIBRAIRIE NOUVELLE
BOULEVARD DES ITALIENS, 15, EN FACE DE LA MAISON DORÉE.
—
1855

L'Auteur et les Éditeurs se réservent tous droits de traduction et de reproduction.

A

MONSIEUR JULES SANDEAU

HOMMAGE DE L'AUTEUR DÉVOUÉ

A. DUMAS fils.

DIANE DE LYS

Il vous est certainement arrivé de rencontrer dans le monde au moins une de ces beautés incontestables, sûres d'elles-mêmes, et comme on a coutume de se figurer les reines ; car l'imagination de l'homme aime à compléter la majesté du rang par la majesté du visage. Quand ces femmes dont nous parlons entrent dans un salon, on dit, malgré soi, à son voisin :

— Voyez donc cette belle tête !

Le voisin auquel on s'adresse, lequel n'est le plus souvent qu'un homme ordinaire, répond par cette phrase traditionnelle et qui résume pour lui toutes les admirations :

— En effet, c'est une tête d'étude.

Une tête d'étude ! C'est-à-dire un nez droit, des yeux grands, un profil régulier, une bouche entr'ouverte, aux lèvres arquées, des dents blanches, un col rond comme une colonne de marbre et une draperie quelconque sur le reste ; tout cela calme, froid, impassible, sans âme, sans passion, sans éclair, et bien propre en réalité à servir de modèle à une étude aux deux crayons, à l'usage des colléges et des pensionnats de jeunes demoiselles.

Vous avez vu de ces têtes-là sur un corps aussi parfait, et vous vous êtes dit : Cette femme est belle, aussi belle qu'il est possible de l'être ; d'où vient que cette beauté ne m'est pas sympathique, tout évidente qu'elle est, et pourquoi suis-je sûr que je n'aurai pas d'amour pour cette femme, tandis que j'en aurai peut-être pour cette autre qui est maigre, qui a de petits yeux, le nez retroussé, et que personne ne regarde.

C'est qu'en effet il leur manque quelque chose, à ces femmes; il leur manque presque toujours d'avoir aimé, ou d'avoir souffert, ce qui est à peu près synonyme, car l'un ne va guère sans l'autre, et d'en porter la trace sur leur visage. Pourquoi n'ont-elles pas aimé? me direz-vous. Parce que la beauté est égoïste, se suffit à elle-même, absorbe et ne rend pas; parce que la femme incontestablement belle n'éprouve pas d'autre besoin que celui de s'entendre dire qu'elle l'est, et ne veut pas donner à un seul cette beauté dont celui-là serait jaloux et qu'il l'empêcherait de montrer aux autres. Parce qu'elle préfère à tout le murmure d'admiration qui accueille son entrée dans un spectacle ou dans un bal; parce que ses allures fières ne pourraient pas se plier aux câlineries des intimités, parce qu'il lui faudrait descendre des hauteurs de son orgueil; parce qu'elle ne saurait pas aimer, enfin, et qu'elle y serait gauche.

La marquise Diane de Lys, notre héroïne, était une de ces femmes-là. A l'heure où nous faisons sa connaissance, elle était assise près de la fenêtre, dans un charmant boudoir de l'hôtel qu'elle occupait sur le quai Voltaire, elle avait un livre sur ses genoux et limait ses ongles roses. A quoi elle pensait, nul n'eût pu le savoir, pas même elle, peut-être.

Ceci se passait au mois de septembre, et il pouvait être huit heures du soir.

La marquise était livrée à l'occupation que nous venons de dire, quand un domestique ouvrit la porte du boudoir et annonça :

— Madame Delaunay !

Alors parut une charmante femme de trente ans, blonde aux yeux bruns d'une douceur infinie, mise avec une élégante simplicité, comme on dit toujours, et portant en elle ce je ne sais quoi qui dénote la vie calme, transparente, régulière du foyer conjugal.

— Ah ! te voilà, Marceline, dit la marquise à la jeune femme. Que tu fais bien de venir ! je m'ennuie horriblement.

— Où est donc le marquis ?

— Est-ce que je le sais ?

— Comme tu dis cela !

— Tu aimes donc ton mari, toi, Marceline ?

— Oui, et toi ?

— Moi aussi, j'aime mon mari, dit la marquise du ton dont elle eût dit : Tiens ! il pleut.

— Eh bien ! je t'apporte une lettre.

— Donne.

La marquise tint quelques instants le papier sans l'ouvrir.

— Sais-tu que ce petit Maximilien est d'une vieille famille, dit-elle en brisant le cachet avec presque autant d'indifférence qu'elle en eût mis à parcourir une note de couturière ou de marchande de modes. Le connais-tu ?

— Non.

— C'est un charmant garçon.

— Que fait-il ?

— Il me fait la cour.

— Depuis longtemps ?

— Depuis un an.

La marquise parcourut la lettre que Marceline venait de lui remettre.

Pendant ce temps, Marceline avait pris le livre de Diane et le feuilletait.

— Il est triste, il est malheureux, dit la marquise,

— Pourquoi?

— Parce que je n'ai pas répondu à sa première lettre.

— Et tu vas répondre à celle-ci?

— Il le faut bien.

— Que demande-t-il? Car il doit demander quelque chose.

— Il demande un entretien particulier avec moi.

— Et tu le lui accorderas?

— Je m'ennuie tant.

— Mais songe que c'est une faute grave.

— Ah! ma chère amie, nous pouvons nous l'avouer entre femmes, ce que le monde appelle une faute ne mérite pas l'importance qu'on lui donne. Si j'étais aimée de mon mari comme tu es aimée du tien, je ferais une faute en faisant ce que je fais; mais mon mari ne m'aime pas. Il a mangé sa fortune et usé son cœur en la mangeant. Il m'a épousé parce que j'avais deux millions de dot, et mon père m'a donné à lui parce qu'il avait un beau nom. Mes jours se succèdent les uns aux autres avec une régularité de chronomètre. J'ai tout ce que les autres ambitionnent, et je m'ennuie à mourir. Quand j'aurai passé bien des jours à me promener en voiture, à aller au bal, à me montrer aux Italiens, je serai vieille, mon front sera ridé, mes cheveux seront gris, et j'aurai été vertueuse aux yeux du monde, mais je ne l'aurai été à mes propres yeux que par parure ou par oubli. Ne regretterai-je pas alors les émotions que j'aurais pu me donner, et qui seront à jamais perdues pour moi? Je suis belle encore : à quoi bon cette beauté, si je n'aime personne?

— Et, pour la première épreuve, tu as choisi ce jeune homme qui t'écrit? demanda Marceline avec l'étonnement que lui causait un pareil discours.

La marquise fit à peu près signe que oui.

— Et crois-tu qu'il t'aime?

— Il serait bien difficile, s'il ne m'aimait pas.
— Songe à ce que tu vas faire.
— Si j'y songeais, je ne le ferais pas.

Et Diane, se levant, ouvrit un pupitre de bois de rose et se mit à écrire.

— S'il y a un côté embarrassant, dit-elle, c'est la lettre.
— Pourquoi ?
— Parce que si l'on dit trop, on se compromet, et que, si l'on ne dit pas assez, on risque de n'être pas comprise.
— En effet, c'est embarrassant, je suis bien heureuse de ne pas avoir de ces embarras-là.
— Cela viendra peut-être.
— Non, fit madame Delaunay ; et l'on sentait que ce mot venait du cœur et non des lèvres.

La marquise prit la plume, et sa main courut sur le papier. Pendant ce temps, Marceline, appuyée à la fenêtre, regardait passer les promeneurs du soir. Diane vint au bout de quelques instants rejoindre son amie.

— C'est fait, dit-elle.
— Peut-on voir ?
— Oui, tu me diras si c'est bien.

« Vous vous étonnez de mon silence, lut la marquise ; vous devriez comprendre qu'une femme répond difficilement à une première lettre, surtout quand cette lettre contient ce que contenait la vôtre. Je veux bien croire ce que vous me dites, mais, malgré un certain plaisir que j'aurais à vous voir, il me paraît impossible que nous nous rencontrions autre part que chez moi, où je pourrais vous promettre l'entretien que vous me demandez, ma porte étant ouverte à tous ceux qui y frappent. Cependant, ayez de l'imagination, j'aurai peut-être de l'indulgence. »

— Comment trouves-tu cela ?
— Bien, pour ce que cela est.
— Alors, il n'y a plus qu'à cacheter.

Diane cacheta la lettre, mit l'adresse, et donna le message à son amie en lui disant :

— En t'en allant, jette cela à la poste.

— Maintenant, je m'en vais, dit Marceline, mon mari m'attend.

— Voilà toute la différence qu'il y a entre nous deux, chère amie, c'est que toi sortie, ton mari t'attend, et que mon mari dehors, je ne l'attends pas. Veux-tu que je fasse atteler pour qu'on te reconduise.

— Merci, je vais m'en aller à pied.

— Quand te reverrai-je ?

— Demain soir, il y aura sans doute une lettre.

— Tu ne viens donc que pour cela ?

Les deux femmes s'embrassèrent.

— Es-tu folle, dit la marquise, tu sais bien que je t'ai toujours aimée.

Marceline descendit.

La marquise resta quelques instants à sa fenêtre, puis elle sonna sa femme de chambre, prit le livre qu'elle avait commencé à lire, et rentra dans sa chambre à coucher.

Elle fit sa toilette de nuit et ferma ses portes aux verroux.

Quand elle fut seule, elle s'approcha de sa glace. En se voyant si belle, elle se sourit à elle-même, puis elle prit le candélabre qu'elle déposa sur une table de nuit, quitta ses pantoufles de satin, sauta gaiement sur son lit, et se mit à lire.

D'abord, ses yeux coururent sur le livre ouvert ; mais soit que le livre ne fût pas intéressant, soit qu'une pensée étrangère la dominât, elle n'en tourna pas une page, et bientôt les caractères, perdant à la fois leur forme et leur sens, se brouillèrent dans le vague de son regard. Alors la marquise rejeta sa tête en arrière et l'appuya sur son bras blanc et rond, une douce rêverie s'empara d'elle, et quelques instants après, le livre tombait sur le tapis, sans qu'elle s'en aperçût. Diane dormait.

Pendant ce temps, madame Delaunay était rentrée chez elle, après avoir simplement mis à la poste la lettre de son amie.

Madame Delaunay avait été en pension avec Diane, et cette dernière avait toujours eu et conservé pour sa camarade, comme elle venait de le lui répéter, une de ces affections premières que le monde ne brise pas, malgré ses habitudes et ses exigences. Il en résulte que le jour où la marquise eut à recevoir des lettres auxquelles elle n'osait pas faire affronter le domicile conjugal, elle eut recours à l'amitié discrète de Marceline. Ce n'est pas que la marquise eût peur de la jalousie ou de la colère du marquis; elle savait à quoi s'en tenir là-dessus; mais nul ne pourrait dire où peut aller une lettre, et Diane aimait mieux mettre une amie qu'un domestique dans sa confidence. Elle avait d'abord dit à madame Delaunay que ces lettres seraient d'une parente que son mari n'aimait pas, puis elle avait fini par lui avouer la vérité, c'est-à-dire qu'elle avait autorisé le jeune baron de Ternon à lui faire sa cour par correspondance. Était-ce en cette occasion la première fois que madame Delaunay se chargeait d'une pareille complicité? Oui, et de plus, nous pouvons affirmer que la marquise ne l'avait jamais demandée à une autre, et que Maximilien était le premier homme à qui elle permît de lui écrire dans ce sens.

La marquise était donc bien jeune? diront les sceptiques.

La marquise avait vingt-huit ans; elle était belle, riche, brune, oisive et mariée. Sa fortune lui venait de son père, son oisiveté de sa fortune, son ennui de son mariage. La marquise avait eu toutes les jouissances du luxe, toutes les distractions du monde, tous les plaisirs qui s'achètent. Beaucoup d'hommes lui avaient fait la cour, car son mari paraissait assez indifférent pour elle, et elle avait des yeux et des cheveux qui semblaient protester contre une semblable indifférence de toute la force de leur couleur; mais, nous le répétons, soit paresse de cœur, soit paresse physique, la marquise n'avait encore écouté personne.

D'où venait alors qu'elle eût écouté Maximilien?

Était-il donc un homme supérieur, ou se sentait-elle prise pour lui d'un insurmontable amour? Rien de cela; seulement, comme nous venons de le dire, la marquise avait vingt-huit ans et elle s'épouvantait de l'idée d'en avoir trente sans avoir aimé quelqu'un. Maximilien n'était donc pas l'objet d'une préférence, il était destiné à réparer au plus vite un oubli du cœur. Diane avait cherché autour d'elle de qui elle pourrait accepter la cour sans trop de crainte, sans trop de scandale, sans trop de changement dans sa vie, et le baron s'était trouvé, de tous ses courtisans, celui qui réunissait le mieux les qualités voulues. Il était jeune; elle pouvait donc croire qu'il avait des illusions, et qu'il l'aimait comme on aime quand on a vingt ans; elle était belle et ne craignait guère de rivalités; enfin, il était surveillé par un père et une mère auxquels il obéissait comme un enfant; elle n'exposait donc pas sa liberté plus qu'elle ne le devait. Cet amour pouvait être une occupation assez agréable, et la marquise ne l'envisageait pas autrement.

Quoi qu'il en soit, Maximilien, qui s'était rencontré souvent dans le monde avec madame de Lys, lui avait fait sa cour avec cette timidité qui séduit tant les femmes. Elle avait paru l'écouter en riant. Il ne s'était pas découragé. Alors le silence encourageant avait succédé au rire, les demi-regards à l'indifférence, les demi-confidences aux demi-regards, et la marquise avait fini par laisser comprendre au jeune homme qu'elle recevrait par écrit tout ce qu'il n'osait lui dire et tout ce qu'elle ne pouvait entendre.

Madame Delaunay n'était ni riche ni marquise, mais elle était, comme nous l'avons dit, amoureuse et aimée de son mari, qu'elle avait mis dans la confidence de cette correspondance mystérieuse; et, si celui-ci avait voulu d'abord s'y opposer, il avait fini par y consentir, grâce à l'habitude qu'il avait de consentir à tout ce que voulait sa femme.

— C'est une bonne amie à moi, avait dit Marceline à son mari, en parlant de Diane; elle est imprudente, et si nous ne recevons pas ses lettres, elle les recevra chez quelque autre qui la compromettra. D'ailleurs, des lettres, ce n'est pas bien dangereux.

Ici nous nous permettrons une réflexion, c'est qu'il n'est pas rare de voir une femme, incapable de tromper son mari, par cette seule raison qu'elle l'aime, aider une amie à tromper le sien, et prendre plaisir à des dangers sans danger pour elle. C'est ce sentiment qui fait des mères et des sœurs, même les plus vertueuses, de si complaisantes intermédiaires. Mais il y a cette compensation, que celle qui est la confidente des joies est aussi la confidente des tristesses que ces sortes d'amour font naître, et que, lorsqu'elle pèse les unes et les autres dans sa conscience, elle se trouve plus heureuse encore par la comparaison. Puis, qui sait? la compensation de la vertu, ce trésor un peu lourd à porter, c'est peut-être la non-vertu des autres.. Les plus saintes passions ont leur égoïsme et leur orgueil.

Nous n'avons pas besoin de dire que Maximilien attendait impatiemment la réponse de la marquise; aussi dormit-il peu, et se réveilla-t-il de bonne heure le lendemain du jour où Diane avait reçu sa lettre, et où, selon toutes probabilités, il devait en recevoir une. Il se leva donc de grand matin, fit seller son cheval, et alla faire un tour au bois pour endormir son impatience.

Maximilien n'avait que vingt ans. En somme, c'était un gentil petit baron, aux cheveux noirs, aux yeux brillants, aux dents blanches, bien élevé, doux, bien mis, et faisant bien, un jour de réception, accoudé à l'angle d'une cheminée, ou causant avec une femme par-dessus son fauteuil. Habillé, le baron valait toujours au moins trois mille francs, sans compter ce qu'il pouvait avoir dans sa poche. Canne de Verdier, épingle de Janinch, chaîne et montre de Maclé, chemise, cravate et gants de Boivin, habits de Staub ou d'Humann, additionnez tout cela, et vous arriverez au total que nous venons de dire. Il n'avait pas trop d'esprit, mais il en avait assez pour ce qu'il faisait. Il n'aurait pas pu en vendre, mais il n'avait pas positivement besoin d'en acheter. Il était baron, d'un nom historique, dont il ignorait l'histoire, mais dont il profitait pour mettre des armes sur son papier, ses cartes et sa voiture, phaéton de clocher, qu'il montrait et qui se faisait voir. Ne croyez pas que nous ayons en vue de déprécier le baron. Loin de là. C'était ce qu'on peut trouver de mieux dans ce genre. Nous ne demandons pas à un pommier de produire des pêches, nous ne pouvons pas demander à un homme du monde d'être autre chose que ce qu'il est. Qu'il soit élégant, qu'il entre bien dans un salon, qu'il ait un bon valet de chambre, qu'il monte bien à cheval, qu'il conduise bien, qu'il ait un beau nom, qu'il soit d'un bon cercle, qu'il joue grandement, qu'il paye en or, qu'il entretienne une femme, qu'il soit beau, se couche à deux heures du matin et se lève à trois heures de l'après-midi, qu'il mange un peu plus que sa fortune, qu'il ait vu Bade et l'Italie, qu'il achète ses chevaux chez Tony, qu'il sache commander un bouquet et mettre une pelisse sur les épaules d'une femme, c'est tout ce que nous exigeons de lui, et c'est beaucoup, je vous assure. Un homme ainsi fait vous paraît bien nul et bien inutile. Vous vous trompez. Ces hommes-là sont nécessaires, indispensables même. Il en faut, et j'en ai connus de charmants, dont un peu de misère ou de méditation forcée eût fait des hommes supérieurs. L'homme qui a donné un but vicieux à sa vie et négligé l'éducation tout extérieure que nous venons de détailler, le regrette une ou deux fois dans sa vie, et voudrait, pendant quelques instants, savoir faire ce que font ces petits messieurs. D'ailleurs les femmes les aiment, non pas profondément, non pas même jusqu'à le leur prouver, mais pour se faire d'eux une cour perpétuelle, et se retrouver belles dans leurs paroles comme dans des miroirs flatteurs et parlants. En outre, ils servent quelquefois, sans le savoir, à cacher des amours plus sérieuses : c'est encore une utilité, mais aussi, quelquefois, comme Maximilien, ils trouvent à se nicher dans l'oisiveté d'une femme qui les écoute jusqu'au bout, par lassitude et faute de mieux.

Maximilien revint du bois. Il n'y avait encore rien pour lui. Il demanda au domestique :

— Mon père est-il levé?

— Depuis une heure.

Maximilien traversa l'antichambre, la salle à manger, qui n'attendait plus que les convives, et alla frapper à la porte de la chambre de son père.

— Entre, répondit une voix. — Bonjour, Maximilien, fit le comte, homme de cinquante ans environ, grand, mince, droit, sec. D'où viens-tu?

— Du bois.

— Il fait beau?

— Oui, mon père.

— Qui as-tu rencontré?

— Personne.

— A quelle heure t'es-tu couché hier au soir?

— A onze heures.

— C'est tard.

Le jeune homme ne répondit rien.

— As-tu vu ta mère ce matin? reprit le comte.

— Pas encore. J'ignore si elle est visible.

— Elle l'est. Va l'embrasser.

Comme on le voit, la conversation entre le père et le fils était courte et simple. En venant le matin dans la chambre de son père, Maximilien obéissait plutôt à un devoir qu'à un plaisir. Il se rendit chez sa mère. La comtesse était une femme de quarante ans, grande, mince, droite, sèche, véritable reflet de la personne du comte. On eût dit un père et une mère tirés du même étui.

— Tu es déjà sorti? demanda madame de Ternon à son fils, en voyant ses bottes couvertes de poussière.

— Oui, ma mère.

— Seul?

— Non, ma mère, Florentin me suivait.

— Où as-tu été?

— Au bois.

— A quelle heure es-tu rentré hier?

— A onze heures.

— Tu te déranges.

On eût dit un écho des questions et des observations que le comte avait faites à son fils. Voilà entre quels personnages le baron vivait.

On se mit à table. Viandes froides, gens froids. Après le déjeûner, la comtesse passa chez elle, le comte chez lui, et le baron quitta l'appartement paternel pour se rendre dans le sien. A ce moment, le concierge lui remit une lettre. C'était celle de Diane.

Maximilien se précipita sur la lettre et la lut d'un seul trait, comme un homme altéré boit un verre d'eau d'un coup. La prévenance du portier et le contenu de la lettre valaient bien un louis. Le portier redescendit donc chez lui plus riche de vingt francs.

Quand Maximilien eut lu et relu le billet de la marquise, il se dit en s'asseyant sur son lit :

— Évidemment elle accepte un rendez-vous. Mais elle ne veut me voir ni chez moi, ni chez elle; il faut que je trouve un endroit où elle n'ait rien à craindre.

Et Maximilien se creusait la tête. Tout à coup il se frappa le front en s'écriant :

— Je tiens mon affaire !

Il s'habilla à la hâte, descendit, sauta dans un cabriolet et dit au cocher :

— Rue des Martyrs, 67.

Maximilien demeurait rue de Rivoli; il était un quart d'heure après à l'adresse qu'il venait de donner, et traversait un petit jardin, après avoir dit au portier le nom de la personne chez qui il allait, et sonnait à la porte d'un atelier de peinture.

Il entendit des pas, et un jeune homme de vingt-cinq ans environ, vêtu d'une veste de velours et d'un pantalon à pieds, vint lui ouvrir. Ce jeune homme était grand, avait les yeux et les cheveux noirs, les dents blanches, l'air loyal, bienveillant et distingué. D'une main il tenait une palette et un appuie-main, de l'autre une cigarette.

— Toi ! s'écria-t-il en voyant Maximilien.

— Moi-même.

— Que diable viens-tu faire ici? demanda le peintre qu'on nommait Aubry, en refermant la porte et en introduisant son ami dans l'atelier.

— Je viens te demander un service.

— A moi ?

— A toi-même.

— Parle, cher ami, et assieds-toi si tu trouves une chaise libre.

Maximilien suivit son ami dans la véritable rue que les chevalets et les tableaux de toutes sortes formaient dans l'atelier. Cette salle était un monde; il fallait une journée pour en connaître les détails que nous n'essayerons pas d'indiquer. On eût dit, en voyant les toiles par derrière, les coulisses d'un grand théâtre. Des écharpes et des costumes étaient drapés sur des mannequins; des ébauches de tous les artistes connus étaient accrochées aux murs, au milieu d'armes de tous les pays. Des planches demi-circulaires supportaient des statues, des académies et des écorchés. Des noms et des adresses de modèles étaient écrits à la craie sur la muraille d'un ton grisâtre et sur le tuyau du poêle, qui s'échappait par une des vitres de la large fenêtre; un piano était ouvert, encombré de crayons, d'albums et de musique. Aubry vint se rasseoir devant le tableau auquel il travaillait quand le baron était entré, et dont les premiers tons éclataient gaiement au soleil.

— Je ne te dérange en rien? demanda Maximilien, et il s'assit sur un large divan placé au-dessous de la fenêtre, et abrité du jour par des tentures de damas habilement disposées.

— En rien.

— Il n'y a personne ici?

— Personne.

— Voici ce dont il s'agit.

— Je t'écoute.

En disant cela, le peintre se remettait au travail.

— Figure-toi qu'il y a une personne avec laquelle je désire me rencontrer. Malheureusement, je ne puis lui parler ou la voir que chez elle, ce qui est comme si je ne la voyais pas.

— Cette personne est une femme?

— Naturellement.

— Mais t'a-t-elle autorisé à te rencontrer avec elle?
— Certes.
— Eh bien! qu'elle vienne chez toi.
— Impossible, mon père et ma mère demeurent sur mon carré! Il me faudrait, tout comme pour les médiations étrangères, un lieu qui ne fût le pays ni de l'un ni de l'autre des intéressés.
— Loue un appartement dans un hôtel.
— Les domestiques sont trop curieux, et comme cette personne est du monde, du grand monde même, je ne veux pas la compromettre.
— C'est juste, comment vas-tu faire alors?
— J'ai songé à toi.
— A moi?
— Oui. Ton appartement peut devenir le lieu des conférences.
— Cette personne viendrait ici?
— Pourquoi pas?
— Dans l'affreux atelier d'un affreux peintre?
— Pourquoi pas?
— Elle t'aime donc bien?
— Pourquoi pas?
— C'est que, je te le répète, ce que tu appelles mon appartement est un affreux taudis.
— Cher ami, dit Maximilien, ton taudis est un séjour charmant, bien retiré, bien mystérieux, bien isolé, juste ce qu'il me faut enfin. J'ai cherché, parmi tous mes amis, à qui je pourrais m'adresser, et c'est à toi que j'ai donné la préférence.
— Préférence que je m'explique, après toutes les raisons de localités que tu viens de me détailler.
— Mais ce n'est pas tout.
— Que te faut-il encore?
— Il me faut la plus grande discrétion. Dans le cas où

tu te rencontrerais avec la personne en question, et où tu la retrouverais dans le monde, il faut que tu aies l'air de ne pas la connaître.

— Sois tranquille. Mais permets-moi une question : A quelle heure viendra-t-elle ?

— Le soir, je pense.

— A merveille. De cette façon je pourrai travailler toute la journée ; et, comme tous les jours je sors de six heures à minuit, l'appartement sera libre.

— C'est on ne peut mieux. Tu me pardonnes ?

— Quoi donc ?

— De ne venir te voir, toi, un vieux camarade de collége, que le jour où j'ai besoin de toi.

Aubry tendit la main à Maximilien.

— Maintenant, entendons-nous, reprit-il. D'abord, je vais te faire visiter mon domicile, et te mettre au courant des choses.

Les deux jeunes gens quittèrent l'atelier en riant, et passèrent dans une chambre dont la porte faisait face au piano.

— Ceci est la chambre à coucher, avec un grand cabinet de toilette. Ensuite voici l'atelier, et tu connais l'antichambre. C'est tout. La partie adverse tient-elle énormément à l'ordre ?

— Chez elle, sans doute ; mais ici elle n'y tiendra que médiocrement, je le crois.

— C'est que, vois-tu, il n'y a que dans le désordre qu'un artiste est à son aise. La première chose que je fais quand je sors, c'est de demander qu'on ne range pas. Tu comprends dans quel état je me trouverais, s'il prenait fantaisie à mon portier de mettre en ordre mes couleurs, mes pinceaux et mes esquisses. Le lendemain, je ne saurais plus où retrouver les choses dont j'aurais besoin, sans compter que les ébauches seraient déteintes et les dessins effacés. Ainsi, il est bien convenu que tout restera dans le même état. Tu n'es libre que de déranger un peu plus. Maintenant, passons à une autre recommandation.

— Laquelle?

— Je ne tiens pas à connaître la personne en question; par conséquent, si elle avait envie de venir pendant le jour, tu me ferais le plaisir de m'écrire un mot, et je vous laisserais la place libre. Est-ce convenu ainsi?

— Parfaitement.

— Tu recommanderas à ma visiteuse inconnue de n'oublier ici aucun colifichet féminin.

— Pourquoi?

— Parce que si cela était trouvé par une autre main que la mienne, cette autre main m'arracherait les yeux. Tu surveilleras cette condition.

— Oui.

— Alors, mon cher, de six heures à minuit tu es ici chez toi, tous les soirs.

— Mais comment ferai-je pour avoir la clef?

— Tu vas voir.

Paul sortit de chez lui, et, s'arrêtant devant sa porte, il cria de toute la force de ses poumons :

— Père Frémy.

— Voilà, répondit une voix de portier.

— Venez, que je vous parle.

— Je suis à vous, monsieur Aubry.

Le peintre rentra dans son atelier, où il trouva son ami assis devant son tableau et le regardant avec intérêt. Disons en passant qu'Aubry avait beaucoup de talent.

— Sais-tu que c'est très-beau, tout cela? lui dit Maximilien.

— C'est bien! c'est bien! c'est une façon comme une autre de me remercier.

2

— Point du tout, et je te parle franchement. La peinture va-t-elle ?

— Oui, elle va... mal. Voici, mon ami, à qui les artistes ont affaire : aux confrères, aux bourgeois, aux marchands et aux gens riches. Les confrères n'achètent pas de tableaux, les bourgeois aiment mieux les tableaux à horloge. Les marchands nous exploitent et font faillite, et les gens riches n'achètent qu'aux marchands. Il en résulte que Plutus continue à ne pas être le dieu des artistes, et surtout des peintres.

En ce moment, le père Frémy entra.

— Ah ! vous voilà, dit Aubry en refermant la porte quand le portier fut entré. Ecoutez ceci. Vous voyez bien monsieur ?

Et il montrait Maximilien.

— Oui, répondit le vieillard.

— Eh bien ! monsieur aura quelquefois besoin de venir ici le soir. Vous lui donnerez ma clef quand il vous la demandera, et, s'il vous dit de donner ma clef à quelqu'un, vous la donnerez à la personne qu'il vous aura indiquée.

— C'est bien ! monsieur.

— Quand monsieur sera ici, vous ne laisserez personne venir y frapper.

— Vous pouvez être tranquille.

— J'ajouterai à ces recommandations, père Frémy, que si vous êtes discret, vous y gagnerez des pièces de cent sous, et que si vous êtes aveugle, sourd et muet, vous y gagnerez des pièces de vingt francs. Vous avez bien compris ?

— Parfaitement.

— En ce cas, allez rejoindre madame Frémy, qui est peut-être inquiète de vous.

— Maintenant, cher ami, tu n'as plus qu'à écrire à qui

de droit que tu as trouvé ce qu'il te fallait, et tu pourras venir dès ce soir, si bon te semble.

— Tu me sauves la vie; et si jamais je puis t'être bon à quelque chose, souviens-toi que je te dois un service. Je te quitte, afin d'être chez moi à l'heure du dîner.

— Toujours en tutelle, donc?

— Hélas! oui, mon cher; mon père et ma mère ont fini par circonvenir ma vie à ce point qu'ils me demandent compte, tous les jours, de ce que j'ai fait, et que je leur rends les comptes qu'ils me demandent.

— Cependant, tu ne vas pas leur dire aujourd'hui d'où tu viens?

— Si; seulement, je ne leur dirai pas pourquoi je suis venu.

Maximilien serra une dernière fois la main de son ami, et, enchanté de l'issue de sa visite, il rentra chez lui et écrivit aussitôt à la marquise :

« Madame,

« Je me suis souvent occupé de divination, et je suis parvenu à lire dans l'avenir. Eh bien, voici ce qui se passera demain au soir, rue des Martyrs, devant le numéro 67 :

» Il y aura un homme qui vous aime et à qui vous avez permis de vous aimer. Cet homme se promènera de huit heures à neuf. Je n'ai pas besoin de vous dire qui il attendra. Seulement, ce que je désire que vous sachiez, c'est qu'il a eu de l'imagination, et qu'il sera bien à plaindre si vous n'avez pas d'indulgence. »

Ce n'était pas trop mal tourné pour un baron de vingt ans.

Le lendemain matin, Maximilien reçut un billet ainsi conçu :

« Attendez de huit heures à huit heures et un quart;

espérez de huit heures et un quart à huit heures et demie; désespérez de huit heures et demie à neuf heures; car si à ce moment celle que vous attendrez n'est pas venue, c'est qu'il y aura eu impossibilité. Mais tout porte à croire que cette impossibilité serait un miracle. »

Maximilien mit les deux lettres de la marquise dans son tiroir, la clef du tiroir dans sa poche; et, quand il monta à cheval quelques instants après, il était évidemment l'homme le plus heureux de Paris.

Cependant la journée dura un an. A sept heures et demie, Maximilien prenait une voiture, et à huit heures moins un quart il était devant la maison d'Aubry. A huit heures vingt minutes, un fiacre s'arrêtait près de lui, et une femme voilée en descendait.

— Où me menez-vous? fut le premier mot de cette femme.

— Dans cette maison.

— Chez qui?

— Chez un ami.

— Un ami sûr?

— Comptez sur lui.

— Nous ne le rencontrerons pas?

— Non, il ne rentrera pas avant minuit.

— Entrons, alors.

Maximilien sonna. La porte s'ouvrit.

— Baissez votre voile et allez tout droit devant vous, dit Maximilien à la marquise.

— Jusqu'où?

— Jusqu'au fond du jardin.

— Que fait votre ami?

— Il est peintre.

Maximilien entra chez le père Frémy, qui, sans prononcer une parole, remit au baron la clef et une bougie. La marquise était déjà arrivée à la porte de l'atelier.

Il y a toujours, dans une première visite de ce genre, une sorte d'embarras matériel, qui, d'ordinaire, a complétement cessé à la seconde. Cet embarras existe bien plus pour l'homme que pour la femme, qui n'a à s'occuper d'aucun des détails préparatoires. Aussi, Maximilien, qui était fortement ému, n'osait-il rien dire. Il ouvrit silencieusement la porte de son ami, fit entrer Diane, et la suivit en ayant soin de tirer la clef et de pousser les verroux.

Arrivée dans l'atelier, Diane s'arrêta, ne sachant comment avancer; car, comme nous l'avons dit tout à l'heure, c'était un véritable dédale que cette chambre. Le baron, qui connaissait mieux les êtres, la guida jusqu'au canapé, où elle s'assit; alors elle releva son voile et tendit la main à Maximilien. Celui-ci déposa son bougeoir sur une table, et, tombant aux genoux de la marquise, il couvrit de baisers la blanche main qu'elle lui abandonnait.

— Vous êtes un ange, murmura-t-il.

— Un ange bien imprudent, et surtout un ange qui ne se fait pas assez prier.

On comprendra aisément pourquoi la marquise changeait si brusquement de conversation.

— Ainsi, voici l'atelier de votre ami? dit-elle.

— Oui.

— Que fait-il, votre ami, le paysage, l'histoire ou le portrait?

— Comme vous le voyez, il fait un peu de tout, et il fait tout bien.

— Vous l'appelez?

— Paul Aubry.

— Je ne connais pas ce nom-là. Vous lui avez parlé de moi?

— Oui; il le fallait bien.

— Vous m'avez nommée ?
— Grand Dieu ! il ignore qui vous êtes...
— Et il n'y a pas de danger qu'il rentre ?
— Soyez tranquille.

La marquise regardait autour d'elle avec curiosité ; et, de temps en temps, ses yeux se fixaient sur le jeune homme, qui s'était couché à ses pieds.

Les conversations d'un premier rendez-vous d'amour sont difficiles pour la femme et pour l'homme. Pour la femme, en ce sens que, tout en sachant à quoi elle s'expose, elle veut donner à sa pudeur le mérite de lutter encore ; pour l'homme, qui, tout convaincu qu'il est que la femme ne lui résistera pas longtemps, doit cependant mettre toute sa délicatesse et tout son esprit à faire à sa complice une pente tellement douce qu'elle ne s'y sente pas glisser et ne s'en aperçoive que lorsqu'il est trop tard. Alors, tout est prétexte à causer ; la parole devient le masque du cœur ; les regards seuls et un tremblement involontaire de la voix contredisent les phrases banales qui s'échangent et auxquelles la pensée n'a aucune part.

La marquise ne pouvait pas maîtriser une émotion bien naturelle, puisque c'était la première fois qu'elle se mettait dans le cas de l'éprouver. Elle était sûre de ne pas avoir de remords ; mais elle se demandait tout bas et avec inquiétude si cette liaison, dont elle allait ce soir-là faire le premier pas, donnerait une pâture suffisante à ses ennuis et une réelle distraction à son oisiveté. Aussi retardait-elle autant que possible la réponse à cette question. Elle savait bien où elle allait ; mais elle éprouvait plus de charmes à suivre un sentier détourné qu'à prendre tout de suite le grand chemin. Et quoiqu'elle ne songeât aucunement à se défendre, elle eût cependant préféré un peu moins de réalité et un peu plus de doute encore.

Elle regardait cet homme qui disait l'aimer, en faisant

cette réflexion bien simple, qu'il était assez jeune pour que ce qu'il disait fût vrai, mais qu'en même temps il était trop jeune pour que cet amour fût de longue durée. Alors elle comprenait que, tôt ou tard, une rupture aurait lieu, rupture à laquelle succéderait une liaison nouvelle, sans doute; car elle sentait qu'on s'arrête difficilement dans une pareille route. Bref, elle était bien étonnée d'être là, et se demandait comment elle y était venue; car, en sondant son amour, elle ne le trouvait peut-être pas assez profond pour fournir une excuse suffisante. Enfin, comme toutes les femmes qui ne peuvent sortir d'un cercle de probabilités qu'en sautant par-dessus, elle rejeta loin d'elle toutes ces réflexions qu'il n'était plus temps de faire.

Quant à Maximilien, il eût pu se rendre compte de ses impressions moins bien encore que la marquise. Il n'avait pas une grande expérience des femmes; et c'était la première fois qu'il espérait une liaison avec une femme du rang de Diane. Il éprouvait donc une émotion de désir, d'orgueil et d'amour, qu'il prenait pour de l'amour pur dans l'acception la plus sérieuse du mot; et, chaque fois que ses yeux se portaient sur la marquise, il sentait tout le sang de son cœur monter à sa tête.

Madame de Lys se leva, et se rapprochant de la fenêtre ouverte, d'où la vue s'étendait sur les jardins, elle aspira une large bouffée d'air. Maximilien se rapprocha d'elle. La nuit était splendide et pleine d'aromes printaniers. Ce soir-là, comme tous les autres soirs, bien des gens passèrent devant le n° 67 de la rue des Martyrs, les uns montant, les autres descendant, les uns allant à leurs affaires, les autres allant à leurs plaisirs, ceux-ci heureux, ceux-là tristes; il se fit bien du bruit dans la rue, sans que ce bruit rappelât à Diane et à Maximilien que le temps passait; si bien que lorsqu'ils se croyaient depuis une demi-heure à peine dans l'appartement du peintre, la pendule sonna tout à coup onze heures.

— Onze heures! s'écria madame de Lys, en roulant ses cheveux qui s'étaient dénoués sans qu'elle s'en aperçût.

Quant à Maximilien, il regardait cette belle créature souriante, comme si, en se rendant à ce rendez-vous, elle ne venait pas de commettre ce que le monde appelle la plus grande faute que puisse commettre une femme. Quelques instants après, la marquise, dont les joues étaient brûlantes, dit au baron, en lui montrant une armoire ouverte où brillaient des bouteilles au ventre rebondi, prévenance de Paul :

— Maximilien, prenez une de ces bouteilles, et buvons à la santé de notre hôte !

Le jeune homme déboucha une bouteille de vin de Madère, et remplit un verre de la liqueur, qui brilla à la lumière comme une topaze liquide. La marquise en but la moitié, et passa le verre au baron, qui le vida, en cherchant, bien entendu, la place où les lèvres de la marquise s'étaient posées pour y poser les siennes. Puis ils se regardèrent en souriant.

Évidemment, il y a une classe de gens pour laquelle ces sortes de fautes ne portent pas avec elles le pressentiment du mal qu'elles peuvent causer; et, en vérité, quand elles se présentent sous certains aspects, il ne faut pas leur en vouloir d'être si joyeuses et si confiantes.

En passant dans l'atelier, Maximilien prit un morceau de craie qui se trouvait sur le poêle, et il écrivit sur le mur :

« Aujourd'hui, 15 septembre 1845, à onze heures du soir, deux heureux reconnaissants ont bu au bonheur de leur hôte. »

— Approuvez-vous cela? dit le baron à Diane, ou voulez-vous que je mette seulement : un heureux?

— Laissez ce que vous avez mis, répondit la marquise; car ce que vous avez mis est vrai. Et, maintenant, partons.

— Et quand vous reverrai-je?

— Dès que je pourrai revenir, je vous l'écrirai.

— Pourrez-vous bientôt?

— Comptez sur moi.

D'une main Maximilien tenait la porte, de l'autre il appuyait la tête de la marquise sur sa poitrine.

Tous deux sortirent. Elle remonta dans la voiture qui l'attendait, et Maximilien voulut la reconduire; mais elle s'y opposa, alléguant la crainte qu'on ne les rencontrât ensemble à cette heure. Le baron couvrit de baisers les mains de sa maîtresse, et la voiture partit.

Le marquis n'était pas encore de retour quand Diane rentra. Le marquis ne rentrait jamais avant une heure du matin.

Maintenant, avouons la vérité. La marquise était belle, et Maximilien emportait de ce premier rendez-vous un souvenir plein d'enchantement. Et il était étonné que les gens qui passaient dans la rue ne lussent pas, malgré l'obscurité, son triomphe sur son visage, et ne le regardassent pas avec envie et admiration.

— Ainsi, se disait-il, la marquise, la belle Diane de Lys, elle m'aime.

Et quand il se disait cela, il semblait à Maximilien qu'il grandissait d'une coudée, et que nul, dans le monde, n'avait jamais été et ne serait jamais aussi heureux que lui. Si quelqu'un, en ce moment, lui eût dit : Un jour vous n'aimerez plus cette femme, il se fût sauvé de celui qui lui eût dit cela comme d'un fou.

Rentré dans sa chambre, Maximilien, selon les habitudes des amants, essaya d'écrire à Diane les douces sensations que lui avaient fait éprouver les quelques heures qu'il avait passées avec elle; mais tant de pensées surgissaient en lui, qu'après avoir écrit quelques phrases qu'il trouva banales, il déchira les trois ou quatre lettres commencées, et se contenta de rêver à ce nouvel amour.

De son côté, la marquise s'était enfermée dans sa chambre, sans vouloir que sa femme de chambre la déshabillât. Alors, elle s'était assise et s'était interrogée, se demandant si elle avait bien trouvé, comme elle l'espérait cinq heures auparavant, le remède à son ennui. Si, en ce moment, le génie confident de la marquise se fût penché à son oreille, et lui eût dit ce seul mot :

— Eh bien?

Elle lui eût répondu :

— Eh bien, je ne me repens pas encore; mais, si j'avais su ce matin ce que je sais ce soir, peut-être ne serais-je pas sortie aujourd'hui.

Quand le lendemain la marquise s'éveilla, elle ne se souvint pas tout de suite de ce qui s'était passé la veille; mais, au bout de quelques instants, la mémoire lui revint et elle se dit :

— Ainsi, j'ai un amant!... Et, se regardant dans la glace de son lit, elle continua :

— Il est étrange que ce mot-là ne tienne pas plus de place dans ma vie. Est-ce donc que je n'aime pas Maximilien, et que ce mot n'épouvante que quand on aime? Oui, sans doute, car alors on tremble de n'être pas aimée, et ce doit être un cruel supplice d'aimer seule. Heureusement je n'en suis pas là. Après tout, l'amour ne vient peut-être pas tout de suite, et il se peut que j'aime Maximilien un jour.

Mais, en même temps, madame de Lys faisait des yeux un signe qui démentait bien cette possibilité. Alors elle sonna sa femme de chambre, et quand celle-ci fut arrivée :

— A quelle heure monsieur est-il rentré hier? dit-elle.

— A une heure du matin.

— Savez-vous s'il est réveillé?

— Je vais le demander, si madame le veut.

— Vous le ferez prier par Joseph de venir me parler, quand il se lèvera.

— Oui, madame.

— Ouvrez la fenêtre.

La femme de chambre obéit, et la marquise reposa sa charmante tête sur l'oreiller.

— Je suis curieuse de voir mon mari ce matin, se disait-elle; et, de temps en temps un sourire passait sur ses lèvres, reflet de quelques-unes de ces pensées bizarres qui traversaient si souvent son esprit.

Une demi-heure après, on frappait à la porte de la marquise. Le marquis entra.

Le marquis était un homme de quarante-cinq ans environ. Il avait eu les cheveux blonds, et cachait avec soin les cheveux gris qui s'y mêlaient déjà. Ses yeux étaient bleus, sa bouche fine et sensuelle. Il avait le nez aristocratique et portait la barbe à l'anglaise. C'était un homme du monde dans l'acception la plus choisie du mot. L'âge et la vie qu'il avait menée jusqu'alors lui avaient donné un certain embonpoint. On retrouvait en lui un beau reste d'homme à bonnes fortunes. Il en avait eu beaucoup, et on l'eût deviné rien qu'à l'élégance de son langage et au scepticisme de ses théories. Il avait été plus aimé qu'amoureux; et, de cette vie dans laquelle il était entré, heureusement pour lui, avec un excellent estomac, une belle fortune et un grand nom, il était sorti victorieux; c'est-à-dire qu'il avait gardé son nom intact, son estomac assez bon, et que sa fortune seule avait fait naufrage. Il avait de l'esprit, de belles dents, les mains blanches comme une femme, un courage reconnu ; enfin c'était ce que vingt-cinq ans plus tard serait Maximilien.

— Vous m'avez demandée, Diane? dit le marquis en entrant.

— Vous ai-je dérangé?

— Aucunement, et, m'eussiez-vous dérangé, je ne m'en plaindrais pas.

— On n'est pas plus aimable. Venez donc vous asseoir auprès de moi, marquis.

— Qu'avez-vous aujourd'hui, chère amie? je ne vous ai jamais vue si bonne.

— Est-ce un reproche?

— Bien au contraire.

— Qu'y a-t-il d'étonnant à ce qu'une femme veuille causer quelques instants avec son mari?

— Rien que de très-simple, en effet.

— Surtout quand, comme moi, depuis trois jours, elle n'a vu son mari qu'aux heures des repas.

— Voulez-vous que je ne sorte plus?

— Ce serait un trop grand sacrifice, et je ne veux pas tant exiger de vous.

— Que voulez-vous alors? Car vous devez vouloir quelque chose.

— Je veux vous voir, vous dis-je, et pas autre chose, je vous jure.

Et, comme si, en effet, c'eût été là son seul désir, Diane regarda le marquis avec attention et se mit à sourire.

— Marquis, se hâta-elle d'ajouter, pour que M. de Lys ne lui demandât pas l'explication de ce sourire, je suis folle de l'inattendu, vous le savez ; et je veux aujourd'hui que vous me sacrifiiez tout ce que vous deviez faire : suis-je trop exigeante?

— J'aurais voulu vous voir choisir un autre jour, car aujourd'hui je ne vous sacrifie rien.

— J'en serai quitte pour recommencer plus tard. Ainsi, aujourd'hui, vous m'appartenez?

— Corps et âme.

— Jusqu'à demain?

— Jusqu'à demain? Nous irons donc au bal?

— Non.

— Nous resterons ici?

Diane fit un signe de tête affirmatif.

— A quoi dois-je cette faveur insigne?

— Que vous importe, pourvu que vous l'ayez. Ainsi, vous acceptez?

— De grand cœur.

— Alors, marquis, laissez-moi m'habiller.

Le marquis baisa la main de sa femme et rentra dans sa chambre; il prit une feuille de papier et écrivit :

« Chère enfant,

» Une affaire imprévue m'empêchera de vous voir aujourd'hui, mais demain, dans la matinée, j'irai vous surprendre. »

Il signa, cacheta la lettre et sonna son domestique.

— Tu vas aller, dit-il à ce dernier, louer pour ce soir une loge aux Variétés, et tu la porteras à l'adresse de cette lettre, avec la lettre, bien entendu.

— Aurai-je à demander une réponse?

— Non.

De son côté, Diane avait écrit :

« Mon ami,

» Il m'est impossible de sortir aujourd'hui, j'aurai du monde chez moi toute la soirée. Je n'ai pas besoin de vous dire où seront mon cœur et ma pensée. A demain, peut-être. »

La marquise ne signa pas, cacheta la lettre et en écrivit une seconde, dans laquelle elle enferma la première, et qu'elle adressa à Marceline, en la priant de faire parvenir à son adresse celle qu'elle écrivait au baron. Puis elle donna le tout à sa femme de chambre, en lui disant de le faire porter à l'instant chez madame Delaunay.

La journée se passa comme le désirait madame de Lys.

A deux heures, le marquis et sa femme montèrent en calèche, et allèrent faire une promenade au bois. A six heures, ils dînaient; à huit heures, ils étaient à l'Opéra; à minuit, ils étaient de retour.

Le lendemain, à midi, Marceline vint voir son amie qui dormait encore. Marceline entra cependant dans la chambre de Diane, car elle avait le droit d'entrer chez la marquise à toute heure. En entendant ouvrir la porte, Diane se réveilla.

— C'est toi? dit-elle à madame Delaunay.
— Oui, paresseuse!
— Pourquoi paresseuse?
— Il est midi!
— Déjà!
— Tu t'es donc couchée bien tard?
— Non, j'ai causé.
— Avec qui?
— Avec le marquis.
— Tout seul?
— Tout seul.
— Je ne m'explique pas...
— Qu'est-ce qu'il y a d'extraordinaire à cela?
— Tu n'es donc pas sortie hier au soir?
— Si.
— Tu as vu le baron?
— Non.
— Tu n'es donc pas sortie seule?
— Je suis sortie avec mon mari.
— Et vous êtes rentrés ensemble?
— Oui.

— Et vous avez causé ici?
— Ici.
— Jusqu'à?
— Jusqu'à quatre heures du matin, dit la marquise en riant. Oh! le marquis est encore très-spirituel.
— C'est lui qui t'a demandé cet entretien?
— Non, c'est moi.
— Ah! ça! c'est une véritable infidélité que tu as faite au baron.

La marquise ne répondit rien.
— Tu aimes donc le marquis?

La marquise se mit à rire.
— Je veux mourir si je comprends un mot à tout cela.
— Écoute, fit la marquise en se levant à moitié, veux-tu que je sois franche avec toi?
— Oui.
— J'ai passé la soirée d'avant-hier avec le baron, qui a vingt ans.
— Bien.
— Et la soirée d'hier avec mon mari, qui en a quarante-cinq, et qui est mon mari.
— Eh bien?
— Eh bien! ma chère, je préfère ma dernière soirée à l'autre.
— Miséricorde!
— Ma chère, j'ai bien réfléchi, reprit Diane, et c'est comme je te le dis.
— Alors, j'arrive mal.
— Pourquoi?
— Parce que je t'apporte une lettre du baron.
— Donne-la vite, au contraire; il n'a que juste le temps de prendre sa revanche.

Madame de Lys prit la lettre, rejeta ses cheveux en arrière, et commença à lire.

— Que te dit-il ? demanda Marceline.

— Qu'il m'aime.

— Voilà tout ?

— Et qu'il désire me voir ce soir, où nous nous voyons.

— Et tu iras ?

— Sans doute.

— Après ce que tu viens de me dire ?

— A plus forte raison. C'est depuis Maximilien que le marquis me plaît, par la loi des contraires. C'est pour le marquis que je revois le baron.

— A mon tour, Diane, veux-tu que je sois franche avec toi ?

— Parle.

— Eh bien ! je ne t'ai jamais vue comme depuis quelque temps, et tu me fais l'effet de ces malades qui se remuent longtemps dans leur lit avant de trouver la place qui leur convient. Je suis convaincue qu'après bien des hésitations, tu aimeras sérieusement.

— Ce serait malheureux, répliqua Diane en riant, mais je t'assure que cela ne m'étonnerait pas. En attendant, donne-moi de l'encre et du papier, que j'écrive à Maximilien.

On va sans doute nous dire que nous tentons un caractère impossible ; que nous faisons de l'immoralité à plaisir, et qu'il n'y a pas de femme comme la marquise. A quoi nous répondrons que toutes les femmes oisives sont capables de faire ce que faisait Diane.

Il y a un proverbe qui dit : « L'oisiveté est la mère de tous les vices. »

De tous les proverbes qui ont été faits, c'est un des seuls qui aient complétement raison. En effet, quand à l'oisiveté physique on joint l'oisiveté morale, quand une femme qui ne sait comment employer son temps ne sait en même temps que faire de son cœur, cette femme n'est-elle pas exposée, comme notre héroïne, à chercher des distractions dans les sentiments qui lui sont restés inconnus? Quand elle voit autour d'elle des femmes plus fièrement parées de leurs fautes que d'autres de leurs vertus; quand elle voit le monde, non-seulement pardonner à ces femmes, mais les aider de son scepticisme et de sa facile morale, est-il étonnant qu'elle soit prise de cette soif de connaître le bien et le mal à laquelle Ève n'a pu résister?

Quand une femme épouse un homme comme le marquis, quand elle n'a ni son père pour veiller sur elle, ni sa mère pour la conseiller, quand elle n'a pas d'enfant qui la retienne chastement au seuil conjugal; quand elle a la liberté, cette mauvaise conseillère des femmes; quand elle a eu tout ce qu'elle a désiré, et qu'elle n'a pas trente ans, que voulez-vous qu'elle fasse? Qu'opposera-t-elle à cette curiosité qui lui viendra de sa beauté, de son inaction et de sa jeunesse?

Remarquez bien que nous ne parlons pas ici des femmes qui se sentent prises tout à coup d'amour pour un autre homme que leur mari, et qui finissent par succomber à la tentation de cet amour qui les domine d'autant plus qu'elles l'ont plus combattu. Ces femmes-là, à notre avis, n'ont pas besoin d'être excusées. Leur excuse est dans leur amour même, et la punition suit, le plus souvent, de si près la faute, qu'il faut les laisser, sans avoir l'air de les y voir, suivre la route difficile qu'elles ont prise, en se tenant prêt à leur tendre la main le jour où elles tomberont sur leurs genoux. Celles dont nous parlons, ce sont celles qui, comme la marquise, pèchent par oisiveté. Peu leur importe l'homme qu'elles aiment. Ce qui leur faut, c'est la chose nouvelle. Celles-là sont aussi vraies et plus nombreuses que les autres. Celles-là, ce sont ces belles créatures, toujours souriantes, pour lesquelles la vie n'a pas de tristesses réelles ; l'amour, pas de chagrins sérieux ; la faute, pas de remords. Celles-là, ce sont celles qui, n'aimant personne, ne trompent personne. Leur amour est passager et parfumé comme les fleurs, léger comme la gaze, transparent comme le cristal. Quand elles pleurent, c'est qu'elles ont mal aux nerfs. Quand elles regrettent, c'est qu'elles sont seules ; mais alors elles font comme les ivrognes, qui, lorsqu'ils ne peuvent plus boire le vin qu'ils aimaient, en prennent un autre, l'ivresse étant chez eux une telle habitude qu'ils aiment mieux boire un vin moins bon que de ne rien boire du tout. Celles-là sont celles dont la marquise fait partie jusqu'à présent ; elles composent les quatre cinquièmes des femmes qui trompent leurs maris, et, si elles sont excusables, elles le sont en ce sens qu'elles n'ont d'appui et de refuge nulle part, et que l'éducation, la religion et la morale, qui peuvent quelquefois abriter la femme contre la douleur ou la passion, ne l'abritent jamais contre les conseils de l'ennui.

Dieu nous garde d'écrire jamais un livre contre les femmes. Nous ne les croyons pas plus méchantes que nous ne les croyons parfaites. Elles ressemblent pour nous à ces oiseaux que nous mettons dans une cage, qui nous donnent des coups de bec chaque fois que nous voulons les saisir, mais dont le chant est si doux, le plumage si charmant, que, le jour où ils s'envolent, nous les pleurons sans nous rappeler que nous avons sur les mains les marques de leur bec, et sans réfléchir que leur départ serait une ingratitude, s'ils n'avaient eu ce désir invincible de liberté que Dieu a donné à toutes ses créatures.

Ce qu'il y a de certain, c'est que la marquise était telle que nous l'avons décrite, qu'après avoir passé la revue de ses impressions aussi scrupuleusement qu'un commerçant fait le compte de sa caisse, elle se trouvait avoir un passif dans ses espérances.

Cependant, comme elle l'avait dit à Marceline, elle ne voulait pas rompre immédiatement avec le baron. Maximilien n'était pour elle qu'un enfant, mais cet enfant pouvait l'aimer, une rupture pouvait lui faire de la peine, et, pour rien au monde, Diane n'eût voulu causer un chagrin à qui que ce fût.

Les visites continuèrent donc à la maison de la rue des Martyrs, dans la proportion d'un sur trois jours. Au bout de cinq ou six de ses visites, la marquise, forcée, pour prévenir Maximilien qu'elle irait au rendez-vous, d'écrire à Marceline, ou de sortir elle-même pour mettre sa lettre à la poste, car elle n'osait encore écrire ouvertement au baron, convint avec celui-ci, pour éviter toutes ces difficultés, qu'il viendrait tout simplement l'attendre chez son ami de huit à neuf heures chaque soir, qu'elle viendrait l'y rejoindre, si elle pouvait, et qu'il en serait quitte pour avoir perdu une heure si elle ne pouvait sortir de chez elle. Il fut convenu, en outre, que, dans le cas où elle arriverait avant lui, elle prendrait, en ayant soin de baisser son voile, la clef chez le père Frémy, et attendrait le baron dans l'atelier du peintre, qui offrait assez de distractions pour qu'elle y passât un quart d'heure seule. En effet, chaque jour quelque nouvelle ébauche apparaissait sur le chevalet de Paul, et le baron et Diane sacrifiaient plusieurs minutes à l'admiration de ce travail quotidien. C'était le moins qu'ils dussent à leur hôte.

Or, pendant ce temps, Aubry avait terminé le tableau qu'il commençait lors de la première visite de Diane, et celle-ci eut une idée que le baron n'avait pas ; il est vrai que les femmes seules peuvent avoir de pareilles idées, car les femmes seules ont du cœur dans l'esprit.

— Voilà une charmante chose, dit-elle au baron, en s'asseyant devant le tableau. Votre ami doit gagner beaucoup avec un pareil talent.

— Je ne crois pas, et malheureusement il n'a que cela pour vivre.

— Pauvre garçon ! Il est jeune ?

— Il a vingt-cinq ans.

— Où l'avez-vous connu ?

— C'est un camarade de collége.

— Vous le voyez souvent ?

— Non, je n'ai songé à lui, je dois le dire, que le jour où j'ai eu à lui demander le service qu'il me rend.

— Il faut lui faire vendre des tableaux.

— J'y ai bien pensé, mais Paul est un garçon si étrange.

— Comment cela ?

— Par la seule raison que je suis un de ses anciens camarades, et que je lui ai une obligation, il serait mortellement blessé, si j'offrais de lui acheter un tableau.

— Il y aurait un moyen qu'il n'en sût rien.

— Lequel ?

— Ce serait de le faire acheter par un autre.

— C'est vrai, je n'y avais pas songé.

— Mais j'y songe, moi, et cela me regarde. Je tiens à ce que votre ami fasse fortune. Plus il aura d'argent, mieux nous serons reçus. Le marquis est grand amateur de tableaux.

— Ce pauvre marquis !

— Ne le plaignez pas, ne put s'empêcher de dire Diane en souriant.

— Que voulez-vous dire ?

— Je veux dire qu'il ne sera pas à plaindre, puisqu'il aura de charmantes toiles.

Et madame de Lys, se levant, alla regarder les autres tableaux pendus au mur de l'atelier ou posés sur les chevalets ; puis, après avoir rôdé partout, elle sortit de l'atelier, deux heures après qu'elle y était entrée.

Ce soir-là Diane rentra à onze heures, se coucha, et

s'endormit de ce sommeil que le sage n'attribue qu'à une conscience pure. Il sembla à la marquise, au milieu de son sommeil, que quelqu'un essayait de pousser sa porte fermée aux verroux comme toujours ; elle ouvrit les yeux, et entendit le parquet crier sous les pas d'un homme, qui cependant marchait sur la pointe des pieds. Cet homme, c'était le marquis.

— Les nuits se suivent et ne se ressemblent pas, pensa la marquise, et, reposant sa tête sur l'oreiller, elle se rendormit en souriant.

Le lendemain donc, quand, à l'heure du déjeuner, Diane se trouva à table avec son mari, elle lui dit :

— Mon ami, j'ai un désir. J'ai vu hier, chez une de mes amies, un charmant tableau d'un jeune peintre nommé Paul Aubry : je voudrais en avoir un pareil.

A deux heures, le marquis et Diane montaient en voiture, et quelques instants après ils entraient chez un marchand du boulevard des Italiens, chez lequel M. de Lys avait déjà fait plusieurs achats. Le marchand, bien connu des artistes, ouvrit la porte aux deux visiteurs, les fit cérémonieusement asseoir, et leur demanda ce qu'ils désiraient avec ce ton affectueux et doux qui le caractérise.

— Nous voudrions avoir, dit le marquis, un tableau d'un peintre nommé Paul Aubry.

— Garçon plein de talent, dit le marchand, peintre consciencieux, qui fait de véritables merveilles ; aussi on se les arrache.

— Pourriez-vous en arracher une ?

— Quel prix monsieur le marquis veut-il y mettre ?

— Le prix que la chose vaudra.

— C'est que Paul Aubry vend très-cher.

La marquise regarda le marchand.

— Très-cher ? lui dit-elle.

— Oui, madame.

— On m'a affirmé cependant que ce garçon n'était pas heureux.

— Madame la marquise ne connaît pas les artistes : ils gagneraient la Banque de France, qu'ils trouveraient moyen de faire des dettes.

— Du reste, le prix n'y fait rien.

— Monsieur le marquis veut-il que je m'occupe aujourd'hui même de cette affaire ?

— Oui.

— Alors, immédiatement après le départ de M. le marquis, je me rends chez notre peintre.

— Nous vous quittons; apportez-nous la réponse dès que vous l'aurez.

— Monsieur le marquis peut compter sur moi.

Le marchand reconduisit toujours aussi cérémonieusement les deux visiteurs, et, prenant son chapeau, il dit à sa femme :

— Ma bonne amie, sais-tu où demeure ce Paul Aubry ?

— Je n'ai jamais entendu prononcer ce nom-là.

— Ni moi non plus.

— Cherche dans le livre du Musée.

— Tu as raison.

Le marchand feuilleta le livre, et trouva l'adresse de notre ami Paul. Il embrassa sa femme comme un bon mari qu'il était, et sortit. A quatre heures, le marchand se présentait chez la marquise.

— J'ai vu le jeune homme, madame la marquise, dit-il en entrant.

— Vous êtes-vous entendu avec lui ?

— Il fait en ce moment un tableau charmant, et qui sera fini dans quelques jours : *les Bohémiens dans un chemin creux.*

— Combien veut-il vendre ce tableau ?

— Mille francs.

La marquise se leva, ouvrit le tiroir d'un chiffonnier, et donna au marchand un billet de mille francs.

— Vous dites qu'on se dispute les tableaux de ce peintre?

— Oui, madame.

— Eh bien! retournez tout de suite chez lui, et portez-lui ce billet, afin que le marché soit conclu et que le tableau soit bien à moi. Quand il sera fini, vous le ferez encadrer et vous me l'enverrez.

— Madame la marquise va être obéie.

Le marchand se retira, entra chez un changeur, prit deux cents francs d'or, un billet de cinq cents francs et trois cents francs d'argent; il mit l'or et le billet dans une poche, l'argent dans l'autre, et monta rue des Martyrs. Il donna à Paul Aubry le billet et l'or, et rapporta chez lui les trois cents francs. Comme on le voit, il faisait bien les choses.

Le soir, Diane était curieuse de voir si les mille francs avaient apporté quelque changement dans la maison du peintre. Dès que son mari fut sorti, elle se rendit rue des Martyrs. Il était huit heures. Maximilien n'était pas encore arrivé. Diane baissa son voile, prit la clef et la lumière du père Frémy, et se dirigea vers l'atelier.

Rien n'y était changé; seulement le tableau avait reçu la dernière main, et se trouvait prêt à être livré. La marquise le considéra quelque temps; puis, comme elle était curieuse, que Maximilien n'arrivait pas, et qu'elle ne savait que faire, au lieu de s'en tenir, comme les jours précédents, à l'inspection des murs, elle passa à l'inspection des choses.

Paul Aubry, nous le savons, n'avait pas d'ordre, et il était loin de penser que deux amoureux auxquels il prêtait son appartement fouilleraient dans ses tiroirs ou visiteraient ses meubles. Il n'avait pas prévu le cas qui se présentait, celui où la femme arriverait la première, sans quoi il eût peut-être emporté la clef de ses secrets.

Madame de Lys se trouvait donc maîtresse de tout connaître chez ce jeune homme, qui de plus était artiste, et devait vivre d'une existence complétement inconnue à une femme comme elle.

Après avoir inspecté les cartons à dessins pleins d'études de toutes sortes et d'esquisses de tous genres, Diane ouvrit le tiroir d'un grand bahut de chêne sculpté. Là, au milieu de cigares, de briquets, de pipes et d'allumettes, elle trouva quinze louis, tout ce qui restait à Paul des cinquante que le marchand avait dû lui apporter.

— Sept cents francs dépensés depuis ce matin, pensa la marquise. Décidément, notre hôte est un prodigue.

Diane referma le tiroir et porta les yeux sur les planches du bahut. Au milieu des quelques statuettes qui ornaient ce meuble, se trouvait une petite boîte. La marquise l'ouvrit et trouva dedans deux portraits. L'un était le portrait d'un vieillard, l'autre le portrait d'une vieille femme. Tous deux avaient une figure douce et bienveillante, et portaient le costume des gens de la campagne.

— Son père et sa mère, sans doute, pensa la jeune femme, et elle reposa sur la planche la boîte, qui, outre les deux portraits, renfermait des feuilles de buis. Elle eut comme un remords d'avoir ouvert cette boîte, et, pour attendre le baron, elle vint s'appuyer à la fenêtre; mais, au bout de dix minutes, elle regarda de nouveau dans l'atelier, et alla même jusqu'à la porte pour voir si Maximilien n'arrivait pas; mais il n'y avait personne dans l'escalier.

En revenant, madame de Lys trouva une lettre à terre; elle la ramassa; cette lettre était adressée à Paul Aubry. Elle l'ouvrit machinalement. Cette lettre contenait ces mots :

« Monsieur,

» J'ai l'honneur de vous rappeler que M. Durand a obtenu un jugement, et que, si aujourd'hui même vous n'avez pas payé ce que vous lui devez, je serai forcé d'opérer une saisie chez vous.

« Vous aviez promis au moins un à-compte.

« Épargnez-vous ce désagrément.

« Recevez mes civilités. »

Suivait une signature d'huissier.

— Pauvre jeune homme ! pensa la marquise ; les mille francs seront arrivés à propos, et il aura été porter de l'argent à cet homme.

Et Diane cherchait dans quel endroit elle pourrait remettre le papier qu'elle venait de lire ; car en le remettant à terre, c'était dire à Paul qu'il avait été lu. Alors elle aperçut un habit que le peintre avait jeté à la volée sur une chaise, et dont, certainement, était tombée cette lettre. Elle la replaça donc dans la poche de cet habit ; mais, en l'y remettant, elle sentit d'autres papiers et un portefeuille. Avouez que la tentation était forte.

La marquise écouta si personne ne montait, et, n'ayant rien entendu, elle vida la poche de l'habit, qui ne contenait que des papiers insignifiants. Alors, elle ouvrit le portefeuille, qui renfermait une douzaine de lettres environ et un portrait de femme.

— Voilà probablement le portrait de sa maîtresse, se dit Diane. Elle est jolie. C'est une femme du monde, sans doute, sans quoi il ne prendrait pas tant de soin pour cacher son portrait. Ah ! M. Paul Aubry me fait l'effet d'un homme sentimental : voici des myosotis séchés. Si je lisais les lettres ! Elles doivent être de cette femme. Pourvu que Maximilien n'arrive pas encore !

Et Diane détacha au hasard une lettre du paquet et l'ouvrit. Au moment où elle allait en lire le premier mot, elle entendit du bruit, et, sans trop savoir ce qu'elle faisait, mais obéissant à cette curiosité qui était le côté dominant de son caractère, elle cacha la lettre dans son sein, et remit à la hâte les autres et le portefeuille dans la poche de l'habit. La marquise était encore émue de la crainte d'être surprise, quand le baron entra.

— Vous m'avez fait peur, lui dit-elle.

— Ne m'attendiez-vous pas?

— Si fait; la preuve, c'est qu'il y a plus d'une demi-heure que je vous attends.

— Mes parents m'ont retenu. J'ai cru un instant que je ne pourrais pas leur échapper.

— C'est d'autant plus malheureux, qu'il faut que je sois rentrée de bonne heure.

— Quelle heure est-il donc?

— Il est près de neuf heures. Ainsi, aujourd'hui, nous nous quitterons vite, mais demain nous aurons du temps à nous. Le marquis part.

— Va-t-il loin?

— Il sera absent une quinzaine de jours au moins; il m'a annoncé son départ en dînant.

Diane prit son châle, son chapeau, et quitta l'atelier.

Une chose que l'on comprendra facilement, si l'on veut se rappeler le caractère de la marquise, c'est le désir qu'elle avait de rentrer, et d'être seule pour lire la lettre dont elle venait de s'emparer. Pauvre marquise! elle avait déjà besoin de distractions à la distraction qu'elle venait chercher rue des Martyrs. Quand elle fut dans sa chambre, elle s'enferma, tira la lettre de son corsage et l'ouvrit.

— Pourvu qu'il ne s'aperçoive pas que j'ai pris cette lettre! se dit-elle au moment où elle jetait les yeux dessus pour la lire. Ce que j'ai fait est très-mal, et ce que je vais faire est plus mal encore.

Et elle fut sur le point de refermer le papier.

— Qui le saura? C'eût été la première femme qui eût fait pareille chose en pareille circonstance. Personne. Demain, je remettrai cette lettre avec les autres ; il ne s'en apercevra pas.

Elle rouvrit la lettre.

— Peut-être vais-je surprendre un secret. Et quand je le saurai, aurai-je le courage de me taire? Tant mieux! tant mieux, si c'est un secret, cela ne m'en intéressera que davantage.

Diane rapprocha alors le candélabre pour mieux voir et pour mieux lire. La lettre était d'une écriture fine et remplissait trois pages. Diane regarda tout de suite la signature.

— Berthe! dit-elle après l'avoir lue : c'est un joli nom.

La lettre portait la date du 15 septembre 1843.

— Il y a déjà deux ans, se dit madame de Lys, et elle commença :

« Mon ami, six heures viennent de sonner; j'ai passé toute la nuit à vous attendre. D'où vient que vous n'êtes pas venu? d'où vient que, depuis quelque temps, vous m'oubliez à ce point de me laisser passer huit grands jours sans vous voir? Avant-hier, vous m'aviez promis, en me voyant toute en larmes, de ne plus me faire un semblable chagrin, et voilà que, le lendemain même de votre promesse, vous retombez dans la même indifférence. Que vais-je devenir, mon Dieu!

» Vous ne pouvez pas douter de mon amour, Paul; pour vous j'ai tout quitté, famille, amis, monde; toutes mes pensées se sont réfugiées en vous. Est-ce donc que plus une femme prouve à un homme qu'elle l'aime, moins elle en doit être aimée? Au nom de l'amour que vous avez eu pour moi, ne me laissez pas en cette affliction. Peut-être je vous ennuie avec mes reproches et mes larmes; sans doute, c'est pour cela que vous n'avez plus de plaisir à me venir voir. Eh bien, je vous jure de cacher si bien le chagrin que j'aurai en votre absence, que vous ne vous en apercevrez pas quand vous viendrez ; mais venez. Vous avez voulu que j'habitasse la campagne ; était-ce donc pour m'éloigner de vous ? Me voici à Saint-Mandé ; sous prétexte que vos travaux vous retiennent à Paris, vous ne venez pas. Vos travaux ne pourraient-ils donc se faire ici ? vous y seriez si bien ! Souvenez-vous du temps, ami, où vous ne pouviez vous résoudre à me quitter, et où nous ne nous séparions qu'avec des larmes. Ce temps s'est continué pour moi. Chaque fois que vous vous éloignez de cette maison, mon cœur se déchire et le vide se fait dans mon âme. Vous seriez si bien ici ! Je vous avais préparé une belle chambre, magnifiquement éclairée, où vous auriez pu travailler seul et librement. J'aurais lu auprès de vous comme autrefois. Les jours se seraient écoulés rapides comme des secondes. Vous n'avez pas voulu, pourquoi ? »

— Pauvre femme ! murmura la marquise. Voilà donc où mène l'amour !

Et elle reprit :

« Il en est temps encore, Paul, revenez à moi. Si vous m'avez trompée, je vous pardonne.

» Que voulez-vous ! vous êtes le premier amour de ma vie, et vous n'êtes pas un homme ordinaire. Je serais fière de penser que vous me devriez votre talent et votre gloire. Laissez-moi être le bon génie de votre travail, la sentinelle de votre avenir. Croyez en moi, et vous serez heureux.

» Si vous saviez ! hier, un pressentiment m'avait dit que vous viendriez ; alors, j'avais préparé, dans notre petite chambre, un souper pour nous. J'avais choisi les vins que vous préférez, et je m'étais mise à la fenêtre pour vous voir venir de loin. Le jour est tombé, et vous n'êtes pas venu. Alors je suis rentrée dans ma chambre ; il était huit heures; j'ai attendu encore, et j'ai bien vu qu'il était inutile de vous attendre. La femme de chambre est entré en demandant s'il fallait servir, car l'espérance de vous voir m'avait donné de l'appétit, et je m'étais fait une fête de ce souper. Je lui ai dit de remporter tout ce qu'elle avait servi, et je me suis mise à pleurer. »

Une larme tomba des yeux de la marquise sur le papier qu'elle lisait.

Puis elle continua sa lecture, qui touchait à sa fin.

« Voici alors ce que j'ai résolu, Paul. Ecrivez-moi franchement ce que vous comptez faire de moi. Je ne me suis pas donnée à vous sans savoir à quoi je m'exposais. Si vous ne m'aimez plus, avouez-le. Ma résolution est prise. Je partirai, et je mettrai une barrière infranchissable entre le monde et moi. Je n'ai pas besoin de vous dire que je vous pardonnerai, et que du fond de ma retraite je prierai Dieu pour vous. »

La lettre finissait ainsi.

— Qu'est devenue cette malheureuse? Quand on pense, continua la marquise, que jamais je n'écrirai une chose comme celle-là!

En même temps qu'elle repliait la lettre de Berthe elle s'essuyait les yeux et se disait encore :

— Demain, il faudra que j'aie la suite de cette histoire. Pourvu que je retrouve le paquet au même endroit! Mais, comment faire pour ne pas être dérangée par Maximilien? La chose est bien facile, je n'ai qu'à lui écrire de venir à neuf heures, et j'irai à huit.

Le lendemain, dès le matin, la marquise écrivait à Maximilien de ne venir qu'à neuf heures rue des Martyrs. Le marquis partit dans la journée, comme Diane l'avait annoncé la veille au baron, et le soir, à huit heures moins un quart, la marquise se rendait chez Paul. Elle tremblait qu'il n'eût découvert sa curiosité, et elle s'attendait à trouver tous les tiroirs et toutes les portes fermés. Tout était cependant dans le même état que la veille.

Le premier regard de Diane fut pour la chaise où elle avait trouvé l'habit. L'habit n'y était plus.

— Il aura mis cet habit-là, pensa-t-elle, et il aura emporté les lettres.

Elle s'en alla tout droit au cabinet de toilette du jeune homme, et fouilla dans toutes les poches. Elle reconnut l'habit, car elle retrouva dedans la lettre de l'huissier; mais le portefeuille avait disparu. Alors, la marquise fut réellement embarrassée : non-seulement elle eût voulu lire la fin de la correspondance de Berthe, mais encore elle tenait à restituer à Paul la lettre qu'elle lui avait prise, car il lui semblait qu'il devait tenir à cette collection, et, si elle ne retrouvait pas le paquet, elle ne savait comment faire pour qu'il ne s'aperçût de rien. Mais madame de Lys n'était pas femme à perdre ainsi courage; elle bouleversa tellement les tiroirs, les boîtes et les armoires, qu'elle finit par retrouver le portefeuille que Paul avait soigneusement caché dans sa commode, sous du linge.

Nous l'avons déjà dit, Paul était sans défiance; rien d'étonnant donc qu'il laissât la clef au meuble qui renfermait ce portefeuille. La marquise examina le paquet de lettres, afin de voir s'il avait été visité depuis la veille; mais il était évident que le portefeuille avait été jeté là sans avoir été fouillé. Alors elle ouvrit les lettres, cherchant celles qui portaient une date postérieure au 15 septembre 1843. Elle en trouva une datée du 25 du même mois, et qui contenait ces lignes :

« Merci, mon ami, du sacrifice que vous vous êtes imposé; mais, je le vois bien, il est au-dessus de vos forces. L'amour d'une femme, pour qu'il laisse un bon souvenir dans le cœur de celui qu'elle a aimé, doit se compléter par la résignation. Vous êtes venu passer huit jours auprès de moi ; c'est tout ce que vous avez pu faire. Vous voilà reparti. Qui sait quand vous reviendrez? Je n'ai même pas besoin de vous pardonner, je vous comprends. Votre vie d'artiste demande à la fois le repos et les distractions ; je suis insuffisante à vous les donner. Je ne puis vous parler que de mon amour, et il y a si longtemps que je vous en parle, qu'aujourd'hui cela vous ennuie.

» J'ai bien vu que vous aviez pitié de ma douleur ; mais mon cœur ne peut plus se contenter de pitié. Adieu, ami, vous ne me reverrez pas. N'ayez pas de remords. Le bonheur que j'ai eu, je vous le dois ; le mal ne me vient que de moi-même et que des trop grandes exigences de mon âme. Un jour, vous trouverez une femme qui vous aimera, car vous êtes jeune, noble et bon. Tâchez de ne pas lui faire souffrir ce que je souffre, et lorsque vous lui aurez fait un chagrin, relisez mes lettres, elles vous conseilleront le moyen de le réparer. Quelle qu'elle soit, cette femme qui vous aimera sans savoir combien vous aurez été aimé, je la bénis à l'avance pour le bonheur que vous lui devez.

» Une dernière fois, adieu, mon ami. »

La marquise tomba dans une rêverie inaccoutumée après avoir lu le dernier mot de cette lettre. Cette femme a souffert, se dit-elle, mais elle a été heureuse ; une pareille douleur n'est-elle pas préférable à l'inaction du cœur ? Il résulte de tout cela une chose certaine, continua Diane en refermant le portefeuille et en remettant les lettres dans l'ordre où elles étaient, c'est que M. Paul Aubry a inspiré, dans sa vie, une grande passion. C'est donc un homme bien extraordinaire, ce M. Paul Aubry ? Je cours peut-être des dangers en venant chez lui, fit la marquise en riant.

Madame de Lys se leva, regarda la pendule, et vit qu'elle avait encore une grande demi-heure à attendre. Alors, elle fut curieuse de savoir combien il restait d'argent au peintre. Elle ouvrit le tiroir dans lequel elle avait trouvé quinze louis la veille ; il en restait trois. A côté de ces trois louis, se trouvait un papier timbré. Diane l'ouvrit. C'était le procès-verbal de la saisie dont Paul avait été menacé, et qui avait été faite le matin.

La marquise n'était pas habituée à ces sortes de choses ; elle eut donc beaucoup de peine à déchiffrer l'écriture de l'huissier, et quand elle fut arrivée à ce passage :

« Au récollement desquels meubles il sera procédé le samedi 18 courant, pour être vendus, place de la Bourse, heure de midi, en l'hôtel des commissaires-priseurs, et donnés au plus offrant et dernier enchérisseur... ».

— Ce n'est donc pas à cet huissier qu'il a donné son argent, fit-elle. Mais comment va-t-il faire ? Il lui reste soixante francs, et c'est cinq cents qu'il a à payer. Nous sommes au 9, il n'a que neuf jours pour gagner cet argent ; et, s'il ne le gagne pas, on lui vendra ses meubles, le portrait de son père et de sa mère ! Et il ne s'adresse pas à son ami ! C'est un noble cœur. Heureusement je suis là. Mais aussi il est fou ; à qui a-t-il donné cet argent ? A quelque femme qui ne l'aime pas ! Avant toute chose, il faut le tirer de cette position. Je vais écrire à Marceline de venir me voir demain matin. C'est elle qui se chargera de ma commission.

Alors la marquise se mit à chercher du papier et des plumes ; mais elle chercha longtemps sans rien trouver de ce qu'elle cherchait, les peintres étant connus pour n'avoir jamais ni plumes ni papier chez eux.

Cependant, à force de perquisitions, elle trouva un buvard. Dans ce buvard il y avait du papier blanc et une lettre dont elle regarda la signature. La lettre était signée : Paul Aubry.

— Ah! je vais encore apprendre quelque chose, fit Diane.

Avec cette magnifique curiosité qui ne l'abandonnait jamais, elle lut :

« Ma bonne mère,

« J'ai reçu hier la lettre de ma sœur, qui m'écrit que tu vas mieux. Je n'ai pas besoin de t'assurer de la joie que m'a causée cette bonne nouvelle. Cécile me dit que tu t'inquiètes toujours de ma position, ma bonne mère, et que tu crois que je m'impose des sacrifices pour vous deux. Tu te trompes, je n'ai qu'un regret, c'est de n'avoir pas le temps d'aller passer quelques jours auprès de toi, mais je suis surchargé de travail. Ta lettre m'a porté bonheur. A peine l'avais-je reçue, qu'un marchand est venu chez moi et m'a acheté un petit tableau, que deux heures après il m'a payé sept cents francs. »

— Sept cents francs ! dit la marquise ; pourquoi ment-il à sa mère ? C'est mal.

Elle continua :

« Cet homme m'a donné l'espérance d'en vendre d'autres. Espérons donc que nous serons enfin plus heureux, ma bonne mère, et que je pourrai reconnaître un jour tous les sacrifices que tu as faits pour moi. Dis à Cécile qu'elle continue à avoir bien soin de toi, et que je continuerai à avoir bien soin d'elle. J'ai été immédiatement mettre à la malle-poste quatre cents francs que tu auras reçus quand cette lettre arrivera. Soigne-toi bien, chère mère, et si tu as besoin de quelque chose, fais-le moi écrire tout de suite.

» Je sors et ne cachèterai cette lettre qu'en rentrant.

Je vais acheter pour Cécile quelques chiffons qu'elle m'a demandés.

» Je t'embrasse de tout mon cœur.

» Ton fils, PAUL AUBRY. »

En continuant la lecture de cette lettre, la marquise avait les larmes dans les yeux et se disait :

— Il est impossible que cet homme fasse un mensonge à sa mère. Il n'a reçu que sept cents francs, et le marchand a gardé le reste. Mais je le saurai : écrivons toujours à Marceline que je veux la voir. Je suis sûre, au moins, qu'elle ne gagnera rien sur les commissions que je la prierai de faire, et que l'argent que je lui remettrai arrivera à sa destination.

Diane commença à écrire ; mais, quand elle eut tracé quelques mots, elle réfléchit qu'elle ferait mieux d'aller le soir même chez madame Delaunay, puisqu'elle était libre, et elle déchira la lettre commencée, après quoi elle remit le buvard où elle l'avait pris, et s'apprêta à quitter l'atelier.

— Et Maximilien que j'oubliais, et qui va venir ! pensa-t-elle. Eh bien ! tant pis ! il ne me trouvera pas. Que pensera-t-il de cela ? Que m'importe, après tout ? je n'aurais pas de plaisir à le voir aujourd'hui. Ce garçon est un égoïste, il vient parler d'amour chez son ami, dont on va vendre les meubles ; il lui demande un service, il n'a même pas l'esprit de deviner qu'il peut lui en rendre un.

Et, en disant cela, Diane sortait de l'appartement, fermait la porte et traversait le jardin. En passant devant la loge du père Frémy, elle lui jeta la clef et disparut. Une voiture vide passait ; la marquise la prit et se fit conduire chez le marchand de tableaux.

— Avez-vous le tableau que je vous ai demandé ? lui dit-elle.

— Non, madame la marquise, pas encore.
— Pressez le peintre pour qu'il le termine.
— Il me l'a promis pour demain.
— Lui avez-vous remis les mille francs?
— Oui, madame.
— Vous a-t-il donné un reçu?

Cette question était si en dehors des habitudes de la marquise, et le marchand s'y attendait si peu, qu'il hésita à répondre.

— Vous a-t-il donné un reçu? reprit Diane d'un ton impératif.
— Non, madame.
— Eh bien, vous lui en demanderez un.
— C'est que c'est peu dans les coutumes des artistes.
— C'est possible, mais je tiens à ce reçu; je veux l'avoir demain à midi.

Quand la marquise fut partie, le marchand regarda sa femme.

— Comment vas-tu faire? dit celle-ci.
— Sois tranquille, j'arrangerai cela.

Diane se fit conduire chez madame Delaunay, qui était seule chez elle.

— Écoute, lui dit son amie en entrant, il faut que tu me rendes un service.
— Lequel?
— Tu sais que je vois Maximilien chez un de ses amis.
— M. Paul Aubry.
— Rue des Martyrs, 67.
— Après?
— Ce jeune homme a besoin d'argent tout de suite.
— Qui te l'a dit?
— Je le sais, j'ai fouillé dans ses lettres, et l'on va vendre ses meubles.
— Eh bien?

— Eh bien! il faut qu'il te fasse ton portrait.
— A moi?
— A toi, et que tu le lui payes mille francs.
— Es-tu folle?
— Pas du tout. Tu passeras demain matin chez moi, je te remettrai les mille francs, et tu les lui payeras d'avance. C'est un cadeau que je veux te faire.
— Quel intérêt as-tu à cela?
— J'ai l'intérêt à cela, qu'on ne vende pas les meubles de ce pauvre jeune homme.
— Tu le connais donc?
— Je ne l'ai jamais vu.
— Pourquoi ne te fais-tu pas faire ton portrait à toi-même? ce serait bien simple.
— Et s'il apprenait que je suis la femme à qui il prête son appartement le soir, je n'oserais plus me montrer à lui.
— C'est juste.
— Et puis...
La marquise hésita.
— Et puis quoi?... fit Marceline.
— Et puis, j'aime autant ne pas voir ce jeune homme.
— Pourquoi?
— Pour beaucoup de raisons. Ainsi, c'est convenu.
— Si mon mari y consent.
— Ton mari y consentira, il veut tout ce que tu veux. Du reste, tu lui diras que c'est encore une de mes fantaisies.
— Mais comment nous présenterons-nous chez le peintre?
— Vous lui direz qu'ayant demandé à un de vos amis un bon peintre de portraits, on vous l'a indiqué, et tu auras soin d'ajouter que tu ne veux mettre que mille francs à ce portrait, afin qu'il sache tout de suite le prix

qu'il peut en demander, car il n'oserait pas demander tant que cela.

— Demain, à midi, je serai chez toi.

— Cette pauvre mère aurait eu tant de chagrin, se disait Diane, si elle avait su qu'on devait vendre les meubles de son fils!

Comme on le voit, la marquise était capable de toutes les charités.

Diane venait de quitter la maison de Paul quand Maximilien arriva.

— Cette dame est-elle venue? dit-il au portier.

— Oui, monsieur.

— Elle est chez M. Aubry?

— Non, elle est partie il y a cinq minutes.

— Elle n'a rien dit pour moi?

— Rien.

— Elle m'aura laissé un mot là-haut, pensa le baron.

Il chercha partout et ne trouva rien.

— Elle va revenir, se dit-il.

Et il attendit. Une heure se passa, la marquise ne revint pas.

— Qu'est-ce que tout cela veut dire? se demanda Maximilien.

Comme dix heures sonnaient, il quitta la maison de Paul. Quelques instants après, un homme grand, droit, sec et décoré se présentait chez le père Frémy. C'était le comte de Vernon. Il avait fait suivre son fils, et moyennant trois louis il apprit du portier les visites quotidiennes du baron et la cause de ces visites, moins le nom de Diane. Mais peu importe le nom. C'était une femme, cela suffisait au comte.

Quand, le soir, Paul rentra, le portier se garda bien de raconter la visite qu'il avait reçue. Le lendemain, le peintre venait de se mettre au travail, lorsque le marchand de tableaux arriva.

— Vous voyez, lui dit Paul, j'ai travaillé pour vous; le tableau sèche.

— Ce n'est pas pour cela seulement que je viens, reprit le marchand.

— Venez-vous me faire une seconde commande?

— Peut-être; vous savez que ce petit tableau n'est pas pour moi, monsieur.

— Je le sais.

— La personne qui l'achète a le moyen d'y mettre sept cents francs; mais, nous autres marchands, nous courons des risques, et nous ne pouvons être aussi généreux.

— C'est juste.

— Je viens donc vous demander si vous auriez, parmi vos choses déjà faites, une petite toile à me vendre. Je n'ai pas besoin de vous dire qu'il est utile, quand un peintre veut se faire connaître, qu'il fasse des concessions. Les temps sont durs.

— Voyez, dit Paul en montrant les ébauches pendues au mur, si vous trouvez là-dedans quelque chose qui vous convienne.

— Rien de tout cela n'est fini; c'est dommage! reprit le marchand d'un ton mielleux, car voici un tableau qui m'eût bien convenu.

— Qu'à cela ne tienne, je le finirai; combien m'en donnez-vous?

— Je vous l'ai dit, le commerce va bien peu en ce moment.

— Je sais tout cela.

— Vous me le finirez?

— Oui.

— Promptement?

— Immédiatement après celui-ci.

— Eh bien! je vous en offre trois cents francs.

— Le tableau est à vous.

— Voici les trois cents francs.

— Vous payez d'avance! Je ne vous reconnais plus, monsieur Léopold.

— Vous savez que quand j'ai un peu d'argent, je ne me fais pas prier pour le donner.

— Demain soir, ou après-demain, vous aurez votre tableau achevé.

— Maintenant, il me reste encore quelque chose à vous demander.

— Quoi?

— J'ai un associé, et, pour que les affaires soient en règle, je suis forcé de demander des reçus de l'argent que je donne.

— C'est tout naturel.

Et Paul prit un morceau de papier et écrivit :

« Reçu de M. Léopold... la somme de trois cents francs. »

— Non! non! mettez mille, dit le marchand. Cela fait mille avec ce que je vous ai donné avant-hier.

— Mais, puisque les sept cents francs d'avant-hier ne sont pas à votre compte, objecta Paul.

— Je les ai toujours avancés, et je ne rentrerai dedans que lorsque j'aurai votre tableau. Les acheteurs sont si méfiants! et je ne vous ai avancé la somme que parce que je sais que les artistes ont souvent besoin d'argent.

— Alors, je vais vous faire deux reçus, ce sera encore plus régulier.

— Non, n'en faites qu'un, ce sera plus simple.

Paul fit tout bonnement un reçu de mille francs. Le marchand le mit dans sa poche, recommanda au peintre de ne pas oublier sa promesse, et descendit enchanté d'avoir trouvé ce moyen de gagner sur Paul et sur la marquise. A midi, il était chez Diane, à qui il remettait le reçu. Au moment où il quittait la maison du quai Voltaire, Marceline y entrait.

— J'ai voulu venir avant que d'aller chez M. Aubry, dit-elle, pour te donner une lettre de Maximilien.

La marquise ouvrit cette lettre, dans laquelle le baron lui demandait l'explication de ce qui s'était passé la veille et la priait de ne pas manquer au rendez-vous du soir.

— Iras-tu? demanda Marceline.

— J'irai.

Diane donna à Marceline les mille francs, ainsi qu'il avait été décidé la veille, et madame Delaunay prit le chemin de la rue des Martyrs, avec son mari qui l'attendait en bas.

— Écoute-moi, dit M. Delaunay à Marceline chemin faisant, à l'avenir n'accepte plus ni les cadeaux que te fera ni les missions dont te chargera la marquise.

— Pourquoi?

— Parce que la marquise est une folle qui finira par te faire faire quelque inconséquence. Laissons les grandes dames faire leurs folies et ne nous en mêlons pas.

— Ce que nous faisons aujourd'hui est la chose du monde la plus simple. Elle veut obliger un pauvre garçon, et en même temps elle me donne mon portrait. Quel mal y a-t-il à cela?

— Rien n'est simple avec ton amie. Ainsi, promets-moi que c'est la dernière fois que tu te chargeras de choses que la marquise n'ose ou ne peut faire elle-même.

— Je te le promets, mon ami.

Deux heures après, Marceline était de retour chez madame de Lys.

— As-tu vu mon protégé? lui disait celle-ci.

— Oui.

— Comment est-il?

— Ma foi, je ne l'ai pas bien regardé.

— A-t-il paru content?

— Très-content; seulement il ne voulait pas prendre d'argent d'avance.

— Mais tu le lui as fait accepter?

— C'est mon mari qui s'est chargé de cela.

— Et quand commenceras-tu à poser?

— Dès demain.

— A merveille! Si tu savais combien ce jeune homme mérite que l'on s'intéresse à lui! Si tu voyais la charmante lettre qu'il écrivait à sa mère!

— Comme tu en parles avec enthousiasme!

— Que veux-tu! j'avais toujours entendu dire que les artistes étaient des gens sans cœur et sans mœurs.

— Qui te dit qu'il ait des mœurs?

— En tous cas, le cœur est noble, et c'est beaucoup. Tu sais qu'il a inspiré une passion?

— Vraiment.

— Mais une très-grande passion!

— C'est le baron qui t'a conté cela?

— J'ai lu les lettres de la femme, et j'ai vu son portrait.

— Où?

— Chez lui.

— Comment as-tu fait?

— J'ai fouillé dans ses tiroirs; je te l'ai déjà dit.

— Et s'il le savait?

— Il ne le sait pas.

— Tu en es sûre?

— Parfaitement.

— Et qu'est devenue la femme?

— Je n'en sais rien, mais je le saurai.

— Comment feras-tu?

— Je fouillerai encore.

— C'est à cela que tu passes ton temps chez lui?

— Oui.

— Eh bien! et le baron?

— Oh! le baron!

— Comme tu en parles!

— Enfin, de quoi est-il capable, ce garçon-là?

— Je le sais moins que toi.

— Qu'est-ce qu'il fait? Quelle position a-t-il? A quoi passe-t-il son temps?

— Ah ça, qu'as-tu donc, aujourd'hui?

— J'ai, que je trouve inutile un homme de vingt ans dont tout le mérite consiste à savoir mettre sa cravate et à monter à cheval.

— Tu aimerais mieux qu'il fût peintre, peut-être?

— Ma foi, oui! j'avoue que ce que j'ai vu m'a réconcilié avec les artistes. Au moins ils ont quelque chose dans la tête. Au moins leurs maîtresses peuvent être fières d'eux, et leur amour est une préférence; tandis que l'amour des gens comme le baron, c'est une banalité. Qu'est-ce que je gagne, comme cœur et comme esprit, à l'amour de Maximilien? N'importe qui m'aimerait comme il m'aime. Tiens! il y a des moments où je suis prête à lui écrire que je ne veux plus le voir.

— Qui te retient? Cela vaudrait mieux. Qui sait comment cela finira? Tu risques de te compromettre, et pour un homme que tu n'aimes guère.

— Tu as raison. Mais je vais te dire une chose qui va t'étonner.

— Laquelle?

— C'est que, si je continue à voir le baron, c'est...

Diane hésita.

— C'est?... répéta Marceline.

— Tu vas te moquer de moi.

— Parle toujours.

— Eh bien, c'est que cela m'amuse d'aller chez son ami.

— Prends garde.

— A quoi?

— Si tu allais aimer M. Paul Aubry?

— Moi?

— Pourquoi pas?

— Je ne l'ai jamais vu et je ne le verrai probablement jamais. Non, le danger n'est pas là. Ce qui m'amuse, c'est de m'initier à la vie de ce jeune homme sans qu'il me connaisse, de le protéger sans qu'il me voie, et de jouer dans sa vie le rôle que remplirait la fée mystérieuse qui serait sa marraine. Ainsi, ces mille francs que tu lui as remis aujourd'hui, qu'il ne me devra pas complétement, puisqu'il va les gagner par son travail, je suis heureuse qu'ils lui viennent de moi, parce que je sais maintenant l'emploi qu'il fait de son argent. Il me devra peut-être un jour sa position, sa renommée et sa fortune. C'est une distraction comme une autre; seulement, c'est une distraction qui fait plaisir au cœur, et ce sera toujours un peu de bien que j'aurai fait.

Pendant que cette conversation avait lieu entre Marceline et Diane, voici ce que le père de Maximilien disait à son fils :

— J'ai vu aujourd'hui le ministre des affaires étrangères, et il m'a promis de vous attacher prochainement à une ambassade, comme vous me l'aviez demandé. D'ici là, vous irez tous les jours travailler dans le cabinet du ministre.

Le jeune homme, habitué à une obéissance passive, ne répondit rien.

— Ce soir, continua le père, vous accompagnerez votre mère à l'Opéra, où je ne peux pas aller.

Et, sans ajouter une parole, le comte rentrait dans sa chambre.

A huit heures, la marquise était au rendez-vous; car,

comme on se le rappelle, Maximilien lui avait recommandé de ne pas y manquer. Mais, en arrivant, elle trouva chez le père Frémy une lettre que le baron y avait fait remettre, et dans laquelle il la prévenait de l'impossibilité où il était de venir la retrouver.

— Tant mieux! dit Diane; et elle entra comme si Maximilien eût dû venir.

Cette police que le comte exerçait vis-à-vis de son fils dura plusieurs jours, et Maximilien ne pouvait plus venir aux rendez-vous de la rue des Martyrs. Diane ne tint aucun compte de cette impossibilité, et continua à venir tous les soirs chez Paul. Elle y passait plus d'une heure, à quoi? Elle-même eût eu bien de la peine à le dire.

La marquise depuis quelque temps éprouvait instinctivement le besoin de s'isoler. Chez elle, la chose était difficile. La rêverie est une visiteuse avec laquelle on a besoin d'être seul, et qui s'effarouche dès qu'elle entend ouvrir une porte. Or, à chaque moment on ouvrait la porte de la chambre où se trouvait Diane, soit pour lui demander un ordre, soit pour lui apporter une lettre, soit pour lui annoncer quelqu'un. Chez Paul Aubry c'était autre chose. Rien de ce qui l'entourait, une fois qu'elle avait franchi le seuil du peintre, ne lui rappelait sa vie accoutumée. Pas de domestiques, pas de bruit, pas d'importuns. La solitude, le travail, le recueillement, une sorte de mélancolie même habitaient cette grande salle, où dans les pénombres se dessinaient des tableaux et des statuettes. Là, Diane vivait d'une existence nouvelle. Sans connaître celui qui la recevait, elle se familiarisait avec sa vie, elle s'initiait à ses habitudes. Cet homme qu'elle n'avait jamais vu et qui se trouvait, avec Marceline, le seul confident de la première faute qu'elle commettait, n'était pas un étranger pour elle, et la preuve, c'est qu'elle avait été déjà deux fois au devant des ennuis qu'il n'eût sans doute pu éviter sans son aide. Mais c'était encore elle sa débitrice, car elle lui devait des sensations inconnues. Elle, la femme insouciante par excellence, elle s'abîmait tout à coup dans une méditation profonde, et quand elle en était arrivée à ce point, elle eût ressenti une douleur réelle à voir rentrer le baron, tandis que, dût sa pudeur en souffrir et sa réputation en être atteinte, si Paul Aubry fût rentré, il lui semblait qu'elle lui eût tendu la main comme à un ami, et qu'elle eût continué avec lui la conversation intime qu'elle avait avec elle-même.

Par les deux lettres de Berthe, et par celle que Paul écrivait à sa mère, Diane avait deviné dans son hôte une âme d'élite, tous les travaux qui l'entouraient prouvaient un talent supérieur, et elle faisait entre cet homme laborieux et le baron une comparaison qui, comme nous l'avons vu, n'était pas à l'avantage de ce dernier. On n'eût jamais pu croire que cette femme qui, la tête dans ses mains, assise à côté de la fenêtre, rêvait dans l'atelier de Paul, fût cette Diane dont la vie jusqu'alors s'était passée dans les fêtes et le bruit. Elle se laissait ainsi surprendre par le temps, et, quand dix heures sonnaient, elle se réveillait pour ainsi dire en sursaut et avec une sorte de frayeur.

Un soir, Diane était arrivée plus tôt encore que d'habitude. La première chose qui l'avait frappée en entrant, c'était le portrait de Marceline, commencé du jour même. Le trait seul était fait, et cependant la marquise y reconnut la charmante tête de son amie.

— Ce sera ressemblant, dit-elle; et ayant roulé le fauteuil en face de la toile, elle se mit à la considérer et remplaça par le souvenir ce qui manquait à l'ébauche.

Puis ses yeux se fixèrent sans regard sur la toile; il lui sembla que la figure de son amie lui souriait.

Neuf heures sonnèrent. Diane se leva, se mit au piano, joua une mélodie, puis ses doigts s'arrêtèrent; et passant dans la chambre à coucher, elle cueillit une fleur parmi celles de la jardinière, et feuilleta un livre qui se trouvait sur la commode. Quand elle en eut lu quelques mots, elle reposa le livre où elle l'avait pris, et, jetant au hasard ses regards autour d'elle, elle aperçut une petite armoire qu'elle n'avait pas encore vue jusqu'à ce jour. Elle ouvrit cette armoire, pleine d'objets de femme, de tous ces objets qui peuvent se trouver chez un garçon, et surtout chez un peintre. Ce qui fixa surtout l'attention de la marquise, ce fut une adorable paire de pantoufles, qu'on eût crue destinée à chausser un enfant. La marquise les considéra quelque temps, et ne put résister au désir de mesurer la semelle de l'une d'elles avec la semelle d'une de ses bottines. Toutes deux étaient de longueur égale. Ce n'était pas assez; elle délaça sa bottine et essaya la pantoufle, qui se trouva lui être un peu large. Sans savoir pourquoi, madame de Lys en conçut une véritable joie.

— Cette femme a un joli pied, pensa-t-elle en retirant la pantoufle et en la considérant de nouveau.

Alors elle remit les mules dans l'armoire et prit une paire de gants en disant :

— Voyons les mains, à présent.

Elle ôta ses gants et essaya ceux qu'elle venait de prendre. Mais la marquise avait une bague qu'elle ne quittait jamais, et, comme les gants lui étaient très-justes, elle ôta cette bague et la mit sur la commode. Nous sommes forcés d'avouer que Diane eut quelque peine à se ganter, ce qui fait l'éloge de la maîtresse de Paul Aubry, car Diane était aussi fière de sa main que de son pied. Cependant elle y arriva.

— Ces gants sont plus petits que les miens; mais, à l'avenir, ils me serviront de modèle.

Et la marquise, gardant les gants qu'elle venait de mettre, jeta sur le lit ceux qu'elle venait de quitter. Voyez à quoi une jolie femme peut occuper son temps et son imagination! Nous, qui connaissons la marquise, nous sommes convaincu que si elle avait eu le pied trop grand pour les pantoufles et la main trop forte pour les gants de la maîtresse de Paul, elle en eût été triste au moins jusqu'au lendemain.

La demie sonna. Il était impossible que Diane restât plus longtemps; elle laça à la hâte sa bottine et partit. Quand elle fut rentrée chez elle et qu'elle se fut dégantée, elle n'avait pas sa bague. Alors, elle se rappela l'avoir laissée sur un meuble de la chambre à coucher de Paul. Un moment, elle fut sur le point de retourner la chercher, mais il était tard. Paul pouvait être rentré, peut-être avec une femme; une pareille visite, à pareille heure, pouvait être inutile ou dangereuse. Diane se contenta d'écrire à Maximilien d'aller le lendemain de bonne heure demander à son ami s'il avait trouvé une bague dans sa chambre.

Dès le matin, Maximilien, qui n'était surveillé que le soir, courut chez le peintre.

— As-tu trouvé une bague? furent les premiers mots du baron.

— Oui, dit Paul; est-elle à toi?

— Non, mais elle est à quelqu'un qui m'a chargé de venir te la demander.

— Je vais te la donner. Elle a été cause d'une belle affaire, ta bague!

— Quoi donc?

— Figure-toi, continua Paul en allant prendre dans un tiroir de sa commode la bague de la marquise, figure-toi que je rentre hier à minuit avec quelqu'un aussi. Tu permets que je me remette au travail?

— Fais comme chez toi.

— Je rentre donc avec Julie, charmante fille du reste, brune, gaie, et qui avait l'habitude de venir tous les soirs ici avant que tu y vinsses.

— Pourquoi ne m'as-tu pas prévenu? je n'aurais voulu te gêner en rien.

— Non-seulement tu ne m'as pas dérangé, mais tu m'as rendu service; les habitudes des femmes finissent par être des tyrannies. Le jour où j'ai reçu ta visite, j'ai dit à Julie que je travaillais le soir, et qu'au lieu de venir le soir elle vînt le matin. Elle n'a paru se contenter que médiocrement de cette raison. Mais comme je me suis obstinément refusé à lui en donner d'autre, il a bien fallu qu'elle en prît son parti. Hier, je suis allé la voir; elle a insisté pour revenir avec moi. Pour avoir la paix et lui faire plaisir, car après tout c'est une bonne fille, je la ramène ici; voilà où le drame commence. Nous entrons. Elle tenait la bougie; elle passe dans ma chambre à coucher; je la suis. La première chose qu'elle voit en entrant, c'est une bague.

— C'est à vous, cette bague? me dit-elle.

— Non.

— A qui, alors?

— Je n'en sais rien.

— Comment, vous ne savez pas à qui est une bague que je trouve chez vous? Voilà qui est fort.

— C'est une bague de femme, dit-elle en l'essayant.

A l'instant je comprends que ce bijou doit être à quelqu'un de ta connaissance, et je veux m'en emparer.

— Vous ne l'aurez pas, me dit Julie.

— C'est ce que nous allons voir. Et je prends ses jolies mains dans les miennes afin de rentrer en possession de la bague. Quand elle voit cela, elle fait un effort, dégage la main dans laquelle elle tenait le bijou et veut le jeter par la fenêtre. La bague casse un carreau, mais retombe dans la chambre. Je la ramasse et je la mets dans ma poche.

— Vous allez me dire à qui est cette bague, s'écrie-t-elle, ou je casse tout ici. Il faut te dire que Julie a reçu une mauvaise éducation.

— Ma petite Julie, si tu casses quelque chose, je me verrai dans la nécessité de te reconduire à la porte. Sur cette menace, elle veut faire de la dignité :

— Monsieur, tout est fini entre nous.

— Elle m'eût demandé gentiment d'où venait cette bague, que peut-être, tout en ayant soin de ne pas te nommer, je lui aurais dit la vérité et la supposition que j'en tirais, d'autant plus que cette fille avait des pieds et des mains comme je n'en ai jamais vus, et que cela me servait quelquefois de modèle; mais elle le prenait sur un ton tel, que je lui dis :

— Eh bien ! que tout soit fini !

— Alors elle ouvrit une armoire où elle avait du linge et quelques effets, et disposa sur le lit le paquet qu'elle allait faire, et qu'elle n'eût sans doute pas fait sans un second incident.

— Encore un ! dit Maximilien.

— Encore un, mon cher. A quoi donc la propriétaire de la bague a-t-elle passé son temps hier, ici ?

— Je n'en sais rien.

— Comment ! tu n'en sais rien ?

— Rien absolument, je n'étais pas avec elle.

— Elle est venue seule ?

— Il paraît.

— L'avais-tu prévenue que tu ne viendrais pas ?

— Oui, je ne sais pas pourquoi elle est venue.

— Sans doute dans la prévision que tu changerais d'avis. Je m'explique mieux ce qui s'est passé alors.

— Que s'est-il passé ?

— Il s'est passé qu'elle s'est ennuyée sans doute à attendre et qu'elle a visité les armoires. Elle est donc curieuse ?

— Il faut le croire.

— De sorte qu'ayant trouvé des gants de femme, elle a essayé une paire de ces gants et l'a emportée, en laissant les siens sur mon lit.

— Je te laisse à penser les cris de paon que Julie a poussés quand elle a trouvé les gants d'une autre femme, et qu'elle a vu qu'on lui avait pris les siens. Enfin, mon cher ami, pour abréger l'histoire, cette bonne Julie a fait un tel vacarme, que, malgré l'heure indue, je me suis vu forcé de la renvoyer, et que nous sommes brouillés.

— Quelle aventure ! et je suis cause de tout cela.

— N'en aie pas de remords ; moi, j'en suis enchanté. Le principal, c'est que la bague ne soit pas perdue, et heureusement la voilà. Je me la rappellerai toute ma vie, cette bague-là, ajouta Paul.

Et il la remit au baron, après l'avoir regardée une dernière fois.

— Mon pauvre ami, je suis désolé.

— Tu as bien tort, et cela n'en vaut pas la peine.

Mais, malgré cette réponse, le baron jugea qu'il valait mieux changer de conversation.

— Qu'est-ce que c'est que ce portrait ? dit-il à Paul, qui, quoique le modèle ne fût pas là, travaillait au portrait de Marceline.

— C'est le portrait d'une femme qui a posé hier pour la première fois.

— Et tu travailles ainsi de mémoire ?

— Oui.

— Tu connaissais donc déjà cette femme ?

— Il y a deux jours que je l'ai vue ; mais elle a une tête

si douce et si fine, que je terminerais ce portrait sans elle.

— Comment la nomme-t-on?

— Je l'ignore, elle est venue ici avec son mari ; elle m'a dit qu'on m'avait recommandé à elle, et qu'elle ne voulait pas mettre plus de mille francs à son portrait. Tu comprends que j'ai accepté vite ; alors, elle m'a donné les mille francs. C'est même la première fois que j'éprouve une sensation désagréable en recevant de l'argent.

— Pourquoi donc cela?

— Je n'en sais trop rien, mais j'ai été comme humilié de recevoir de l'argent, et surtout de l'argent d'avance de cette femme. Je la trouvais si charmante, elle avait l'air si bon, que j'aurais voulu lui faire son portrait pour rien, et qu'elle m'eût une obligation.

— Cependant, tu as accepté?

— Oui, mais sur l'invitation de son mari, et puis parce que cet argent était loin de m'être inutile en ce moment. C'est égal, j'ai été contrarié toute la journée. Je n'aime pas recevoir de l'argent des femmes, et de celle-là encore moins que de toute autre.

Le soir, Maximilien parvint à s'échapper et trouva la marquise chez Paul. Il lui remit la bague et lui raconta ce que son ami lui avait conté le matin.

— Ainsi, dit madame de Lys, il est brouillé avec mademoiselle Julie.

— Oui.

— A cause de moi?

— A cause de vous.

— Et il n'a pas d'autre maîtresse?

— Non.

La marquise n'ajouta pas un mot, et se mit involontairement à rêver, au point que le baron lui dit :

— A quoi pensez-vous donc?

— Moi? A rien, fit-elle.

Et elle aima mieux sourire à Maximilien que de lui dire à quoi elle rêvait.

Quelques jours se passèrent, et n'amenèrent d'autres événements que ceux-ci :

Une lettre du marquis, annonçant que son absence se prolongerait encore;

L'installation de Maximilien au ministère;

La continuation rapide du portrait de Marceline.

Mais, à mesure que ce portrait touchait à sa fin, Paul, qui, lorsqu'il l'avait commencé, avait tellement hâte de le finir, qu'il y travaillait en l'absence de Marceline, Paul, disons-nous, travaillait le plus lentement possible. Il lui était même arrivé d'en gratter complétement tout une partie pour avoir le plaisir de la refaire, en donnant pour raison à madame Delaunay qu'il ne voulait pas qu'il y eût quoi que ce fût, dans ce tableau, dont il ne fût parfaitement content. Il faut dire aussi que ce portrait était vraiment une merveille de ressemblance, de pose, de goût et de couleur. Paul se complaisait dans son œuvre, et voyait venir, avec peine sans doute, comme tous les vrais artistes, le moment où il faudrait s'en séparer. Les peintres et les sculpteurs sont à plaindre en cela, que, s'ils ont la satisfaction de la couleur et de la forme palpable quand ils travaillent, ce que les écrivains n'ont pas, ils sont, le jour où leur œuvre est terminée, contraints de la livrer, sans plus savoir ce que deviendra l'enfant de leur imagination, que la mère de Savoie ne sait ce que deviendra l'enfant de ses entrailles lorsqu'il quitte la montagne pour aller chercher sa vie.

Marceline, qui n'avait vu d'abord dans ce portrait qu'une condescendance à un nouveau désir de son amie, avait fini par y prendre intérêt, et par être enchantée du cadeau que lui faisait Diane. Elle venait donc tous les jours rue des Martyrs, sans se faire prier, et une espèce d'intimité s'était établie entre le peintre et elle. Il n'y a qu'avec les femmes qui ne sont ni complétement vertueuses ni complétement débauchées que l'intimité est difficile. Ces femmes craignent toujours, en quittant les formes cérémonieuses sous lesquelles elles cachent leurs mœurs douteuses, que l'on ne voie les inégalités de leur vertu. Elles ressemblent à celles qui, revêtues d'une robe de satin, n'osent la relever dans la rue de peur qu'on ne voie qu'elles ont des trous à leurs bas. Au contraire, les femmes qui sont restées intactes, celles qui commandent le respect des autres par le respect d'elles-mêmes, celles qui, enfin, chaque fois qu'elles entrent quelque part, sont précédées de leur passé, celles-là sont bonnes et indulgentes pour les autres, n'ayant pas besoin de l'être pour elles-mêmes. Celles-là acceptent aisément l'intimité avec les gens d'esprit et de cœur, parce que rien de ce qui blesse les autres femmes ne les atteint, parce que l'armure qui les protége est invisible et invulnérable, comme celle que les enchanteurs donnaient aux guerriers des romans fabuleux.

Marceline était de ces femmes-là. Aussi, Paul avait pris une telle habitude la voir, qu'il pressentait une douleur toute prête pour le moment où il ne la verrait plus. Les travaux qu'il devait faire après ce portrait lui semblaient arides et inutiles. C'est alors qu'il regrettait d'avoir accepté cet argent qui le mettait avec Marceline dans des rapports de marchand et d'acheteur. Accepter d'un ennuyeux bourgeois ou d'une femme ridicule, qui veulent avoir leur image, une somme quatre fois supérieure à la valeur du travail qu'il fera pour eux, c'est ce que tout artiste est prêt à faire, car l'ennui d'avoir sous les yeux une tête laide, bête et prétentieuse, ne peut se payer ce qu'il vaut. Mais peindre une charmante et gracieuse créature, et se dire continuellement que cette femme vous a payé, et que vous ne faites pas plus pour elle que pour les bourgeois stupides, voilà ce qui rend l'artiste malheureux.

— Admettons, pensait Aubry tout en travaillant, qu'il me vienne l'idée de faire la cour à cette femme ; je ne le pourrais pas. Pour elle, je ne suis pas un homme : je suis un peintre. Je ne suis pas un être de la même catégorie que les autres ; je suis une machine à reproduire ses traits. On me met de l'argent dans la main gauche, et je travaille avec la main droite ; et je n'ai plus qu'un droit, c'est de faire ressemblant le modèle que j'ai sous les yeux. Bref, il faut que je gagne mon salaire. Si mon cœur bat devant mon modèle, il faut que je le rende immobile. Si ma main tremble, il faut qu'elle devienne ferme. Si mes yeux se voilent, il faut que j'y voie clair. S'il plaît à cette femme jeune et belle de me montrer ses bras et sa poitrine, il faudra que je peigne tout cela sans le désirer, car, au moindre mot que je dirais, elle pourrait me répondre : J'ai payé ; que voulez-vous de plus ? Bref, je suis à elle, et elle ne peut être à moi.

Il y avait des moments où Paul, quand ces réflexions lui traversaient la tête, eût voulu avoir encore les mille francs qu'il avait reçus, les rendre à Marceline et lui demander la permission de faire son portrait pour rien, ou de ne le pas faire du tout. Malheureusement, l'huissier avait pris une bonne partie du billet, mademoiselle Julie s'était à peu près raccommodée pour en avoir un morceau, et Paul en avait envoyé au moins un quart à sa mère. Soit d'instinct, soit qu'elle eût deviné les pensées du jeune homme, Marceline adoucissait la position autant que possible. Si Paul se souvenait éternellement qu'il était payé, elle semblait avoir complétement oublié ce détail. A chaque instant elle se levait, venait regarder la toile, et se récriait sur la beauté de ce portrait, assurant qu'elle n'avait jamais rien vu de si complet, et se posant avec grâce comme la débitrice du peintre.

Mais tout cela ne suffisait pas à Paul. Un moment il avait espéré que Marceline l'inviterait à venir la voir, non pas à titre d'homme, mais à titre de peintre; mais Marceline n'avait rien dit, et Paul ne savait même ni son nom ni son adresse, non pas que Marceline eût affecté de les lui cacher, mais simplement parce qu'elle croyait inutile de les lui dire, et qu'elle craignait, en les lui disant, qu'il n'arrivât tôt ou tard à savoir qu'elle était l'amie de Diane et de Maximilien, et à quelles circonstances il devait ce travail, arrivé si à propos.

Comme on le voit, c'était, de la part de Marceline, plus que de la discrétion, c'était de la délicatesse. Cependant, un jour, Paul, qui s'exagérait cette discrétion, avait voulu savoir à quoi s'en tenir, et il avait dit à Marceline :

— Quand ce tableau sera fini, où devrai-je l'envoyer, madame ?

— L'encadreur viendra le prendre, avait répondu Marceline sans affectation, et le fera porter chez moi.

Ce jour-là, Paul avait effacé toute une manche de la robe et une partie du corsage. Tous les jours monsieur Delaunay accompagnait sa femme, ce qui consolait un peu Aubry. En effet, cela semblait indiquer que M. Delaunay traitait le peintre comme un homme et ne voulait pas laisser sa femme seule avec lui. Il en pouvait résulter aussi, il est vrai, que M. Delaunay prenait plaisir à voir travailler Aubry et n'avait rien de mieux à faire; mais le peintre préférait s'en tenir à la première supposition.

Un jour, à l'heure où Marceline et son mari avaient l'habitude de venir, on sonna; Paul alla ouvrir. Marceline était seule à la porte.

— Votre mari ne vous accompagne pas, madame? demanda Aubry.

— Non, répondit Marceline, il ne peut pas venir aujourd'hui.

— Allons! je m'étais trompé, pensa Paul.

Et il se mit au travail sans dire un mot. Mais peu à peu, à force de regarder la douce figure de Marceline, il se dérida et il entama la conversation, qui, par l'absence même de son mari, prit cette tournure d'intimité plus étroite que prend toute conversation qui a lieu entre deux jeunes gens qui ont encore le cœur jeune. Cette séance passa comme une minute, et six heures sonnaient que madame Delaunay ne songeait pas encore à s'en aller, quoique tous les jours elle s'en allât bien avant cette heure. Quand elle fut partie, Aubry revint s'asseoir sur son tabouret, en face du portrait, et le considéra longtemps.

— Voilà où l'art est impuissant, dit-il; je ne mettrai jamais dans cette tête-là tout ce que j'y vois.

Et il continua à regarder pendant quelque temps encore cette peinture qui lui souriait, puis il s'habilla pour sortir; mais il était distrait; et, sans savoir pourquoi, il se mettait à songer tout à coup, son pantalon et ses bottes à la main. Il était près de huit heures quand il sortit. Il était temps.

Dix minutes après, la marquise descendait de voiture devant sa porte. Depuis quelques jours, Maximilien n'avait pu s'échapper que deux fois, et encore il lui avait fallu pour cela plus de diplomatie qu'il n'allait lui en falloir comme secrétaire d'ambassade. Diane ne s'était, pour ainsi dire, pas aperçue de l'absence du baron. Nous avons dit plus haut la conversion qui s'était faite en elle, et le plaisir qu'elle éprouvait à venir rêver deux heures dans cet atelier, où personne, pas même celui qui l'habitait, ne pouvait soupçonner ce qu'elle y venait faire.

Ce soir-là, les yeux de madame de Lys se fixèrent longtemps sur le portrait de madame Delaunay, et elle ne put s'empêcher de dire :

— C'est étrange ! jamais je n'aurais cru que Marceline fût aussi jolie; et cependant ce portrait est fort ressemblant. Mais je suis plus jolie que cela, ajouta la coquette jeune femme en se regardant et en se souriant dans une glace.

Et, en effet, Diane était plus jolie et même plus belle que Marceline, mais elle avait dans les traits toute la fierté de la beauté incontestable et vantée, tandis que son amie avait la douceur et la modestie des charmes qui s'ignorent.

Un poëte du dix-huitième siècle eût comparé l'une à la rose altière, et l'autre à l'humble violette.

Vous vous étonnez sans doute de ces préoccupations nouvelles de la marquise; c'est que Diane en était arrivée à un point où elle n'eût pu faire part de ses sensations, elle qui s'en était rendu compte jusque-là avec la lucidité des esprits oisifs qui assistent au spectacle de leur propre vie en spectateurs indifférents. Quant à nous, il nous serait à peu près impossible d'analyser ce qui se passait dans l'âme de Diane. Ce qui est presque certain, c'est qu'une transformation s'opérait en elle, et que, comme le lui avait dit Marceline, elle se remuait dans ses sentiments, comme un malade dans son lit, cherchant une place qui lui convînt et ne la trouvant pas. Vous avez vu des enfants pleurer sans cause, leur mère leur offre des jouets, ils refusent; elle leur propose une promenade, ils n'en veulent pas; elles les embrasse pour les apaiser, ils crient de plus belle; enfin, elle leur demande ce qu'ils désirent, et ils répondent, en pleurant plus fort, qu'ils n'en savent rien. La marquise en était justement là. Elle venait tous les soirs chez Paul ! Quoi faire? Elle n'eût pu le dire. Y attendait-elle Maximilien? Non. Eût-elle voulu voir Aubry? S'il fût entré, elle se fût sauvée. Voulait-elle rester ou partir?

Tout ce qu'elle eût pu dire, c'est que, de tout ce qu'elle pouvait faire, ce qu'elle préférait encore, c'était ce qu'elle faisait. Quelqu'un eût fait à Diane cette question qu'elle ne s'était pas encore faite, soit dans la crainte de ne savoir que se répondre, soit qu'elle comprît instinctivement que le mystère était là : « Aimez-vous Aubry? ». qu'elle eût répondu :

— Cela se pourrait bien ; je n'ai jamais aimé, mais je n'ai jamais, non plus, éprouvé ce que j'éprouve.

— Mais vous n'avez jamais vu ce jeune homme?

— C'est vrai. Mais pourqui ai-je tant de plaisir à me trouver chez lui? et, lorsque je n'y suis plus, pourquoi suis-je occupée de ce qu'il fait? Pourquoi, lorsque je m'endors, son nom bourdonne-t-il à mes oreilles? Pourquoi le plus grand chagrin qui pourrait m'arriver serait-il qu'il en eût un? Et pourquoi enfin mettrais-je ma consolation à partager ce chagrin avec lui?

— Cela vient tout simplement, madame la marquise, aurais-je répondu à Diane, si elle m'avait adressé ces questions, de ce que rien ne fait valoir un homme aux yeux d'une femme comme la certitude que cet homme a été beaucoup aimé d'une femme jeune et jolie, et que vous avez la preuve que Berthe était belle et qu'elle aimait Aubry. Cela vient encore de ce que les femmes n'aiment rien tant que protéger, et qu'il a été en votre pouvoir de protéger Paul lorsque personne ne songeait à venir à son secours. Cela vient de ce qu'en lisant une lettre que le peintre écrivait à sa mère, vous avez, vous, la femme sceptique par théorie et indifférente par habitude, laissé tomber une larme sur cette lettre, larme qui ne venait pas seulement de vos yeux, mais de votre cœur, et que rien ne fait plus vite pousser dans l'âme cette fleur qu'on nomme l'amour que cette rosée qu'on nomme les larmes. Cela vient de ce que votre liaison avec Maximilien n'a donné à votre esprit qu'une pâture insignifiante, et que vous vous apercevez que tôt ou tard il faut que la femme aime autrement que par distraction.

Et maintenant, si j'étais à votre place, madame la marquise, aurais-je ajouté, je voudrais savoir à quoi m'en tenir sur ces impressions nouvelles, et je trouverais un moyen de voir Aubry sans qu'il sût qui je suis, car il se pourrait bien que vous prissiez pour de l'amour ce qui ne serait que de la curiosité.

Six semaines s'étaient écoulées environ depuis le jour où Maximilien était venu demander l'hospitalité à Paul, quand le baron arriva un matin chez Aubry.

— Je viens te remercier, dit-il au peintre, et te remettre la propriété totale de tes appartements.

— Tu es brouillé?

— Non, je pars.

— Tu pars?

— Oui, comme attaché d'ambassade pour la Russie. C'est une idée de mon père, qui a tout appris.

— Par qui?

— Par le père Frémy, qui est un vieux traître.

— Et quand ton père t'a-t-il dit cela?

— La trahison de ton portier?

— Oui.

— Hier au soir. Ainsi, cher ami, si tu es raccommodé avec Julie et qu'elle tienne à venir chez toi le soir, tu peux la contenter; te voilà débarrassé de nous.

— Nous sommes toujours à peu près brouillés; elle m'a écrit cependant, mais elle m'ennuie.

— Tu l'as remplacée?

— Non.

— Un nouvel amour?

— Peut-être.

— Allons, bonne chance.

— Que dit ta maîtresse de ce départ?

— Elle n'en sait rien encore.

— Comment va-t-elle prendre cela?

— Pauvre femme! dit Maximilien, qui, quoiqu'il fût à peu près convaincu du contraire, voulait faire croire à son ami qu'il était adoré. Pauvre femme! je ne sais vraiment comment lui apprendre cette nouvelle. Tu me pardonneras l'indiscrétion que j'ai commise? ajouta le baron.

— Je ne t'en veux que d'une chose, c'est de partir.

Les deux amis s'embrassèrent et prirent congé l'un de l'autre. De là, Maximilien se rendit chez la marquise. Il ne s'était pas présenté chez elle depuis longtemps, mais il savait le marquis absent de Paris; et d'ailleurs ce qu'il venait lui annoncer permettait cette visite.

Diane fut plus sensible à ce départ que Maximilien ne l'aurait cru. Elle pleura. Eh bien! avouons-le, dans les larmes qu'elle versa, il y en eut pour Maximilien. Un départ est toujours une si triste chose, qu'on se sent ému à voir partir même des étrangers. Cependant cette séparation, c'était, pour la marquise, la liberté de son cœur, liberté dont elle sentait instinctivement le besoin, et sous ses larmes, qu'elle savait bien ne pas devoir couler longtemps, fleurissait une secrète joie.

Quant à Maximilien, il pleura aussi; cependant son chagrin n'était pas aussi grand qu'on pourrait le croire. Nous avouerons, à la honte de notre pauvre nature humaine, que Maximilien, qui n'était qu'un de ces hommes insignifiants comme on en rencontre tant dans le monde, avait cru pendant quelque temps que sa liaison avec madame de Lys allait prendre une grande place dans sa vie, et qu'il était réellement amoureux de la marquise; puis, les premiers transports passés, le baron s'était aperçu, sans vouloir y croire d'abord, que, toute marquise qu'elle était et toute sage qu'elle avait été jusqu'alors, madame de Lys ne lui causait pas plus d'émotion que les autres femmes moins sages, moins nobles et moins belles qu'il avait aimées ou cru aimer. Il n'y avait plus qu'un fil qui retînt l'amour dans le cœur du baron, c'était la vanité, et ce fil était rompu. En effet, si Maximilien eût pu conter cette bonne fortune à quelqu'un, si, au lieu de voir mystérieusement tous les soirs Diane dans l'atelier de Paul, il l'eût vue chez elle; si, dans un salon, on l'eût montré comme son amant; s'il eût été questionné à ce point qu'il pût se donner la fatuité de la discrétion, peut-être le comte eût-il trouvé plus de résistance à ses volontés de la part de son fils. Mais, outre que la marquise ne paraissait pas fortement tenir à Maximilien, celui-ci ne tirait pour son amour-propre aucun bénéfice de cette liaison, et, au point de vue du baron et de beaucoup de gens pour lesquels l'amour d'une femme comme la marquise est le seul mérite dans le monde où ils vivent, cet amour devenait un amour inutile. Il restait à Maximilien la consolation, le jour où Diane aurait d'autres amours, de pouvoir se dire :

— C'est moi qu'elle a aimé le premier, et de montrer les lettres qu'il avait reçues d'elle. Cette arrière-pensée était sans doute une très-grande indélicatesse; mais le monde est plein de ces indélicatesses-là.

Quant à Diane, comme nous l'avons dit tout à l'heure, ce départ l'attristait en ce sens que tous les jours il lui faisait perdre une ou deux bonnes heures de solitude et de rêveries dont elle avait contracté l'habitude, le besoin même. Aussi la marquise était-elle assez triste, lorsque Marceline vint la voir à cinq heures.

— Qu'as-tu donc? demanda madame Delaunay à son amie en la voyant plongée dans une mélancolie profonde.

— Maximilien est parti.

— Pour longtemps ?
— Je n'en sais rien.
— Ah ! c'est cela qui te rend triste ?
— Oui.
— Qui est-ce qui l'aurait jamais cru ?
— Et toi, tu es toujours gaie ?
— Oui, tu le vois.
— D'où viens-tu ?
— De chez ton peintre.
— Et ton portrait, avance-t-il ?
— Il sera bientôt fini. Veux-tu venir le voir demain avec moi ?
— Ton mari t'accompagne-t-il ?
— Non.
— Et tu vas seule chez ce jeune homme ?
— Parfaitement. Je crois même qu'il me fait un peu la cour, mais sans doute pour passer le temps de la séance.
— Ah ! dit Diane en regardant Marceline ; il te fait la cour ?
— Comme tous les hommes font la cour aux femmes. Pourquoi me regardes-tu ainsi ?
— Pour rien. Il n'y a rien d'étonnant que M. Paul te fasse la cour, tu es assez jolie pour cela.
— Qu'as-tu donc ? Comme tu es maussade aujourd'hui !
— Je t'en ai dit la raison tout à l'heure.
— Enfin, viendras-tu avec moi demain ?
— Non.
— Alors adieu, parce que mon mari m'attend.

Marceline s'en alla. La mauvaise humeur de la marquise ne s'en alla pas, elle. Le soir, tous les domestiques furent grondés les uns après les autres. Diane dormit mal.

Le lendemain de grand matin elle écrivit à Marceline :

« J'ai réfléchi, fais-moi dire à quelle heure tu vas poser, j'irai te prendre. »

Madame Delaunay répondit à Diane qu'elle l'attendrait à une heure. La marquise mit trois robes différentes avant d'en trouver une convenablement à son goût.

Le père Frémy fut très-fier de voir une calèche armoriée s'arrêter devant sa porte, et ne reconnut certes pas, dans l'une des deux femmes qui en descendirent, cette femme voilée à laquelle il avait remis plusieurs fois la clef d'Aubry. Diane et son amie traversèrent le jardin dépouillé de ses dernières feuilles. Arrivée devant la porte de Paul, la marquise eut un battement de cœur si violent qu'elle arrêta le bras de Marceline au moment où celle-ci allait sonner.

—Laisse-moi reprendre haleine, lui dit-elle, j'ai marché si vite, que je suis tout essoufflée.

Une minute après Marceline sonna. Paul vint ouvrir.

Paul n'était plus vêtu, selon son ordinaire, d'une veste et d'un pantalon à pied; depuis que Marceline posait, il était plus élégant, il avait même une certaine recherche dans son négligé. Paul avait de beaux cheveux noirs, légèrement ondés, le regard doux et fier à la fois, une barbe élégante; Paul était enfin ce qu'on appelle un beau garçon, avec une grande mélancolie dans l'œil et une grande douceur dans le sourire. Diane embrassa tous ces détails d'un coup d'œil, et il paraît que le peintre était tel qu'elle se l'était figuré, car en le voyant elle se dit :

— C'est bien lui !

Aubry fut un peu désappointé quand il vit Marceline accompagnée d'une étrangère. Il fit gracieusement aux deux visiteuses les honneurs de son atelier, que Diane connaissait presque aussi bien que lui.

— Mon amie m'a fait tant d'éloges de ce portrait, monsieur, dit-elle à Paul, que je n'ai pas eu le courage d'attendre qu'il fût chez elle, et que j'ai voulu, au risque d'être indiscrète, l'accompagner aujourd'hui. Paul s'inclina sur ce compliment, et se fit aussi modeste que possible. Diane eut l'air de voir le portrait pour la première fois. Et, ne pouvant résister au désir de prouver à Aubry que, sans la connaître, il lui devait déjà quelque reconnaissance, elle ajouta :

— Et j'en suis d'autant plus contente, que c'est moi qui ai donné à mon amie le conseil de vous demander son portrait.

— Et à quoi dois-je cette faveur, madame?

— A votre talent, monsieur, que je connaissais ; car, toute marquise que nous sommes, nous nous occupons un peu d'art. J'ai même de vous un charmant tableau, acheté récemment.

— C'est vous, madame, qui avez ce tableau? dit Aubry ; et il regarda la marquise.

— Oui, monsieur, et je compte bien ne pas m'en tenir là. Mon mari est enthousiaste de ce que vous faites ; et si ce travail vous convient, je vous demanderai quatre grands panneaux pour ma salle à manger. Mais il faut pour cela que vous me veniez voir, et que vous preniez la mesure de ces panneaux, n'est-ce pas?

C'était presque malgré elle que la marquise parlait ainsi. Quelque chose de plus fort que sa volonté la poussait à dire ce qu'elle disait.

— Je suis à vos ordres, madame.

— Eh bien! tu ne viendras pas poser demain, dit Diane à Marceline, et monsieur viendra chez moi, si cela ne le dérange pas.

Aubry s'assit et continua le portrait de madame Delaunay. Quoiqu'il gagnât à cette visite inattendue, il semblait contrarié de la présence de la marquise. Celle-ci l'étudiait et voyait son regard se fixer plus ardemment sur Marceline que ne se fixe ordinairement le regard d'un peintre sur son modèle.

— Il l'aime, pensait-elle.

Et Diane ne pouvait se rendre compte des sentiments qui l'agitaient à cette idée. Elle se reprochait d'avoir chargé Marceline d'une commission qu'elle eût pu faire elle-même, et elle se sentait par instants prête à haïr son amie, au moindre signe d'intelligence qu'elle eût surpris entre elle et Aubry. Commençait-elle donc à comprendre ce qu'elle voulait? Toujours est-il qu'elle était jalouse de ce jeune homme, qu'il occupait sa pensée, et qu'elle lui en voulait de ce qu'il semblait ne faire attention qu'à Marceline.

— Je la surveillerai, se disait-elle; si elle trompait son mari, ce serait infâme.

M. Delaunay ne pouvait pas avoir d'espion plus fidèle que la marquise.

Quand la séance fut terminée, les deux femmes prirent congé de Paul, Marceline en remettant la prochaine séance au surlendemain, Diane en rappelant à Aubry qu'elle l'attendait le lendemain à deux heures. Une fois dans sa voiture, la marquise parut rêver, au point qu'arrivée à la porte de Marceline elle ne lui avait pas encore dit un mot. Deux ou trois fois cependant elle avait été au moment de lui faire part de ses réflexions; mais ces réflexions étaient presque des confidences, et, sans savoir pourquoi, Diane ne voulait plus rien confier à Marceline, et regrettait même déjà de l'avoir initiée aux lettres de Maximilien et à sa liaison avec le baron. Elle devinait que sa première douleur lui viendrait de sa meilleure amie. Elle rentra chez elle un peu souffrante. Elle avait mal aux nerfs; elle ne dîna pas. Le soir, elle pleura un peu. Elle commanda qu'on attelât, disant qu'elle voulait sortir; puis, quand on vint la prévenir que la voiture était prête, elle ordonna de dételer. Des visites ennuyeuses arrivèrent. La nuit, Diane dormit mal, comme la nuit précédente.

Voilà l'impression que lui causait sa première visite. Voyons l'impression qu'elle causait à Aubry.

« Ma bonne Cécile, Dieu nous protége. Aujourd'hui, j'ai reçu la visite d'une grande dame, d'une très-grande dame même, chez laquelle je dois aller demain, et qui m'a commandé un grand travail. Dis à ma mère que, si cela continue ainsi, d'ici à quelques mois elle aura cette petite maison dont elle a si grande envie.

» Je vous embrasse toutes les deux sur les deux joues. »

Le lendemain, à deux heures, Paul était à la porte de Diane.

— Si son amie pouvait être chez la marquise ! pensait-il, et il sonnait.

Diane était fort préoccupée de la visite de Paul. L'état dans lequel elle se trouvait depuis quelque temps était si nouveau pour elle, elle s'attendait si peu à ces rêveries, à ces insomnies, à ces réflexions, à cette préoccupation continuelle, dont un étranger et même un inconnu était la cause, qu'il y avait des moments où elle se croyait folle.

Elle avait voulu voir cet homme dont sa pensée s'occupait incessamment. Elle l'avait vu, rien ne l'avait dépoétisé à ses yeux, et voilà qu'elle détestait son amie, à l'idée que Paul pouvait l'aimer, et qu'elle, beauté presque sans pareille, elle questionnait constamment son miroir et ne se trouvait plus assez belle pour celui qui allait venir. Du reste, la résolution de Diane était prise, elle était décidée à sortir de l'anxiété qui la tourmentait par quelque moyen que ce fût.

Aubry était loin de se douter de tout cela. Il jeta un regard rapide autour de lui, mais il ne vit pas celle qu'il cherchait.

La marquise fit au peintre un charmant salut de la tête, en lui disant :

— Je vous suis reconnaissante, monsieur, de votre exactitude.

Paul s'inclina et Diane le fit asseoir.

Madame de Lys était une de ces femmes qui, incapables de résister à l'ennui, sont incapables, par conséquent, de résister à un désir. Aussi, plus elle regardait Paul, plus il lui semblait que son bonheur dépendait de cet homme, et, avec l'impatience des femmes à être obéies dans leurs moindres caprices, elle eût presque voulu qu'il se jetât à ses pieds et lui avouât tout de suite son amour, à quoi le peintre était loin de songer. Cependant, la marquise n'avait pas fait venir Aubry pour lui faire voir les panneaux de sa salle à manger et le congédier après; aussi ne parla-t-elle pas tout de suite du travail qu'elle lui avait offert la veille. Elle goûtait, avec un plaisir tout vierge pour elle, l'émotion d'entendre parler cet homme et de se convaincre de son esprit, de son éloquence et de son talent. Dans le commencement de la conversation, elle avait craint que Paul ne se montrât ridicule ou embarrassé. Elle ignorait que l'artiste fût homme du monde, et c'eût été une souffrance sérieuse pour elle si le peintre eût fait quelque plaisanterie d'atelier, ou se fût enfin démonétisé à ses yeux de quelque manière que ce fût.

Mais Paul s'entretint avec la marquise de tous les sujets que celle-ci voulut traiter, non-seulement avec habileté, mais encore avec distinction. Cette espèce d'épreuve maçonnique faite, Paul reconnu pour un homme d'esprit et de goût, il s'agissait d'entrer plus avant dans son intimité, et d'en arriver à cet éternel sujet du cœur, auquel arrivent toujours un jeune homme et une jeune femme qui causent ensemble depuis une heure.

— Ainsi, vous travaillez beaucoup? reprit la marquise.

— Beaucoup, madame, et j'ai même remarqué que le travail quotidien, au lieu d'être un ennui qui demande des distractions, est, au contraire, une distraction perpétuelle à tous les ennuis que l'on peut avoir.

— Cependant, ces distractions, dont vous paraissez faire fi, vous ne les excluez pas complétement. Vous avez des amis?

— Aucun.

— Mais, à moins d'être un égoïste, tout homme a besoin d'un cœur dans lequel il puisse de temps en temps mettre le sien.

— J'ai ma mère!

— Vit-elle avec vous? demanda la marquise, qui savait à quoi s'en tenir là-dessus.

— Non, madame, elle habite la campagne, où mon père est mort : je lui écris souvent, et dussé-je passer pour un enfant, j'avoue que je n'ai de joie que les jours où je reçois des lettres d'elle.

— C'est d'un bon fils, fit la marquise, émue malgré elle du ton avec lequel Aubry parlait de sa mère; mais ces qualités filiales, continua-t-elle en souriant, si développées qu'elles soient, n'excluent pas les autres exigences de cœur. On peut aimer sa mère, et aimer encore.

— C'est vrai, madame.

— Surtout lorsque l'on est artiste.

— Vous croyez donc, madame, reprit Paul avec un sourire, que les artistes ne sont pas des hommes comme les autres?

— On le dit.

— On se trompe. A part la fortune qu'ils ont en moins, et l'imagination qu'ils ont en plus, je vous assure qu'ils ressemblent beaucoup aux hommes que vous voyez dans vos salons!

— Et que vous paraissez mépriser fort, si j'en crois l'air dédaigneux avec lequel vous les traitez.

— Je ne les méprise pas, madame, je ne les connais point.

— Ainsi, les artistes, les peintres surtout, sont des puritains?

— Je ne dis pas cela.

— Ils n'ont donc plus d'amours, depuis Raphaël et la Fornarina?

— Avouons que le résultat de cet amour eût peut-être pu faire réfléchir les autres; mais, comme je ne suis pas Raphaël, il n'y a pas de leçon pour moi dans cette histoire. Or, je ne sais pas ce que font les autres; mais je sais que moi, je ne comprends qu'une sorte d'amour.

— Et lequel?

— L'amour sérieux.

— C'est très-beau, cela. Cependant, vous avez dû avoir, continua la marquise, qui se rappelait les pantoufles de Julie, d'autres amours que des amours sérieux?

— Oui; mais ceux-là, à défaut des qualités morales, avaient des beautés physiques; et ce qui les recherchait en moi, c'était l'artiste et non l'homme, les yeux et non le cœur.

— Ainsi, vous les quittiez sans regrets?

— Sans regrets.

— Mais si ces amours vous aimaient, ils devaient souffrir?

— Je ne crois pas beaucoup à l'amour des femmes en général, et je ne crois pas du tout à l'amour de celles dont nous parlons.

— Pourquoi ne croyez-vous pas à l'amour des femmes?

— Parce que je n'en ai jamais vu une aimer un homme comme il doit être aimé. Les femmes aiment toujours comme des égoïstes. Tout ce qui ne se rapporte pas à elles est une chose qu'on leur vole. Elles sont jalouses de tout, de l'idée que nous avons, du temps que nous ne leur donnons pas, de l'œuvre que nous accomplissons. Au lieu de laisser l'artiste dans sa pensée, et lui faire doux et agréable, en lui tendant la main, le chemin qui doit le ramener à la vie réelle, elles l'amènent presque toujours à faire de son travail la distraction de son amour, au lieu de lui faire de son amour la distraction de son travail. La femme est un être adorable, c'est le résumé de toutes les beautés et de toutes les fantaisies de la nature ; mais l'intelligence manque évidemment aux femmes qui aiment. On dirait que leur cœur, devenu trop étroit pour contenir l'amour, s'empare des organes du cerveau. Les femmes aiment, mais ne savent pas aimer.

— Il faut que vous ayez été aimé de cette façon pour avoir les théories que vous m'exposez, dit Diane, qui voulait amener Paul à lui parler de Berthe.

— En effet, madame, j'ai trouvé un jour une femme qui me paraissait douée de toutes les qualités que les femmes peuvent avoir. Elle était jeune, elle était belle, elle était douce et bienveillante. Elle satisfaisait à la fois les exigences du cœur et de l'imagination. Comme homme et comme artiste, je me sentais attiré vers cette femme. Chaque fois que j'avais besoin d'un type de candeur virginale ou d'amour chaste, ses traits se représentaient à mon esprit, et malgré moi je reproduisais les lignes que me traçait son souvenir. Enfin, j'aimais cette femme et cette femme m'aimait. Pour moi, elle abandonna tout : elle quitta son mari, elle rompit avec sa famille. Eh bien ! cette femme m'a rendu aussi malheureux qu'une femme qui m'aurait haï et qui se serait imposé la tâche de me faire souffrir. Perpétuellement défiante, elle était perpétuellement triste. Elle ne comprenait pas ce que je disais tout à l'heure, qu'il y a des moments où, si amoureux et si aimé qu'il soit, l'artiste a besoin d'être seul avec sa pensée, maîtresse bien autrement jalouse que celles de ce monde, et qui s'en va impitoyablement quand on ne la reçoit pas lorsqu'elle se présente. Quand j'arrivais chez cette femme un quart d'heure plus tôt que l'heure fixée, je la trouvais en larmes ; elle essuyait ses yeux à la hâte, et ne me faisait aucun reproche, mais ses yeux étaient rouges, et, sous sa gaieté apparente, perçait l'inquiétude ou le soupçon. Le temps que je passais avec elle devint d'abord une fatigue, puis une torture ; je ne travaillais plus. Enfin, tout en étant certain que le bonheur de ma vie eût pu me venir d'elle, j'accepte le sacrifice qu'elle m'a fait. Elle a quitté la France, l'Europe même, pour mettre le plus de distance possible entre son amour et moi ; je ne l'ai pas retenue.

— Alors, vous n'aimez plus ?

— Non, madame la marquise, c'est la meilleure amitié que j'aie, je le crois ; c'est la dernière liaison que je voudrais avoir.

Diane regarda Paul ; il venait de dévoiler son âme, comme s'il eût compris les secrètes pensées de la marquise.

— Et cependant, reprit celle-ci, il me semble qu'il doit être bien facile de rendre heureux l'homme que l'on aime, surtout quand cet homme est un homme supérieur, et que l'on sent que non-seulement l'amour, mais le génie et l'inspiration lui viennent de celle qu'il a choisie.

— C'est vrai, madame, c'est chose bien facile, et cependant il est bien rare que cela soit.

— Ainsi, cet amour est le seul que vous ayez éprouvé ?

— Le seul.

— Et depuis ?

— Depuis, j'ai eu les amours qu'on a, quand on veut les avoir, amours obéissants comme les chiens ; soyons fidèles comme eux, qui viennent au premier appel qu'on leur fait.

— Je dois vous paraître bien indiscrète, n'est-ce pas ?

Mais cette initiation à une vie qui n'est pas la nôtre m'intéresse au dernier point. Moi, qui suis jeune encore, qui ai été mariée à peu près sans mon consentement, qui ai eu jusqu'à ce moment tous les plaisirs, excepté ceux du cœur, il y a des jours où je voudrais être née pauvre, mais libre, avoir fait choix de mes affections; il me semble que j'eusse rendu heureux l'homme qui m'eût aimée.

— Oh! ne souhaitez pas autre chose que ce que vous avez, madame la marquise, d'autant plus, continua le peintre en souriant, que vous pouvez avoir tout ce que vous désirez sans être pour cela ni pauvre ni libre.

— Qui sait?

— Qui pourrait ne pas vous aimer, madame?

— Celui-là même que j'aimerais peut-être. Ne parlons pas de moi, dit brusquement Diane, mais de vous; car, je ne sais pourquoi, je m'intéresse à votre bonheur. Ainsi, vous avez rompu avec les amours sérieux?

— Ah! je n'ai pas dit cela.

— Vous vous sentiriez capable d'aimer encore, malgré cette première épreuve?

— Je le crains.

— Le cœur peut donc aimer sérieusement deux fois?

— Pourquoi, après une déception, le cœur ne refleurirait-il pas, comme la nature après l'hiver?

— C'est juste. Et peut-être votre choix est-il déjà fait?

Paul ne répondit rien.

— Voyons, fit la marquise avec une certaine émotion, faites-moi vos confidences; je suis femme, je connais le cœur des femmes, peut-être pourrais-je vous donner un bon conseil.

— Non, madame, reprit Paul, je n'aime encore personne.

— Vous mentez, dit Diane en souriant; votre silence de tout à l'heure démentait d'avance ce que vous venez de dire.

— Personne, en vérité.

— Eh bien! moi, je parie une chose, continua Diane, dont la voix tremblait.

— Et que pariez-vous, madame?

— Je parie que non-seulement vous êtes amoureux, mais encore que je sais de qui vous l'êtes.

— Vous, madame la marquise?

— Moi.

— Alors vous êtes mieux instruite que moi-même.

— Et il ne m'a pas fallu beaucoup de temps pour cela, puisque je ne vous connais que d'hier. Tenez-vous le pari?

— Non.

— Pourquoi?

— Parce que je craindrais, madame, que vous n'eussiez vu ce que je crains de voir; et si vous l'aviez vu, je ne pourrais plus douter. Or, j'aime mieux le doute que la certitude.

La marquise eut un moment de haine pour Paul.

— Croyez-vous qu'elle ait de l'amour pour vous? reprit-elle tout haut.

— Oh! non, elle ne m'aime pas, voilà pourquoi je préfère douter. D'ailleurs, continua Paul, je vous le répète, je ne suis pas sûr moi-même du sentiment qu'elle m'inspire. Depuis deux ans, c'est la première femme qui m'ait rappelé celle dont je vous parlais il y a un instant.

— Mais, comment ferez-vous pour la voir? demanda Diane.

— Quand?

— Quand son portrait sera fini.

Paul tressaillit en entendant cette phrase.

— Je ne la verrai plus, madame.

— Mais il me semble que vous pourriez lui faire une visite.

— Je ne sais ni son nom ni son adresse, et cela vaut peut-être mieux.

— Elle ne vous les a pas dits?

— Non.

— C'est un oubli de sa part, fit Diane, qui semblait respirer avec peine, tant elle était émue. Je suis sûre que vous voudriez bien savoir cette adresse et ce nom? Avouez-le.

Paul hésita.

— Voyons? reprit Diane en s'efforçant de sourire.

— Eh bien, je l'avoue.

La marquise pâlit.

— Cet homme est un sot, pensa-t-elle un instant.

Paul fixa les yeux sur elle, comme le condamné sur le juge qui va rendre son arrêt.

— Eh bien! votre discrète visiteuse se nomme Marceline Delaunay, et demeure rue de Vaugirard, n° 3.

— Oh! merci, madame!

La marquise, à ce mot, se leva comme mue par un ressort.

— Et, maintenant, dit-elle d'une voix tremblante, comme vous ne pourriez rien apprendre ici qui vous fût plus agréable que ce que je viens de vous dire, je ne veux pas vous retenir plus longtemps.

Paul se leva à son tour.

— Cependant, ce n'était pas pour cela que j'étais venu, madame, dit-il.

— C'est juste, fit la marquise; mais pour les panneaux de la salle à manger. Je l'avais oublié.

Et quittant son boudoir, elle entra dans sa salle à manger.

— Voici les quatre panneaux, dit-elle en étendant a main vers les quatre emplacements. Paul suivait la direction de la main; mais, au lieu de regarder le mur, il attacha son regard sur la main de Diane. Il lui avait semblé reconnaître, à l'un des doigts de la marquise, la bague qu'il avait trouvée un soir chez lui, qui avait été cause de sa rupture avec Julie, et que Maximilien était venu lui redemander le lendemain comme appartenant à sa maîtresse.

— Je comprends ce que vous voulez, madame, dit machinalement le peintre ; mais ces panneaux sont très-grands, je ne puis moi-même en prendre la mesure. Je vous demanderai donc la permission de la faire prendre par celui qui me fournira les toiles. En disant cela, Paul regardait toujours la main de Diane, que celle-ci avait abaissée.

— Je sais ce que vous voulez, madame la marquise, reprit Paul ; il y a des panneaux semblables chez le père d'un de mes amis, le baron Maximilien de Ternon.

A ce nom de Maximilien, la marquise fit un mouvement involontaire, et à son tour regarda Paul, se demandant s'il l'avait reconnue et s'il avait fait exprès de nommer Maximilien.

— C'est bien elle, se dit Aubry ; mais il prit un air indifférent, et Diane crut que le hasard seul lui avait fait prononcer ce nom devant elle.

Quand Paul fut parti, elle sonna sa femme de chambre.

— Qui ouvre la porte quand on sonne ? lui dit-elle.

— C'est Dominique, madame.

— Eh bien, dites à Dominique de toujours répondre que je ne suis pas chez moi à ce monsieur qui vient de sortir, lorsqu'il se présentera. Si madame Delaunay vient, vous lui direz que je suis sortie. Enfin, je n'y suis pour personne, ajouta Diane ; allez.

La marquise était de ceux et de celles qui usent leur énergie à prendre une grande résolution, et à qui il n'en reste plus pour l'exécuter. Quand elle eut congédié sa femme de chambre, sans essayer de se rendre compte de ce qu'elle éprouvait, mais comprenant cependant qu'il fallait une diversion prompte à ses impressions inconnues, elle écrivit à son mari qu'elle allait le rejoindre, et, après avoir fait mettre la lettre à la poste, elle ordonna que l'on fît les malles. Alors, comme elle n'avait plus d'ordres à donner, et qu'elle ne pouvait partir immédiatement, comme elle était enfin condamnée à une inaction de quelque temps, la marquise fit la seule chose qui lui restât à faire, elle réfléchit à ce qui venait de se passer.

— Venir m'avouer ainsi qu'il est amoureux de Marceline ! Savoir de moi son nom et son adresse ! Voilà donc à quoi je sers à M. Paul Aubry ! murmurait Diane. Il est heureux maintenant ; il va aller la voir sans doute. Peut-être la chose était-elle convenue entre eux. Il ne lui manque plus que de venir me remercier. Pourquoi aussi lui ai-je donné l'adresse et le nom de Marceline ? C'est ma faute.

Et une larme de colère brilla dans les yeux de Diane.

Il y a une chose que les femmes ne pardonnent jamais aux autres, c'est la sottise qu'elles ont faite.

— Pourquoi, après tout, reprit la marquise en se promenant à grands pas dans sa chambre, pourquoi, après tout, ne lui aurais-je pas donné ce nom et cette adresse ? Que me fait, à moi, que M. Paul Aubry soit amoureux ou non de madame Marceline Delaunay ? En quoi cela me regarde-t-il ? Suis-je la maîtresse de l'un ou le mari de l'autre ? Cela regarde M. Delaunay et mademoiselle Julie. Mon rôle, là-dedans, c'est d'acheter des tableaux à M. Paul. Que puis-je demander de plus ? C'est déjà beaucoup. Mais je prendrai ma revanche ! Et Diane, tout en se parlant ainsi, commençait déjà à se venger sur son mouchoir, qu'elle déchirait entre ses doigts et dont la dentelle était en lambeaux. La marquise en était là de ses réflexions, quand sa femme de chambre entra.

— Qu'est-ce encore ?

— Une lettre.

— C'est bon ; mettez-la sur la cheminée.

La femme de chambre sortit.

Diane prit la lettre et regarda l'adresse.

— Je connais cette écriture-là, dit-elle, je l'ai déjà vue.

Elle brisa le cachet de l'enveloppe et regarda la signature.

— Paul Aubry !

En ce moment la marquise avait un violent battement de cœur ; elle lut :

« Madame la marquise,

» Je ne puis résister au désir de vous remercier de toutes les bontés que vous avez eues pour moi, et la reconnaissance que je vous en ai sera éternelle ; mais, il m'est impossible de continuer à les accepter. »

— Que veut dire cela ?

« Quand je me suis présenté chez vous, j'étais heureux. J'en sors triste. Savez-vous d'où cela vient, madame ? Cela vient d'une bague que vous avez au doigt, qui m'a dit qui vous êtes, car j'ai eu involontairement cette bague entre les mains. Cela vient de ce que je croyais faire un travail, et que je me suis aperçu que j'allais recevoir une aumône. Je n'en garde pas moins, je vous le répète, madame la marquise, la plus profonde reconnaissance pour vos bontés, et je vous prie d'agréer l'assurance de mes sentiments les plus distingués. »

La marquise regarda sa main.

— C'est vrai, dit-elle, j'avais cette bague... Oublieuse !

Ainsi, continua-t-elle, il savait qui j'étais. Mais, l'a-t-il su tout de suite, ou seulement à la fin de notre conversation ? Tout de suite, sans doute, et peut-être avait-il deviné ce que j'éprouvais. Peut-être a-t-il fait exprès de me parler de Marceline, pour me faire souffrir. Peut-être enfin ne m'écrit-il que pour s'assurer que je l'aime. S'il en était ainsi, fit Diane en souriant, je lui pardonnerais et je ne partirais pas. Mais, comment m'en assurer? Diane regarda l'heure.

— Six heures, dit-elle; il n'est plus chez lui.

Alors elle sonna.

— Qui a apporté cette lettre? demanda-t-elle.

— Un commissionnaire.

— Il n'a rien dit?

— Non, madame.

— Il n'a pas attendu la réponse?

— Il est reparti immédiatement après avoir remis la lettre.

— C'est bien.

— Dominique est revenu, madame la marquise.

— D'où?

— De la poste.

— Eh bien?

— Eh bien, madame la marquise aura des chevaux demain à dix heures pour partir.

— C'est inutile. Qu'on aille les décommander, je ne partirai pas.

— Et les malles?

— Qu'on les défasse!

Pour Diane, de deux choses l'une : ou cette lettre ne cachait rien et n'était que l'expression franche des sentiments et des impressions du jeune homme, alors elle lui savait gré de cette susceptibilité fière; ou elle renfermait l'arrière-pensée que nous avons dite tout à l'heure, et alors elle ne pouvait offenser Diane, puisqu'elle offrait un chemin à son indécision. La marquise prit une feuille de papier et écrivit :

« Madame de Lys prie M. Paul Aubry de vouloir bien passer chez elle demain de deux heures à quatre. Elle voudrait lui demander l'explication d'une lettre qu'elle vient de recevoir et dont elle ne comprend pas parfaitement le sens. »

Elle disait vrai.

Puis, elle écrivit au marquis qu'elle avait changé d'avis, et que décidément elle n'irait pas le rejoindre. Elle fit porter la lettre à Paul et attendit impatiemment le lendemain. Le lendemain, à deux heures, on annonça le peintre.

— Vous avez désiré me voir, madame, dit-il, me voici à vos ordres.

— Je vous suis obligée de cette obéissance, monsieur; mais, comme je vous l'ai écrit, répliqua la marquise, je désirerais vous demander une petite explication sur un passage obscur pour moi de la lettre que vous m'avez envoyée hier.

— Je vous écoute, madame, dit Paul, qui regardait la marquise, et qui, en voyant avec quel sang-froid elle parlait, commençait à douter de ce qu'il avait vu.

— Vous vous êtes trompé, monsieur, en croyant que je voulais vous faire une aumône. Puis, vous me parlez d'une bague qui vous a prouvé qui j'étais. Mais il me semble, continua madame de Lys en souriant, que vous saviez très-bien qui j'étais, quand vous êtes venu ici.

— Ce n'est pas cela que je voulais vous dire, madame.

— Que vouliez-vous dire, alors ?

— Ecoutez, madame, voulez-vous me permettre d'être franc avec vous ?

— Parlez.

— Vous me pardonnerez ?

— Il doute! pensa Diane. Oui, certainement, dit-elle tout haut.

— Eh bien, madame, un de mes amis, reprit Paul,

en regardant attentivement la marquise, est venu un jour me demander si je voulais lui prêter mon appartement.

— Et pour quoi faire?

— Pour y recevoir quelqu'un qu'il ne pouvait recevoir chez lui.

— Je ne vois pas quel rapport le service que vous demandait votre ami peut avoir avec une de mes bagues et moi.

— Vous allez comprendre, madame.

— J'écoute.

— Mon ami vint tous les soirs chez moi et y reçut ce quelqu'un. Je n'ai pas besoin de vous dire que ce quelqu'un était une femme. Un soir, cette femme oublia dans ma chambre une bague que mon ami vint me demander le lendemain. Cette bague est à votre doigt, madame.

— Vous en êtes sûr? demanda Diane, qui était parvenue à se faire tellement calme et digne, que plus Paul avançait dans son récit, moins il croyait le témoignage de ses yeux, et plus il hésitait.

— Aussi sûr qu'on peut l'être.

— Alors?

— Alors, madame, j'ai pensé, en voyant cette bague à votre doigt, et c'est cela qu'il faut me pardonner, j'ai pensé, dis-je, que cette femme que je ne connais pas, et que recevait mon ami, c'était vous, et qu'en reconnaissance de mon hospitalité, vous aviez voulu, vous, riche, madame, faire une aumône au pauvre garçon qui vous avait facilité le moyen de voir l'homme que vous aimiez.

A cette conclusion, la marquise pâlit légèrement, elle baissa les yeux et dit :

— Vous vous êtes trompé, monsieur.

Paul s'inclina, non pas comme un homme tout à fait convaincu par la vérité, mais comme un homme qui ne veut pas démentir une femme.

— Vous paraissez douter? reprit Diane, qui ne pouvait se méprendre à la muette réponse de Paul.

— Dieu m'en garde, madame; seulement, cette bague ressemble si miraculeusement à celle que j'ai trouvée, que tout autre à ma place s'y fût trompé, et que...

— Et que?

— Et que je m'y tromperais encore.

— Alors, il faut vous convaincre. Cette bague n'est pas à moi, mais à une de mes amies qui me l'a prêtée pour que j'en commandasse une pareille.

— Et depuis combien de temps, madame, votre amie vous a-t-elle prêté cette bague?

— Depuis deux jours.

— Pardonnez-moi donc, madame la marquise; mais, puisque nous en sommes sur ce sujet, permettez-moi de vous demander de qui votre amie tient cette bague?

— De sa mère.

— De sa mère, c'est bien ce que m'a dit mon ami, quand il est venu me demander si j'avais trouvé ce bijou. Alors, madame, reprit Paul en souriant, nous voilà tous deux mêlés à un secret dont je suis le dénonciateur bien involontaire.

— Et mon amie va-t-elle encore chez vous le soir? demanda la marquise, qui voulait amener Paul à lui demander le nom de cette amie.

— Non, madame, le baron a quitté la France.

— Pourvu que le mari de — j'allais la nommer, — ne sache rien de cette liaison! reprit-elle tout haut.

— Il est jaloux?

— Très-jaloux. Et il a raison, car elle est très-jolie.

En ce moment, on sonna.

Diane entendit le domestique ouvrir, et il lui sembla reconnaître la voix de Marceline, que l'on congédiait. Car, comme on se le rappelle, Diane avait donné une consigne

qu'elle n'avait levée que pour Paul. A son tour, elle sonna. Une mauvaise pensée venait de lui traverser l'esprit.

— Qui est à la porte ? dit-elle à sa femme de chambre.

— Madame Delaunay, répondit celle-ci.

— Pourquoi n'entre-t-elle pas ?

— Madame a défendu sa porte.

— Mais pas pour elle.

Et la marquise se levant, courut elle-même dans l'antichambre et rappela Marceline, qui était déjà dans l'escalier.

— Viens donc, lui dit-elle, j'y suis toujours pour toi.

Et elle l'embrassa en lui disant :

— Tu vois bien cette bague ?

— Oui.

— Eh bien, tu vas me demander devant la personne qui est là si j'ai commandé la pareille ; je te dirai que oui ; alors tu me redemanderas celle-ci, comme si elle t'appartenait, et tu la mettras à ton doigt. Tu comprends bien ?

— Parfaitement. Mais explique-moi ce nouveau mystère.

— Tu le sauras plus tard. Rentrons.

Paul se leva avec émotion en voyant paraître madame Delaunay.

— J'allais chez vous, monsieur, lui dit-elle.

Paul s'inclina et s'assit, ainsi que les deux femmes. La conversation s'engagea naturellement sur un autre texte que celui qu'on agitait quand Marceline était entrée. La marquise fit un signe à Marceline.

— A propos, Diane, dit celle-ci, as-tu commandé ta bague?

— Oui, hier.

Paul fixa avec effroi les yeux sur madame Delaunay.

On eût dit que sa vie était suspendue aux lèvres de Marceline.

— Alors, tu n'as plus besoin de la mienne, ajouta Marceline, qui ne savait pas quel rôle son amie lui faisait jouer dans cette circonstance, et qui, comme toujours, faisait naïvement ce que la marquise la priait de faire.

— Non, répliqua Diane, et je te la rends.

Marceline passa la bague à son doigt. Quant à Paul, une sueur froide coulait de son front. Pâle comme la mort, il se leva pour prendre congé des deux femmes.

— Madame, dit-il alors d'une voix presque ferme en s'adressant à Marceline, il est inutile que vous vous dérangiez pour venir poser. Je puis très-bien maintenant finir ce portrait sans vous. Dans deux jours, il sera prêt, et vous pourrez le faire prendre. Et après avoir salué, il quitta le boudoir, des larmes dans les yeux.

— N'as tu pas remarqué comme M. Aubry avait l'air triste en s'en allant? dit Marceline.

— En effet.

— Qu'avait-il donc?

— Je n'en sais rien. Cela t'inquiète-t-il beaucoup?

— Nullement. C'est par curiosité que je te demandais cela. Maintenant explique-moi donc pourquoi tu m'as fait te redemander devant lui cette bague qui ne m'appartient pas, et reprends-la.

Diane, assez embarrassée, se contenta de répondre, faute de mieux :

— C'est une folie que je te dirai plus tard et qui a rapport à Maximilien.

Pendant ce temps, Paul rentrait chez lui.

— Ainsi, se disait-il tout en s'acheminant vers la rue des Martyrs ; ainsi Marceline était la maîtresse de Maximilien. Ainsi, cette femme qui venait tous les soirs chez moi avec lui, c'était elle ! Ainsi j'allais devenir amoureux d'elle, moi qui lui ai prêté mon appartement pour y voir un autre que moi !

Et Paul sentait grandir en lui une réelle douleur. Quand il rentra dans son atelier et qu'il revit le portrait de Marceline :

— Qui eût jamais pensé, dit-il, en la voyant entrer ici, cette femme calme et souriante, avec son mari, qu'elle entrait dans une chambre dont chaque objet devait lui rappeler sa faute ? Cette femme n'a donc plus ni âme ni pudeur ! C'est bien cela, elle aura voulu me payer mon hospitalité en me faisant faire son portrait. Et moi qui soupçonnais la marquise !

Et nous laisssons au lecteur le soin de deviner les autres plaintes que le peintre adressait au ciel sur le même sujet.

Comme on le voit, Diane avait touché juste. Cependant, Aubry était un homme, il comprit qu'il ne devait pas se laisser abattre, et il se remit à l'ouvrage, ayant hâte de terminer ce portrait dont la vue rappelait à chaque instant ses souvenirs et renouvelait continuellement sa douleur, douleur profonde, sérieuse, car l'homme souffre réellement quand il s'aperçoit le même jour qu'il aime une femme et qu'il ne peut plus l'aimer.

Le surlendemain, le portrait était terminé, et l'encadreur était venu le prendre. Pendant ces derniers jours, Paul était sans cesse sorti de chez lui. Quant le portrait de Marceline eut quitté son atelier, il se demanda ce qu'il allait faire. Tout lui sembla vide autour de sa vie. Alors, il se rappela sa mère, et résolut d'aller la rejoindre, afin que sa douleur servît au moins à quelqu'un. Il fit retenir sa place pour le lendemain. Au moment de partir, il écrivit à la marquise :

« Madame,

« Je quitte Paris pour quelque temps ; mais je ne veux

pas m'éloigner sans vous avoir une dernière fois demandé pardon de l'étrange méprise que j'ai faite l'autre jour, et sans vous avoir renouvelé l'assurance de ma reconnaissance et de ma haute considération. »

Quand Diane eut reçu cette lettre, elle courut chez le peintre. Dans le cas où elle l'aurait trouvé, elle avait pour le venir voir ce prétexte à peu près naturel, qu'elle avait voulu elle-même lui apporter son pardon, et qu'elle revenait lui parler de la commande des panneaux. Paul ne lui avait envoyé sa lettre qu'au moment de monter en voiture, et le père Frémy put seulement dire à la marquise que le peintre était allé chez sa mère à Tours.

Diane éprouvait vis-à-vis de Paul ce que celui-ci éprouvait vis-à-vis de Marceline. Plus Aubry s'apercevait qu'il aimait une femme qui avait aimé et qui aimait peut-être encore un autre homme, dans les conditions que nous avons dites, plus il sentait son amour difficile à arracher de son cœur. Plus Diane était convaincue que Paul ne songeait pas à elle et aimait madame Delaunay, plus elle sentait envahir son âme.

L'amour, entouré de difficultés, ressemble assez à un feu que l'on voudrait éteindre en le couvrant d'énormes morceaux de bois. Il arriverait un moment où le feu brûlerait les obstacles qu'on lui aurait opposés et se changerait en incendie.

Un instant, Diane libre, puisque son mari était absent, eut l'idée d'aller à Tours. Qu'y ferait-elle ? Elle n'en savait rien ; mais que faisait-elle à Paris ? Elle resta cependant, car aller à Tours, c'était s'exposer à voir Paul, et le voir, qui sait ? c'était peut-être lui avouer ce que Diane n'osait s'avouer à elle-même. Or, outre la pudeur instinctive qui retient toujours, et quelquefois malgré elle, une femme comme la marquise, celle-ci comprenait que c'était jouer trop hardiment son jeu, et provoquer trop vite un dénoûment qui peut-être ne serait pas tel qu'elle l'aurait voulu. La marquise n'avait jamais aimé, elle ne savait donc comment s'y prendre.

Alors, elle passa d'un extrême à l'autre, et elle essaya de se convaincre que, si elle voulait pendant quelques jours détourner sa pensée de Paul, elle oublierait vite, le peintre était absent, cette étrange préoccupation qu'elle avait de lui. La marquise fit en effet tout ce qu'elle put. Elle reçut du monde, elle alla au spectacle, elle acheta, commanda, dépensa; elle fit, en résumé, tout ce qu'elle pouvait faire, et s'aperçut enfin qu'il lui était venu au cœur une nécessité ignorée d'elle jusque-là. Diane étudia les jeunes gens les plus recherchés, ceux que l'on citait pour leur esprit et leurs bonnes fortunes; mais sa pensée se reportait toujours sur Aubry, et, bien décidément, ce que voulait son cœur, c'était cet amour que pendant quelque temps avait inspiré Berthe, et qu'elle s'était crue bien sûre de ne jamais ressentir quand elle avait été initiée. Ajoutez à cela que l'amour-propre de la marquise était en jeu.

Paul avait passé à côté d'elle sans paraître seulement s'apercevoir qu'elle était jolie, sans comprendre qu'il était aimé. Jusqu'à présent, la marquise avait souffert par Aubry, et lui n'avait encore souffert que par Marceline. Il devait une revanche à Diane.

La marquise, jeune, belle, adorée, capricieuse, exigeante, ne pouvait se faire à l'idée qu'il y aurait au monde un homme qu'elle aurait aimé, elle qui croyait ne jamais aimer personne, et que cet homme ne l'aurait pas même remarquée.

Pendant ce temps, Paul, arrivé à Tours, avait été reçu par sa mère avec la joie que toute mère éprouve au retour imprévu de l'enfant de son cœur. La tristesse du peintre n'avait pas échappé à la vigilante pénétration de la vieille femme, qui avait compris tout de suite que, non-seulement elle devait aimer son fils, mais encore qu'elle devait le consoler. La maison de la mère Aubry donnait sur la campagne ; mais on était au commencement de décembre, et les dernières feuilles jaunies s'envolaient au souffle de l'hiver. La nature avait entièrement perdu la teinte poétique et dorée de l'automne. Les grands arbres frissonnaient comme des malades qui n'ont plus rien à mettre sur leurs membres amaigris, et l'âme cherchait en vain, dans le vaste horizon, un coin où se reposer.

La douleur morale a cette ressemblance avec la douleur physique, que celui qui l'éprouve l'irrite continuellement, au lieu de tenter de la calmer. La nature a mis une volupté jusque dans l'exagération de la souffrance, comme elle a mis une souffrance dans l'exagération du plaisir. Ainsi, Paul, qui quelque temps auparavant se demandait s'il aimait Marceline, était sûr de l'aimer depuis qu'il croyait qu'elle avait été la maîtresse de M. Maximilien. Il eût pu se dire, comme une âme vulgaire : Puisque cette femme a bien été à un autre, elle peut bien être à moi, et cela d'autant plus aisément que je suis maître de son secret. Mais Paul avait le cœur trop loyal pour raisonner ainsi, et sans même songer à ce calcul, il se complaisait dans l'impossibilité qu'il puisait en lui et non en elle.

Sans l'incident de la bague, sans le mensonge de Diane, Paul eût continué à voir en Marceline ce qu'elle était réellement, une femme honnête, dans l'acception la plus simple et la plus bourgeoise du mot ; il eût terminé son portrait, et, tôt ou tard, triomphant de l'impression qu'elle lui avait fait ressentir, il se fût dit :

« J'aurais cependant bien aimé cette femme ! »

Nous le répétons, la nature qui entourait Paul était incapable de distraire sa pensée. C'était un cadre sombre à un tableau triste. Il ne pouvait confier ni à sa mère ni à sa sœur la maladie de son âme, et il faisait du mal à ces deux affections, sans se guérir lui-même.

Un soir, la journée avait été pour Paul plus longue et plus triste que de coutume ; la pluie n'avait pas cessé, et, sous prétexte de travail, il était resté dans sa petite chambre, en haut de la maison de sa mère. Dans un de ces moments où la raison ne peut plus rien sur la rapidité du cœur, où l'âme consumée à une pensée continue a besoin de s'abreuver, la source où elle s'abreuvera fût-elle empoisonnée, Paul se sentit pris du besoin de venir à Paris, et d'une soif ardente de revoir Marceline, quoi que cela dût amener. Puis, il se demanda avec découragement à quoi lui servirait de revoir cette femme ; et cependant, il fallait qu'il communiquât avec elle d'une façon quelconque. Enfin, sans avoir jamais dit à cette femme qu'il l'aimait, il ne pouvait résister au désir de lui reprocher d'en avoir aimé un autre, comme s'il eût été en droit de lui demander compte de sa vie ; en un mot, le cœur du jeune homme était trop plein pour qu'il ne cherchât pas à déposer ce trop plein en quelque chose. Machinalement, il attira devant lui une feuille de papier, et, à la lueur de sa lampe, tandis que la pluie battait les vitres de sa fenêtre, la tête appuyée sur sa main gauche, ployé sous cette tristesse sans cause dont l'âme veut se débarrasser à tout prix, il se mit à écrire :

« Madame,

» Pardonnez-moi la lettre que vous allez lire ; mais je souffre, et il me semble que me plaindre de vous à vous-même me soulagera un peu.

» L'autre jour, vous avez redemandé devant moi à madame la marquise de Lys une bague que vous lui aviez prêtée. Cette parole, que vous avez dite sans vous douter de l'influence qu'elle devait avoir sur moi, m'a révélé un mystère que j'ignorais encore et que j'eusse voulu ignorer toujours. Cette bague, vous l'avez laissée chez moi, vous me l'avez envoyé redemander le lendemain par Maximilien. Vous avez oublié ce détail, sans doute, madame, et en vous entendant réclamer cette bague, en reconnaissant en vous celle que Maximilien recevait chez moi, j'ai été bien malheureux.

» Pourquoi faut-il que vous ayez aimé, et que je le sache? Pourquoi Dieu a-t-il permis que je fusse l'auxiliaire de vos amours, et ne m'en a-t-il fait le confident que pour m'en faire la victime?

» Si, la première fois que je vous ai vue, j'avais su qui vous étiez, je n'aurais pas laissé mon âme suivre le chemin qui l'attirait vers vous, je ne vous aurais pas aimée, car je n'aurais vu en vous qu'une femme ordinaire, tandis qu'aujourd'hui je vous aime et je suis le plus malheureux des êtres qui souffrent à cette heure. A quoi tend cette lettre, je l'ignore moi-même? A quoi sert cet aveu mêlé de reproches, je n'en sais rien? Sinon à prouver, madame, qu'il faut que je souffre beaucoup pour vous écrire de la sorte.

» Si vous saviez! J'ai quitté Paris, j'ai fui ma chambre, où je trouvais incessamment la trace de votre amour pour un autre. Je ne sais ni ce que je veux ni ce que je fais en vous écrivant. Seulement je crois que, si tout à coup un mot de vous m'arrivait dans ma solitude, et que si vous compreniez assez mon chagrin pour m'écrire, ne fût-ce qu'un reproche, je crois que je serais bien heureux. »

Comme on le voit, la lettre d'Aubry était un peu folle; quand il l'eut terminée, il la regarda, mais sans la relire. Il sentait instinctivement que s'il la relisait, il ne l'enverrait pas; il mit à la hâte sur l'enveloppe le nom et l'adresse de Marceline, puis il cacheta la lettre, et malgré la pluie, il alla lui-même la mettre à la poste, comme pour n'avoir plus de raison de ne pas l'envoyer.

Quand il n'y eut plus à revenir sur ce qu'il venait de faire, alors seulement il comprit l'étendue de sa faute. D'abord, quand il cherchait à se rappeler les termes de sa lettre, à peine se les rappelait-il, mais aussi les retrouvait-il dans son esprit le forçant à s'avouer qu'elle était l'œuvre d'un fou; puis il ajoutait qu'il n'était pas généreux de forcer Marceline à rougir devant lui, et de prendre ainsi sa place et son rôle dans une liaison qu'elle avait cachée avec tant de soin et que son ami même ne lui avait pas révélée. Et maintenant il n'avait qu'à sauter sur un cheval et courir attendre le facteur à la porte de madame Delaunay pour reprendre cette lettre stupide.

Pendant ce temps, la lettre cheminait vers Paris, aussi tranquillement que si elle eût été une simple lettre d'affaires, et n'eût pas tenu entre ses quatre plis l'honneur et le repos d'une femme. Le surlendemain, le facteur entra rue de Vaugirard, n° 3.

— Une lettre de Tours, dit-il, pour madame Delaunay, huit sous.

En ce moment, M. Delaunay descendait. Il prit la lettre qu'on venait d'apporter pour sa femme.

— Une lettre de Tours! fit-il en regardant le timbre et l'enveloppe. Qui diable connaissons-nous à Tours?

Et, remontant chez lui, il entra dans la chambre de sa femme.

— Tiens, lui dit-il, voilà une lettre pour toi.

Marceline prit la lettre et la considéra quelque temps.

— Tu connais donc quelqu'un à Tours? dit le mari sans aucune défiance, mais avec un sentiment de curiosité bien naturelle.

— Personne, répliqua Marceline en décachetant la lettre; je ne connais même pas cette écriture.

Et elle alla droit à la signature de la lettre.

— Tiens! elle est de M. Paul Aubry, qui a fait mon portrait. Que peut-il avoir à nous dire? Lis donc.

Marceline passa le papier à M. Delaunay. Nous pensons ne pas avoir besoin de peindre l'étonnement de celui-ci à la lecture de cette lettre. Il regarda sa femme, qui s'était tranquillement remise à sa tapisserie.

— Qui est-ce que M. Maximilien? dit-il.

— C'est ce jeune homme qui écrivait à Diane. Est-ce qu'il est question de lui dans cette lettre?

— Lis, fit M. Delaunay en passant à son tour le papier à sa femme.

Celle-ci leva les yeux et vit son mari pâle comme un marbre.

— Qu'as-tu donc? lui dit-elle.

— Rien. Lis, je te le répète.

Marceline prit la lettre et lut.

— Que veut dire cela? s'écria-t-elle tout à coup avec des larmes de honte dans les yeux. Que maudite soit cette insolente épître!

— Tu me jures, dit M. Delaunay, que tu n'as donné à ce jeune homme aucun droit de t'écrire ainsi?

— Je le jure, mon ami.

— Qu'est-ce que c'est que cette bague dont il parle?

— C'est encore Diane qui est cause de cela.

— Que t'avais-je dit, que tu aurais à te repentir un jour de ta trop grande complaisance?

— Mais Diane ne savait évidemment pas ce qu'elle faisait.

— Qu'a-t-elle fait enfin?

Marceline raconta à son mari comment, à sa dernière visite à la marquise, celle-ci l'avait priée de réclamer une bague, comme lui appartenant, et devant M. Aubry.

— Mais, comment M. Paul Aubry connaissait-il cette bague?

— Diane l'avait, à ce qu'il paraît, oubliée un soir chez lui.
— Elle allait donc chez lui?
— C'était chez lui qu'elle voyait Maximilien.
— Tu ne m'avais jamais dit cela. Quoi qu'il en soit, ce jeune homme t'aime?
— Il paraît, reprit Marceline du ton le plus naturel.
— Et toi, l'aimes-tu?

Marceline regarda son mari en riant.
— Tu es fou, lui dit-elle.
— Ainsi, jamais un mot n'a pu autoriser M. Aubry à faire ce qu'il fait aujourd'hui?
— Jamais; d'ailleurs c'est facile à voir par sa lettre même.
— Tu sais que je te crois toujours aveuglément, Marceline, dit M. Delaunay en prenant les mains de sa femme et en l'embrassant, et une grande partie de mon amour vient de ma confiance. Mais tu dois comprendre qu'à partir de ce jour il faut cesser toutes relations avec ton amie. Veux-tu que je te dise ce qui arrive en ce moment?
— Dis.
— Eh bien! madame de Lys, dont l'amant est parti il y a huit jours, est amoureuse de M. Paul Aubry.
— C'est impossible!
— M. Paul Aubry aura vu au doigt de la marquise la bague qu'il avait trouvée, et, pour que son nouvel amant n'ait rien à lui reprocher, elle t'aura mis l'aventure sur le dos. Tu sera arrivée pendant que M. Paul était là, et, pour le convaincre encore mieux, elle t'aura fait dire ce que tu as dit.
— Alors, pourquoi est-ce à moi que M. Paul écrit? demanda ingénument Marceline.
— Parce que, répliqua M. Delaunay, la marquise est peut-être amoureuse de lui, et lui amoureux de toi. Aujourd'hui nous n'avons encore à regretter que des impru-

dences; plus tard ta réputation pourrait souffrir de ce contact. Laisse ta noble et belle amie faire toutes les excentricités qui lui conviennent, mais ne t'en mêle plus, je t'en prie.

Marceline embrassa son mari en lui disant :

— Sois tranquille.

— Et maintenant, fit ce dernier en reprenant son chapeau, je m'en vais, car tu sais que j'avais à sortir aujourd'hui de bonne heure.

M. Delaunay sortit, aussi sûr de sa femme qu'il l'était une heure auparavant et qu'il l'avait toujours été.

Quand Marceline fut seule, elle se dit :

— Je ne puis rompre avec Diane sans lui donner les raisons de cette rupture, raisons qu'elle comprendra, car elle est bonne, quoiqu'un peu folle.

Elle écrivit donc à la marquise, et, comme on va le voir, la lettre était ce qu'elle devait être.

« Ma chère Diane, lui disait-elle, tu as failli, sans le vouloir, me faire beaucoup de mal à propos de cette bague que tu m'as dit de te redemander devant M. Aubry. Je l'ai fait sans y rien comprendre, et, malgré la lettre que je reçois et que je t'envoie, je n'y comprends rien encore. Toujours est-il que M. Delaunay, entre les mains de qui cette lettre est tombée au moment même où elle arrivait, a pu me soupçonner un instant. Tu sais, ma chère Diane, combien je t'aime, car je sais combien ton cœur est bon; mais j'ai un mari que j'essaye de rendre heureux, et je suis quelquefois forcée de lui sacrifier mes autres affections. Tu ne m'en voudras donc pas si tu me vois un peu moins souvent que par le passé.

» Je t'embrasse de tout mon cœur. »

Marceline signa, joignit à cette lettre celle de Paul, et envoya le tout à la marquise. Celle-ci comprit tout de suite les conséquences fâcheuses que cette imprudence aurait pu avoir, et, dans un premier mouvement de repentir et avec cette même irréflexion qui était le principe de son caractère, elle écrivit à Paul que, dès qu'il serait de retour à Paris, il vînt la voir. Elle avait, ajoutait-elle, quelque chose d'important à lui communiquer. Aubry, qui ne vivait que d'inquiétudes depuis qu'il avait écrit à Marceline, bondit de joie en recevant la lettre de la marquise.

— Elle n'aura pas osé me répondre, pensa-t-il, elle aura mis son amie dans la confidence et l'aura priée de m'écrire. Et il alla aussitôt annoncer à sa mère qu'il partait.

— Tu as donc reçu une lettre d'elle? lui dit sa mère en l'embrassant.

— Vous saviez donc?...

— Est-ce qu'une mère ne devine pas tout? Allons, pars, mon ami. Que le Seigneur t'accorde tout ce que tu lui demanderas, et souviens-toi toujours que, lorsqu'on est triste, c'est auprès de sa mère qu'il faut revenir.

Une heure après, Paul était sur la route de Paris.

Quand la marquise avait écrit au peintre cette dernière lettre, tout en se rendant aux conseils de son repentir, elle avait un peu cédé au désir de revoir Paul.

— Il me reste un dernier moyen, s'était-elle dit, c'est d'être aussi franche qu'une femme peut l'être. Puisque le mensonge ne m'a pas réussi, la vérité me réussira peut-être.

En arrivant à Paris, le peintre se rendit chez lui, s'habilla et se présenta chez la marquise. Tous deux étaient émus, mais il s'en fallait que ce fût par le même sentiment.

— Écoutez-moi, monsieur Aubry, commença Diane en faisant asseoir le peintre à côté d'elle; j'ai un aveu à vous faire.

La voix de la marquise tremblait.

— J'écoute, madame, dit Paul, qui avait hâte de savoir à quoi s'en tenir sur Marceline, et restait convaincu que sa lettre jouait un grand rôle dans l'aveu dont parlait la marquise.

— L'autre jour, reprit madame de Lys, vous avez eu un grand chagrin, en entendant Marceline me réclamer la bague pareille à celle-ci.

Et en même temps elle montrait à Paul sa bague, que celui-ci pouvait prendre pour celle que la marquise avait soi-disant commandée sur le modèle de l'autre.

— C'est vrai, madame.

— Ainsi, vous aimez Marceline.

— Je suis malheureux, voilà tout ce que je sais, madame, car il y a des jours où je ne l'aime réellement pas.

— Et quels sont ces jours?

— Ce sont ceux où je me souviens qu'elle a aimé Maximilien.

Diane tressaillit, et hésita si elle continuerait. Après une pause elle reprit :

— Eh bien! c'est ici que l'aveu commence : Marceline n'a jamais aimé Maximilien.

— Jamais? s'écria Paul avec joie.

— Jamais. Elle ne l'a même jamais vu.

— Mais alors cette bague qu'elle réclamait?

— Ne lui appartenait pas, puisque la voici.

— Ainsi, cette bague?...

— Était à moi.

— A vous, madame?

— Oui.

— Oh! vous me trompez, madame la marquise, et vous vous sacrifiez pour madame Delaunay.

— Quel intérêt aurais-je à me sacrifier pour Marceline?

— Si celle-ci vous en avait priée, madame.

— Croyez-vous donc que la réputation d'une femme soit si peu de chose, qu'elle avoue avoir aimé un autre homme que son mari, si la vérité ne lui faisait un devoir de l'avouer? Je vous le répète, monsieur, Marceline ne connaît pas Maximilien.

— Ainsi? demanda Paul en hésitant et en regardant Diane.

— Ainsi, vous ne vous étiez pas trompé, monsieur, la première fois que vous êtes venu ici, et que vous avez reconnu à mon doigt la bague que vous aviez trouvée chez vous.

— Pardonnez-moi toutes ces questions, madame, dit Paul; mais pourquoi me faites-vous cet aveu que je ne vous demandais pas?

— Parce que vous accusiez de cette liaison une femme innocente.

— Madame Delaunay vous a dit?...

— Que vous lui aviez écrit, et voici votre lettre.

— Et elle n'a rien ajouté?

— Rien, que cette autre lettre adressée à moi et que vous pouvez lire.

Aubry lut la lettre de Marceline.

— Ainsi, dit-il, ma lettre a été trouvée par le mari de madame Delaunay?

— Heureusement, ajouta Diane; M. Delaunay est sûr que sa femme ne le trompera jamais.

Madame de Lys avait dit cette phrase d'un ton si convaincu, que le peintre vit s'envoler tout à coup les rêves qu'il avait faits en revenant à Paris. Il y eut un silence de quelques minutes, pendant lequel Diane tenait avec une ardente curiosité les yeux fixés sur Aubry.

— Alors, madame, il me reste à vous demander pardon, reprit Paul.

— Et de quoi?

— De vous avoir brouillée avec votre amie. Mais pourquoi madame Delaunay vous demandait-elle cette bague devant moi?

— Parce qu'en allant au devant d'elle, à la porte, je l'en avais priée.

— Et quel intérêt aviez-vous, madame, à me faire croire que cette bague appartenait à madame Delaunay?

— Parce que je pensais qu'une fois que vous croiriez cela, vous ne m'en accuseriez plus.

— Et?...

— Et, par conséquent, que vous ne refuseriez plus de faire ce que je vous demandais.

— Mais pourquoi teniez-vous tant, madame, à ce que je fisse ces panneaux?

Et c'était Paul qui, à son tour, fixait ardemment les yeux sur la marquise.

— Parce que, reprit Diane, qui, malgré son émotion, ne voulait cependant pas se dévoiler tout à fait, parce que je savais, ne vous fâchez pas de ce que je vais vous dire, que vous aviez besoin de travailler.

Paul rougit à ce mot, auquel il ne s'attendait guère.

— Ainsi, madame, c'était bien ce que j'avais pensé, et vous teniez à payer mon hospitalité?

— Non, se hâta de dire la marquise; vous vous trompez, monsieur, ce n'était pas cela.

— Qu'était-ce alors?

— C'était la sympathie que j'avais pour vous, et le désir que vous fissiez de moi votre amie: je sais que vous êtes un noble cœur, et je tenais à votre estime, comme à votre amitié.

Il n'y avait rien à répondre à cela. Un plus clairvoyant, ou un plus vaniteux que Paul, eût même deviné la pensée de la marquise, cachée sous les mots de cette phrase.

Aubry se leva, et prenant la main de Diane, il lui dit:

— Merci, madame, de la confidence que vous venez de me faire ; en sortant de cette chambre, je ne m'en souviendrai plus.

Puis, reprenant sur la cheminée la lettre qu'il avait écrite à Marceline, il la jeta au feu.

— Et maintenant, qu'allez-vous faire ? demanda Diane.

— Je vais tâcher d'oublier les espérances que j'avais conçues, et de me faire pardonner le mal que j'ai fait.

— Viendrez-vous me voir ? demanda la marquise d'un ton timide et presque suppliant.

— Oui, madame, mais plus tard, répondit Paul, qui commençait à comprendre, car je crois que maintenant cela pourrait porter malheur à l'un de nous, et peut-être à tous deux.

Le peintre baisa la main de Diane et sortit. Dix minutes après, la femme de chambre entrait dans le boudoir et se retirait en voyant la marquise tout en larmes.

Rentré chez lui, Paul écrivit à Marceline une lettre franche et digne, dans laquelle il implorait le pardon de la faute qu'il avait commise. Il ne demandait pas de réponse, il suppliait seulement madame Delaunay d'oublier. Puis il se remit à travailler depuis le matin jusqu'au soir.

Quant à Diane, elle ne jouait plus avec ce qu'elle éprouvait, car elle n'en était plus à se demander si elle aimait Paul. Tous les sentiments qui conseillent la femme s'étaient réunis pour conseiller à la marquise d'aimer Aubry, et elle en était arrivée à une passion réelle, qu'augmentaient encore la persistance que Paul semblait mettre à ne pas la comprendre et les preuves de loyauté qu'il donnait chaque jour. Diane comprit que décidément elle ne pouvait vivre dans cette anxiété, et que si elle ne combattait violemment cet amour, il l'amènerait à quelque folie. Elle alla rejoindre le marquis, en recommandant qu'on inscrivit le nom de toutes les personnes qui viendraient la demander pendant son absence.

Combattre une préoccupation par l'ennui, c'est un assez mauvais moyen de vaincre. Quinze jours après, la marquise revint avec M. de Lys. Quinze jours encore, et elle fût morte dans ce vaste château du Berry, qu'il avait pris tout à coup envie au marquis de faire restaurer.

Diane parcourut la liste des personnes qui s'étaient présentées pour la voir. Le nom de Paul ne s'y trouvait pas.

Les soirées et les bals commencèrent. Madame de Lys recevait tous les mercredis. Elle envoya une invitation au peintre, qui mit ses cartes, mais ne vint pas. Cela devenait une lutte.

De la part d'Aubry, aux yeux de la marquise, c'était plus que l'indifférence, c'était du dédain.

— Il faut que cet homme m'aime, se dit-elle enfin, ne fût-ce qu'une heure!

Les choses en étaient là quand les bals de l'Opéra recommencèrent, et que Paul reçut le billet suivant :

« Soyez aujourd'hui, 10 janvier, au bal de l'Opéra, de minuit à une heure. Promenez-vous dans le corridor des secondes loges : quelqu'un que vous serez peut-être heureux de voir viendra vous y chercher. »

A une heure, une femme, vêtue d'un domino de satin noir, le visage couvert d'un masque à barbe de velours, abordait Paul au rendez-vous indiqué, et il l'abordait dans les termes familiers qui font toute l'originalité de ces réunions, et qui déguisent encore mieux une femme comme il faut que les capuchons et les masques.

— Tu es exact, lui dit donc cette femme d'une voix tremblante et méconnaissable.

Paul essaya de sonder le triple mystère du masque, du domino et de la voix, mais en vain.

— Je te préviens, répondit Paul en prenant le bras de l'inconnue, que je ne viens jamais au bal de l'Opéra.

— Et pourquoi me dis-tu cela?

— Pour que tu me pardonnes d'y être stupide.

— En effet, tu parais t'ennuyer. Veux-tu que je te quitte?

— Pas du tout. Mais, voyons, qu'as-tu à me dire? qui es-tu?

— Comme tu vas vite!

— Dis-moi au moins l'une des deux choses.

— Tu sauras les deux; mais ne peux-tu deviner qui je suis d'abord?

— Non, en vérité.

— Cherche bien. Regarde-moi.

— Je te regarde.

— Eh bien?

— Non, je ne te connais pas.

— Donne-moi ta main.

L'inconnue posa la main de Paul sur son cœur.

— Que sens-tu là? lui dit-elle.

— Ton cœur qui bat violemment.

— Quelle est la femme dont le cœur peut battre ainsi auprès de toi?

— Il n'y en a qu'une, répondit Paul, pris d'un soupçon; mais elle est loin de moi, celle-là.

— Ne peut-on revenir, même de loin?

— Berthe! s'écria Paul.

— Qui sait?

— C'est impossible.

— Serais-tu heureux de la revoir?

— Oui. De toutes les femmes que je connais, c'est celle dont j'aimerais le mieux toucher la main.

— C'est poli pour moi, si je ne suis pas elle.

— Alors, qui es-tu?

— Julie.

— Oh! non.

— Eh bien! je suis quelqu'un qui t'aime, mais qui, avant de te dire qui il est, veut savoir à quoi s'en tenir sur ton compte, et si, toi, tu n'aimes personne. Que ce soit le passé ou l'avenir qui te parle, réponds franchement.

— Interroge.

— Aimes-tu toujours Berthe?

— Je n'en sais rien. Peut-être oui, peut-être non.

— Merci de cette parole-là. As-tu eu un autre amour depuis elle?

— J'ai cru en avoir un.

— Pour qui?

— C'est tout un roman.

— Raconte-le-moi; je les adore.

Le peintre raconta, sans nommer personne, ce que nous avons raconté au lecteur.

— Il me semble, dit l'inconnue quand il eut fini, qu'il y a une marquise qui joue un certain rôle là-dedans?

— Oui.

— Qu'est-elle devenue?

— Je l'ignore.

— Tu ne l'as pas revue depuis le jour où elle t'a avoué la vérité?

— Non.

— Qui t'en a empêché?

— C'est ce que je ne veux pas te dire.

— Pourquoi?

— Parce que tu te moquerais de moi.

— Allons, décidément, tu ne me connais pas.

— Tu es donc indulgente?

— Surtout pour toi. Eh bien?

— Eh bien! reprit Paul en regardant attentivement les

yeux de son domino. Eh bien ! j'avais cru m'apercevoir d'une chose.

— De laquelle ?

— C'est que cette femme était amoureuse de...

— De ?...

— Je vais avoir l'air d'un fat.

— Voyons !

— De moi.

— Il n'y a rien d'extraordinaire à cela. Tu es jeune, tu as de l'esprit et du cœur, c'est plus qu'il n'en faut pour faire la conquête même d'une marquise. Je t'aime bien, moi. Mais il me semble que ce dont tu te doutais était une raison de plus pour continuer à la voir.

— Non, car je n'aimais pas cette femme.

— Qu'importe ? reprit le domino avec une certaine émotion, qui pouvait aussi bien être de plaisir que de peine.

— Allons, je vois que tu as une morale facile.

— Ainsi, tu n'aimais pas cette femme.

— Non. Et cependant...

— Ah ! Il y a un cependant ?

— Cependant, je dois dire que cet amour me flattait, et qu'il eût suffi de peu de chose pour que je l'aimasse. Tu vois que je suis franc.

— Était-elle belle ?

— Oui.

— Jeune ?

— Oui.

— Il fallait y retourner.

— J'y ai songé bien des fois, mais j'ai un caractère étrange : j'aurais rendu cette femme malheureuse.

— Pourquoi ?

— J'aurais toujours eu sous les yeux le spectacle de ces rendez-vous avec son amant.

— C'est vrai; puis tu aimais l'autre.

— Je croyais l'aimer plutôt que je ne l'aimais.

— Parles-tu sérieusement?

— Quel intérêt aurais-je à te tromper? D'ailleurs, continua Paul, il y avait encore une raison pour que je n'acceptasse pas une liaison avec la marquise.

— Puis-je la savoir?

— Mon Dieu! oui; c'était la différence de nos deux positions. La marquise était une trop grande dame, elle n'aurait jamais pu devenir la confidente de ma vie d'artiste, et son amour eût peut-être fini par être une humiliation pour moi. Sans compter que, si cette liaison avait été connue, on n'eût pas manqué de dire qu'il y avait calcul de ma part. Il faut laisser les gens s'aimer dans leur sphère. Je suis trop pauvre pour être l'amant d'une marquise.

— Cette pensée est d'une âme noble et ferme; tu n'as pas changé.

Et, en même temps, l'inconnue serrait la main d'Aubry.

— Tu as bien fait, reprit-elle quelques secondes après, et je suis si heureuse de t'entendre parler ainsi.

— Ainsi, tu m'aimes?

— Oui, et de toute mon âme.

— Et tu me le prouveras?

— Quand je serai sûre d'être aimée de toi.

— Eh bien! je t'aime.

— Comme on aime au bal masqué une femme jeune qui vous intrigue. Oh! non, c'est d'un amour sérieux que je parle.

— Tu m'effrayes.

— Ne plaisante pas, je t'en prie. Ce que je te dis est aussi sérieux que si, au lieu d'être dit dans un bal, c'était dit dans une église. Je t'aime comme je croyais ne jamais aimer, et tu tiens ma destinée dans tes mains. Promets-moi donc, quand tu me connaîtras, de n'obéir ni à l'amour-propre ni à la pitié; j'aime mieux souffrir tout de suite que plus tard, que trop tard. Jure-moi donc que tu seras franc et que tu suivras ton cœur, quoi qu'il te conseille à mon égard.

— Je te le jure.

— Tu vas quitter le bal, et rentrer chez toi?

— Dans une demi-heure j'y serai.

— Tu ne me suivras pas?

— Non.

— Demain tu recevras quelque chose de moi, quelque chose à quoi tu me reconnaîtras certainement, et qu'en tous cas tu garderas en souvenir de celle qui te l'aura envoyé, je le veux.

— Je le garderai.

— Alors, si tu crois pouvoir m'aimer, tu m'écriras ce seul mot : Oui. Sinon, tu ne m'écriras rien, et tout sera dit.

— Que feras-tu?

— Je partirai, ou je repartirai.

— Pour longtemps?

— Pour toujours.

— Pourquoi ne pas dire tout de suite?

— Non. A demain. La nuit porte conseil.

— A demain, alors.

Le domino s'éloigna rapidement, comme s'il avait eu à fuir une trop grande émotion. Paul le regarda s'éloigner et murmura :

— C'est Berthe. Eh bien! si c'est elle, tant mieux, et qu'elle soit la bienvenue, car j'ai le cœur à la fois trop vide et trop plein, et je demanderai au passé ce que m'a refusé le présent.

Paul rentra chez lui; mais il ne dormit pas toute la nuit, il pensa à son ancienne maîtresse, il relut ses lettres; et quand le jour parut, convaincu que c'était à elle qu'il avait parlé, il croyait retrouver dans son cœur encore assez d'amour pour refaire un avenir avec le passé. Que de fois l'homme a pris le charme du souvenir pour un nouveau besoin de son cœur !

Le lendemain, à dix heures du matin, le père Frémy entra chez le peintre, en tenant un petit paquet à la main et en disant :

— Voici ce qu'on vient d'apporter pour Monsieur.

— Donnez.

— Il faut que je fasse la commission telle qu'elle m'a été ordonnée.

— Je vous écoute.

— Monsieur est allé au bal de l'Opéra hier ?

— Oui.

— Monsieur avait un rendez-vous à ce bal ?

— Oui ! qui vous a dit cela ?

— Je prierai Monsieur de me laisser continuer l'ordre de mes questions ; c'est indispensable pour que Monsieur comprenne la fin de ce que j'ai à lui dire.

— Hâtez-vous.

— Monsieur ne sait pas encore quelle est la personne qui lui a donné rendez-vous ?

— Non.

— Eh bien ! monsieur, il est venu aujourd'hui une dame voilée qui m'a dit de vous remettre ceci après que je vous aurais fait les questions que je viens d'avoir l'honneur de vous adresser.

Et en même temps le père Frémy, fier d'avoir si bien mené sa commission, remettait à Paul le paquet en question.

Le peintre brisa le cachet et déchira le papier. Ce papier renfermait un écrin, et dans cet écrin, la bague de Diane.

— La marquise de Lys! s'écria-t-il.

Et Paul devint tout rêveur, et, se rappelant toutes les circonstances des visites qu'il avait faites à la marquise, et y ajoutant la démarche qu'elle avait faite auprès de lui la veille :

— Cette femme m'aime, dit-il, j'en suis sûr. Pourquoi ne l'aimerais-je pas?

Alors, croyant obéir au premier mouvement de son cœur, ce qui prouverait que ce cœur peut être trompé deux fois en une minute, il prit une feuille de papier et écrivit dessus : Oui.

Puis, il se leva et s'apprêta à aller lui-même porter cette lettre.

Voyez pourtant à quoi peuvent tenir les choses les plus graves de la vie. Il ne restait plus à Paul qu'à cacheter la lettre qu'il venait d'écrire. Il prit une allumette sur sa table et s'approcha du mur pour l'y frotter. Le hasard voulut que ce fût juste à l'endroit où Maximilien avait écrit quelques mois auparavant ces mots qui n'avait jamais été effacés :

« Aujourd'hui, 15 septembre 1845, à onze heures du soir, deux heureux reconnaissants ont bu au bonheur de leur hôte. »

Paul s'arrêta devant le souvenir que cette date évoquait. Il se rappela ce que Diane lui avait dit : Je ne veux ni de pitié ni d'amour-propre. Alors ses yeux errèrent quelque temps du mur et de ces lignes à la lettre qu'il tenait entre ses mains, dont le seul mot qu'elle contenait allait engager son avenir, et semblait lui dire : Réfléchis bien.

Il se rassit, songea quelques instants encore, et avec la solennité de toutes les actions que l'homme commet sans autre témoin que lui-même, malgré l'aveu de la marquise, qui bourdonnait encore à son oreille, il déchira la lettre, en jeta les morceaux au feu, en écrivit une seconde, la cacheta et la remit au père Frémy, en lui disant de la porter à son adresse ; puis le regardant s'éloigner, il se dit :

— J'ai raison. C'est plus loyal et cela vaut mieux. Elle-même m'en saura gré un jour.

Mais je vous assure que la loyauté de Paul venait de remporter une victoire difficile. Quant à Diane, voyant arriver une lettre, après les conventions faites, elle crut que cette lettre contenait le mot dans lequel sa vie avait fini par mettre son espérance. Ce fut donc avec un cri de joie qu'elle l'ouvrit. Mais, tout à coup, elle devint pâle comme une morte.

En effet, la lettre ne contenait que ces lignes :

« Je venais de vous écrire selon le premier conseil de mon cœur, lorsque j'ai revu sur le mur de mon atelier le souhait que vous et Maximilien avez bien voulu faire au bonheur de votre hôte, le 15 septembre 1845. Il y avait un malheur dans ma première lettre. Il n'y a qu'un chagrin dans ma seconde. »

Le soir même, Diane était partie, nous n'avons pas besoin de dire sous quelle impression. Pendant un an, elle voyagea avec son mari, vit Rome, Naples, Venise ; mais, au lieu de diminuer, la tristesse qu'elle avait emportée de Paris augmentait toujours. Elle ne crut pouvoir la calmer qu'en revenant. Elle revint.

A peine fut-elle arrivée, qu'elle se rendit rue des Martyrs, sans savoir ce qu'elle allait y faire. En arrivant devant la maison de Paul, elle fut forcée de s'arrêter, tant son cœur battait fort. Cependant elle entra.

C'était toujours le père Frémy.

— Monsieur Paul Aubry est-il chez lui ? demanda-t-elle au vieux bonhomme, sans qu'il la reconnût.

— Monsieur Paul Aubry ne demeure plus ici, madame, répondit-il.

— Qu'est-il devenu ? ajouta Diane avec inquiétude.

— Il est pour quelque temps à Tours avec sa mère, qui est malade. Il y a deux jours qu'il est parti.

— Alors son atelier est vacant ?

— Oui, madame.

— Faites-le-moi voir.

Diane traversa le jardin qu'elle avait traversé tant de fois, et fut pris d'un serrement de cœur affreux quand elle vit l'appartement de Paul vide et triste comme son cœur. Le premier regard de la marquise avait été pour l'endroit du mur où Maximilien avait écrit ces deux lignes qui depuis un an l'avaient rendue si malheureuse. Elles y étaient toujours, et le regard de Diane resta longtemps fixé sur elles ; ce qui n'échappa point au père Frémy, lequel dit en s'approchant du mur et en effaçant ces lignes avec son tablier :

— Il faut pourtant que j'ôte toutes ces choses-là, maintenant qu'elles ne servent plus à rien.

— Qui sait, se dit à elle-même madame de Lys, en regardant le portier effacer les différentes inscriptions qui se trouvaient sur les murailles, qui sait quels changements se fussent opérés dans ma vie, si cet homme eût eu l'idée d'effacer ces deux lignes le lendemain du jour où elles ont été écrites, au lieu d'avoir attendu jusqu'aujourd'hui ? Maintenant tout est bien fini ; un autre locataire occupera cet atelier, et il ne restera rien de la faute que j'y ai commise, ni du bonheur que j'y ai eu. Rien que le remords de l'une et le souvenir de l'autre, qui empliront éternellement ma vie.

La marquise donna sa bourse au père Frémy, qui ne comprit rien à cette générosité, et qui saluait encore Diane dix minutes après qu'elle était sortie de la maison.

Il y avait à peu près deux ans que Diane était revenue, et sa tête, cette belle tête d'étude dont nous parlions au commencement de ce livre, avait revêtu cette teinte mélancolique pleine de charmes, qui révèle une souffrance du cœur, et à travers laquelle l'âme apparaît jusqu'aux bords des paupières et des lèvres, comme un oiseau familier qui se montre aux barreaux de sa cage. Un jour, on lui annonça Maximilien. Le baron était passé à l'état de véritable diplomate; il avait des petites moustaches noires, des favoris à l'anglaise, et, à sa boutonnière, un arc-en-ciel de rubans.

Diane lui tendit affectueusement la main, et lui parla comme à un étranger, c'est-à-dire qu'elle lui demanda des nouvelles de sa famille et de ses voyages. Le comte et la comtesse étaient morts, et Maximilien, devenu comte à son tour, avait admirablement profité de la sévère éducation qu'il avait reçue, en mangeant une bonne partie de son héritage.

— Dites donc, marquise, fit Maximilien en se rapprochant de Diane, dont la beauté s'était poétisée d'une douce et continuelle expression de mélancolie, vous souvenez-vous de la rue des Martyrs?

Madame de Lys tressaillit, un sourire sépara ses lèvres, mais elle ne répondit pas.

— Comment! vous l'avez oubliée? ajouta le jeune comte.

— Oh! non, répondit Diane avec une expression qui trompa Maximilien.

— Eh bien! si nous y faisions un pèlerinage?

— Non.

— Je vous aime toujours, marquise.

— Autant qu'autrefois?

— Oui.

Madame de Lys ne put s'empêcher de sourire.

— Eh bien! mon cher comte, il faut que vous renonciez à votre amour, si violent qu'il soit.

— Pourquoi ?

— Parce que je ne suis plus au temps où je ne faisais de l'amour qu'une distraction ; je sais maintenant que c'est une chose sérieuse, et qui peut bouleverser en un instant toute la vie d'une femme. J'ai été plus punie de notre liaison, mon cher Maximilien, que cela ne le méritait, je vous assure, et, depuis votre départ, j'ai rajeuni de dix ans, mais j'ai vieilli de cinquante. J'ai aimé.

FIN DE DIANE DE LYS.

CE QU'ON NE SAIT PAS

A M. CHARLES B***.

Tu te rappelles bien Maurice, notre camarade du collége, qui était toujours le premier en mathématiques. Il vient de faire un fort beau mariage, et je crois que c'est l'occasion de te raconter une histoire dont il est presque le héros.

Un matin, il y a un an de cela, Maurice entra chez moi. Il ôta son chapeau après m'avoir silencieusement tendu la main, s'assit près du feu, et, croisant les bras, il se mit à songer en regardant les cendres. Ces sortes de visites étaient peu dans les façons de mon ami, et je compris que quelque événement grave avait dû surgir dans sa vie peu accidentée et presque routinière. J'essayai de prendre la chose gaiement, afin de le détourner de ses tristes réflexions, si cela était possible, et je lui dis en riant :

— Que diable as-tu donc ce matin? je ne t'ai jamais vu ainsi.

— C'est qu'il m'arrive une chose bien extraordinaire et bien triste en même temps, me dit-il.

— Conte-moi cela, m'écriai-je en me rapprochant avec intérêt de mon ami; et si je puis t'être bon à quelque chose....

— Merci, mais la chose est irréparable.

— Enfin, qu'est-ce que c'est ?

— Oh ! mon Dieu, je vais te conter l'histoire... Je ne suis venu que pour cela, du reste ; car j'ai besoin que quelqu'un me dise que je ne suis pas la cause de ce malheur.

— Je t'écoute.

— Voici le fait....

Il y a huit ou dix mois, le père de notre ami Antonin fit une mauvaise spéculation et perdit toute sa fortune... Il réunit alors ses dernières ressources, et partit pour aller vivre en province avec sa femme et sa fille. Il laissa son fils à Paris, lui donna deux billets de mille francs, et lui dit :

« C'est toute ta fortune, tu n'as plus rien à espérer que de toi-même. Autrefois, nous avions des amis, qui peuvent devenir des protecteurs. Va les trouver. Tu as une bonne éducation : ils te feront peut-être obtenir un emploi honorable, qui te mettra à l'abri du besoin. Moi, je vais m'ensevelir dans le fond d'une campagne avec ta mère et ta sœur. »

Antonin avait des habitudes d'oisiveté et même de luxe. Le travail lui était peu familier. Il ne se rendit pas un compte bien exact de sa position. Habitué à ne manquer de rien et à voir chaque jour satisfaire à toutes les nécessités de sa vie, il ne comprit pas que cela pût changer ; et, ne se souvenant que d'une chose, qu'il avait deux mille francs dans sa poche, il ne songea pas à faire les démarches que lui avait conseillées son père, et il entama assez facilement son mince patrimoine. Cependant il eût pu vivre ainsi quatre ou cinq mois, et, pendant ce temps, peut-être la Providence fût-elle venue à son secours ; mais bientôt, au lieu de n'avoir à s'occuper que de lui, il partagea ses ressources avec quelqu'un.

Voici comment :

Un soir, en rentrant chez lui, comme il passait dans une rue déserte, il vit une jeune fille qui pouvait avoir dix-sept ou dix-huit ans, et qui marchait comme marche une femme qui ne sait même pas ce qu'elle fait, sans que cependant cette allure eût rien de provoquant. Cette jeune fille était vêtue plus que simplement. Elle portait une robe d'indienne à raies, un châle à petites palmes, et pour toute coiffure un bonnet blanc. Elle tenait un petit paquet d'une main, et de l'autre elle essuyait ses yeux, car elle pleurait. C'est ce que vit Antonin en passant devant elle, et en se retournant par curiosité d'abord, puis par intérêt.

La douleur de cette fille paraissait si réelle, que le premier mouvement d'Antonin fut de lui demander ce qu'elle avait; puis il hésita et continua son chemin, puis il s'arrêta de nouveau, et la regarda encore... Et enfin, comme la rue était solitaire, et que nul ne pouvait le voir, il revint sur ses pas, et considérant cette enfant qui, à la lueur du réverbère, lui parut jolie, d'une voix douce, et avec l'accent de la sympathie éveillée, il lui dit :

— Mademoiselle, vous pleurez.... Je serais heureux de pouvoir vous être utile. Qu'avez-vous?

En disant ce que je viens de te rapporter, Antonin avait ôté son chapeau. Il était évident qu'il obéissait à un élan de son cœur.

La jeune fille leva les yeux sur lui.

— En effet, monsieur, je suis bien malheureuse, lui dit-elle.

Et, s'adossant au mur, elle cacha son visage dans ses mains, et ses larmes redoublèrent.

— Que vous arrive-t-il donc?
— Je suis sans asile.
— Comment cela se fait-il? Vous n'avez donc pas de parents?
— Si, monsieur; un oncle et une tante.
— Pourquoi n'allez-vous pas chez eux?
— J'en viens.

— Et ils vous ont renvoyée ?

— Oui. Ils sont pauvres. Ils ne pouvaient me prendre à leur charge. D'ailleurs je me suis mal conduite.

Ce ton de franchise plut à Antonin; et, se sentant tout à coup plein d'indulgence pour cette pauvre créature, il reprit :

— Vous vous êtes mal conduite ? Qu'avez-vous donc fait ?

— Je me suis fait mettre à la porte par Madame.

— Qui est-ce, Madame ?

— C'est madame Durand, une blanchisseuse chez laquelle j'étais en apprentissage.

— Et pourquoi vous a-t-elle mise à la porte, comme vous dites ?

L'ouvrière hésita.

— Parce que j'avais un amant.

— Ah ! vous aviez un amant ? Eh bien ! cet amant, pourquoi ne l'allez-vous pas voir ?

— Il me l'a défendu.

— Il ne vous aime donc pas ?

— Je le crois maintenant... car, enfin, puisque je ne sais où aller à cause de lui, il devrait s'occuper de moi, n'est-ce pas ?

— L'avez-vous vu depuis que vous êtes sortie de chez madame Durand ?

— Non, monsieur.

— Alors il ne sait pas votre position ?

— Cela ne fait rien : il m'a dit qu'il ne pourrait jamais me recevoir chez lui. Et maintenant j'en suis peut-être bien aise.

Après un silence :

— Comment vous appelle-t-on ? reprit Antonin.

— Hermine, monsieur.

— C'est un charmant nom.

— C'est parce que, quand j'étais petite, j'étais toute blanche. Alors on m'a nommée Hermine, répondit la jeune fille en souriant.

— Eh bien! mademoiselle Hermine, il faut aller dans un hôtel.

— Mais je n'ai pas d'argent pour le payer.

— Je vous en prêterai.

— Je ne pourrai pas vous le rendre.

— Eh bien! vous me le devrez.

Hermine ne répondit rien... elle se contenta de regarder Antonin; mais ce regard avait une touchante expression de reconnaissance et de remercîment.

— Quel quartier préférez-vous?

— Cela m'est égal, monsieur.

— Près de chez moi... il y a une maison où je crois que vous serez très-bien.

— Est-ce loin?

— Non. Pourquoi?

— Parce que cela vous contrarierait peut-être qu'on vous vît avec moi... Je suis si mal mise!

— Je suis au-dessus de ces choses-là, mon enfant... Et, d'ailleurs, je vous trouve charmante comme vous êtes.

Antonin reprit sa route, Hermine marchant à côté de lui.

Antonin ne disait plus rien : il n'avait plus rien à lui dire; il examinait à la dérobée sa jeune compagne, et, à chaque inspection, il découvrait en elle un détail charmant. Elle laissait voir combien elle était contente que quelqu'un eût pris pitié d'elle, et de temps en temps elle souriait.

Antonin réfléchit que peut-être elle n'avait pas dîné, et en passant devant un restaurant, il lui dit :

— Voulez-vous prendre quelque chose?

— Merci, monsieur, j'ai dîné. Je n'ai été renvoyée qu'à sept heures.

— Comment cela s'est-il fait?

— Madame m'a vue causer dans la rue avec Auguste... Tous les soirs, il passait devant la boutique et me faisait un signe, et dès que je le pouvais j'allais le rejoindre. Madame avait des soupçons. Ce soir, elle m'a surveillée; quand je suis rentrée, elle m'a demandé avec colère d'où je revenais. Je le lui ai dit, moi.

Alors, elle s'est écriée : Faites votre paquet tout de suite, et allez-vous-en. J'ai d'abord songé à aller chez Auguste, je vous l'avoue; et puis, je n'ai plus voulu, ni pour lui, ni pour moi.

— Vous ne l'aimiez donc pas?

— Je ne l'ai plus aimé, quand je l'ai mieux connu. Il était injuste, égoïste, brutal même. C'est qu'il ne s'est pas présenté ainsi d'abord... au contraire... Mon oncle et ma tante me maltraitaient... madame Durand me rudoyait toujours; lui seul semblait bon pour moi...

— Quel état faisait-il?

— Il était commis, et il demeurait chez son patron. Il avait raison de me défendre d'aller chez lui; si son patron l'avait appris, on l'aurait chassé.

Antonin, après quelques pas, dit en étudiant l'effet que sa phrase allait produire :

— Demain, vous pourrez faire dire à M. Auguste où vous êtes, afin qu'il puisse venir vous voir.

— Non monsieur, répondit Hermine; je ferai tout ce que je pourrai, au contraire, pour qu'il ne me retrouve jamais.

Antonin ne put retenir un mouvement de joie, et il ajouta aussitôt :

— Savez-vous ce que nous ferons? Comme vous ne pouvez rester toujours à l'hôtel, demain je vous chercherai une petite chambre que je vous meublerai bien modestement, car malheureusement je ne suis pas riche...

vous travaillerez, et vous n'aurez besoin de personne...
Cela vous convient-il?

— Vous le demandez, monsieur!... Qu'ai-je donc fait pour que vous vous intéressiez ainsi à moi?

— Rien... mais vous êtes si jolie!

— Ah! c'est juste, répondit tristement Hermine.

Ce qui signifiait :

— J'avais oublié que j'avais assez de beauté pour payer cet intérêt.

Antonin sentit l'interprétation qu'elle avait donnée à sa phrase, et il en fut honteux; car, dans le fond de sa pensée, il n'avait pas voulu dire ce qu'elle avait compris.

— Je suis un sot et un maladroit, pensa-t-il.

Et il sut gré à Hermine de la délicate finesse de sa réponse.

Tous deux arrivèrent à l'hôtel où Antonin comptait installer la jeune fille pour quelques jours. Il voulut lui prouver qu'il n'avait aucune intention de lui faire payer ce qu'il faisait pour elle, et, après lui avoir fait donner une chambre, s'être assuré qu'elle n'avait besoin de rien, et avoir payé à la maîtresse de l'hôtel les premières dépenses qu'Hermine allait faire, il la quitta en lui promettant de venir la voir le lendemain.

Elle remercia de nouveau.

Le lendemain il vint me voir dès le matin, et me raconta sa rencontre de la veille à peu près dans les termes où je viens de te la conter. Puis il ajouta :

— Elle ne me coûtera pas grand'chose. Elle est charmante... Si elle voulait m'aimer! Ce serait presque une bonne action que j'aurais faite, car qui sait ce qu'elle serait devenue si elle ne m'avait pas rencontré hier?... Je vais m'occuper de me trouver une place... Je gagnerai bien deux cents francs par mois : je les partagerai avec elle; nous serons heureux... Qu'en penses-tu? Je l'aime vraiment, cette pauvre petite. Quand elle aura un chapeau de paille, une jolie robe, un mantelet, des bottines de soie, elle sera jolie comme un ange... Je suis bien content de la connaître : cela me forcera à travailler, ce que je n'eusse peut-être pas fait sans elle... Allons, viens avec moi chercher une chambre et acheter des meubles.

Je m'habillai et j'accompagnai Antonin. J'avais bien songé à lui faire quelques observations au sujet de cette jeune fille, pour laquelle il allait évidemment se gêner, mais elles eussent été perdues, et je m'abstins.

Il loua pour cent cinquante francs par an une chambre et un cabinet au sixième étage d'une maison de la rue Pigale. Les fenêtres de cette chambre, qui était au midi, donnaient sur les jardins. Un grand rayon de soleil y riait de neuf heures à midi.

— Elle ne sera pas trop mal ici, me dit Antonin en me questionnant du regard.

— Elle n'aura jamais été si bien, me hâtai-je de lui répondre... Songe donc qu'hier elle ne savait où coucher.

J'avais besoin de dire tout cela à Antonin, qui paraissait humilié du peu qu'il allait offrir à Hermine...

— Ici, me dit-il en me montrant l'alcôve, elle mettra son lit... là, en face de la cheminée, une commode, une table devant la fenêtre.

Quatre chaises, des rideaux blancs, deux petits dessins que j'ai chez moi sur la muraille, une glace, deux chandeliers, une pendule et des fleurs, voilà pour la chambre à coucher; une toilette pour son cabinet. Allons chercher tout cela.

Antonin paya trois mois d'avance, et nous partîmes pour le faubourg Saint-Antoine.

Nous entrâmes chez un marchand de meubles. Pour deux cent soixante francs, Antonin eut de quoi meubler la chambre et le cabinet d'Hermine. Le lit, avec ses deux matelas et la couverture, lui coûta cent francs, la commode trente... les quatre chaises, vingt; la glace, dix-huit; les deux chandeliers, six; la toilette, vingt-cinq; les deux paires de petits rideaux, douze; les grands rideaux de calicot bleu, treize; la pendule, trente-trois, et la table, huit. On chargea tout cela sur une charrette pour le porter rue Pigale. Nous prîmes chez un marchand de faïence six assiettes creuses, douze assiettes plates, une soupière, deux plats, un saladier, deux salières et un huilier, pour la somme de trente et un francs cinquante centimes... chez un orfèvre, trois couverts en plaqué, pour dix-huit francs... chez un ferblantier, deux casseroles, une marmite et un petit attirail de cuisine, le tout pour vingt-cinq francs... deux douzaines de serviettes et quatre paires de draps, qui revinrent ensemble à cent trente francs... Cela, joint à la première dépense, forma un total de quatre cent soixante-neuf francs cinquante centimes.

Le détail de ces achats nous amusait; de là le souvenir exact que j'en ai gardé : mais à chaque instant, nous nous apercevions que nous avions oublié quelque chose : une fontaine, un soufflet, des pincettes, des couteaux, des verres, des carafes. Bref, tout compte fait, et malgré la plus grande économie, Antonin dépensa six cents francs. Ce n'était pas grand'chose, et cependant cela faisait une fameuse brèche dans les deux mille francs, lesquels n'étaient déjà plus intacts à cette époque.

— Avec mille francs, me dit-il, nous pouvons vivre cinq mois, Hermine et moi, en admettant que d'ici à cinq mois elle ne trouve pas d'ouvrage, et moi pas de place. Mais en cinq mois on fait bien des choses.

Nous nous rendîmes rue Pigale, et nous mîmes tout en ordre, depuis les chenets jusqu'aux casseroles... Tu ne saurais croire combien, toute simple qu'elle était, la future chambre d'Hermine était douce, fraîche, virginale, avec ses fleurs et ses rideaux blancs. Quand le logement fut prêt à recevoir sa locataire, Antonin courut à l'hôtel où il avait laissé l'ouvrière... J'étais curieux de connaître la belle enfant; arrivé à la porte, il me quitta après m'avoir remercié de l'avoir accompagné, mais sans m'offrir de monter avec lui. Il se réservait d'annoncer seul à la jeune fille la nouvelle qu'il lui apportait. C'était bien naturel.

A quelques jours de là, Antonin revint me voir. Il rayonnait et tenait un paquet mince et long sous son bras.

— Eh bien! lui dis-je en le voyant, tu parais bien content?

— Je le suis en effet.

— Hermine?...

— Est une adorable fille.

— Et tu l'aimes?

— J'en suis fou.

— Que tiens-tu sous ton bras?

— C'est une petite robe de soie que je viens de lui acheter.

— Prends garde, mille francs, cela ne dure pas toujours.

— J'ai encore sept cents francs.

— Trois cents francs dépensés en huit jours! tu vas vite.

— C'est qu'elle avait besoin d'une foule de choses auxquelles nous n'avions pas pensé. Mais c'est acheté maintenant... D'ailleurs, je vais avoir une place plus belle et plus tôt que je ne l'espérais.

— Où?

— Dans l'administration d'un nouveau chemin de fer qui va s'ouvrir avant un mois. J'aurai quatre mille francs par ans. C'est plus qu'il ne nous faut.

— C'est égal; ne te fie pas à cela avant de l'avoir... On ne sait pas ce qui peut arriver.

— Sois tranquille.

— Et Hermine, travaille-t-elle?

— Pas encore. Elle a bien le temps!... D'ailleurs, elle gagnerait si peu de chose, que cela ne vaut la peine que je lui laisse abîmer ses petites mains... Puis, si j'ai ma place, je préfère qu'elle ne travaille pas. C'est toujours triste de voir travailler la femme qu'on aime.

— A la bonne heure!

— Qu'est-ce que tu fais ce soir?

— Je dîne en ville.

— Tant pis!

— Pourquoi, tant pis?

— Parce que tu serais venu avec nous.

— Où allez-vous donc?

— Nous allons au spectacle.

— A quel spectacle?

— A l'Opéra.

— Voilà de l'argent bien employé!

— Que veux-tu? Il faut bien que je lui donne quelque distraction, à cette pauvre fille... Elle n'a pas été bien heureuse jusqu'à présent; elle n'a jamais vu l'Opéra... Elle se fait une fête d'y aller... Nous accompagnes-tu?

— Non.

— Rassure-toi, tu ne rougirais pas d'elle. Elle est gentiment mise : elle a une robe, un mantelet et des bottines de soie, un petit chapeau de crêpe rose qui lui va à ravir.

— Ce n'est pas cela... mais je dîne en ville; et puis cela me peine de te voir dépenser l'argent que ton père s'est gêné pour te laisser, en mantelets et en chapeaux de crêpe.

— Tout cela est si bon marché!... les objets de femmes sont pour rien, mon cher... et elle en a pour longtemps.

— Enfin, tu es amoureux; tout ce que je te dirais serait inutile; par conséquent, fais ce que tu voudras;

mais ne viens jamais te plaindre à moi si ce que je te prédis se réalise.

— Adieu, fit Antonin en se levant; tu me désenchantes... Une fois, deux fois, trois fois, tu ne viens pas à l'Opéra?

— Non.

— Bonsoir, alors.

Il me serra la main et disparut.

Trois mois se passèrent sans que j'entendisse parler d'Antonin. Ma morale l'ennuyait probablement. J'avais presque oublié ce que je viens de te raconter, quand je le rencontrai un matin en allant à mon bureau. Il était plus que modestement mis... il était mis avec cette négligence et ce laisser-aller qui crient la gêne. Son air était triste... Il ne me voyait pas... j'allai à lui.

— Ah! c'est toi, me dit-il en rougissant d'être rencontré dans le costume où il était, car il ne doutait pas que je l'eusse remarqué.

— Oui, c'est moi, lui dis-je; moi, qui suis enchanté de te voir, il y a longtemps que cela ne m'est arrivé.

— Je craignais de t'ennuyer, voilà pourquoi je ne suis pas retourné chez toi.

— Je crois plutôt le contraire... Enfin, peu importe! Es-tu toujours content?

— Je me repentis presque de ce que je venais de dire. Une pareille question dans la tenue où se trouvait Antonin avait l'air d'une impertinence, ou tout au moins d'une ironie.

— Non, mon cher Maurice, me répondit-il, et tu me vois bien malheureux.

— Que t'arrive-t-il donc?

— Ce qu'il m'arrive, parbleu! il m'arrive ce que tu m'avais dit qu'il m'arriverait.

— Cette place que tu devais avoir?...

— Je ne l'ai pas eue. La société qui avait l'entreprise de

ce chemin de fer s'est dissoute, et la personne qui me protégeait est partie.

— Et Hermine?

— Hermine, fit Antonin avec soupir, Hermine, je l'aime toujours, seulement je crois que je l'aime un peu plus qu'autrefois.

— Te reste-t-il encore quelque argent?

— Pas un sou.

— Comment vas-tu faire?

— Je n'en sais rien. Je n'ai pas voulu avouer la vérité à Hermine, et, pour qu'elle ne manque de rien, j'ai vendu peu à peu tout ce que j'avais, jusqu'à mes habits... et j'ai sur moi tout ce que je possède.

Tu comprends bien que je n'ai pas osé écrire cela à mon père... Lui demander de l'argent dans la position où il est, ce serait une lâcheté... En emprunter ce serait un vol, puisque je ne saurais comment le rendre... Ah! je suis bien malheureux, va!

Et les yeux d'Antonin se mouillèrent de larmes. J'aurais pu lui dire : Je t'avais prévenu!... Mais la morale qui ne peut plus préserver est plus qu'inutile, elle est de mauvais goût.

— Tu es un garçon d'honneur, lui dis-je; il faut que tu prennes une décision honorable... En attendant, veux-tu demeurer avec moi?

— Non.

— Pourquoi?

— Parce que cela ne me mènerait à rien.

— Que comptes-tu faire, alors?

— Je vais m'engager... C'est ma seule ressource.

— As-tu des protections dans l'armée?

— Oui.

— Hermine sait-elle cela?

— Non, je n'ai pas eu le courage de le lui dire.

— Il le faudra cependant.

— Pauvre fille !

— Elle est toujours rue Pigale?

— Oui.

— Quand l'as-tu vue?

— Je la quitte à l'instant...... elle est sans argent..... Je suis sorti sous le prétexte d'aller lui en chercher..... Et quand j'ai été dehors, ne sachant où en prendre, je me suis demandé si je n'allais pas me jeter à l'eau.

— Voyons, tu es incapable de faire tout ce que font les hommes qui n'ont pas de moyens d'existence?

— Certes.

— J'ai cinquante francs... En voici vingt-cinq; porte-les à Hermine, et dis-lui qu'il faut que tu partes. Tu ne peux pas faire plus pour elle, n'est-ce pas?... Tu n'as rien à te reprocher... tu n'es pas responsable de son avenir, puisque tu n'es pas cause de son passé... Tu y as laissé le peu que tu avais... Va-t'en maintenant sans regarder en arrière.

Antonin m'écoutait, l'oreille basse. Évidemment le conseil que je lui donnais, sa raison le lui avait donné déjà.

— Merci, me dit-il. Qui sait si je pourrai jamais te rendre ce que tu me prêtes là? Est-ce étrange de penser qu'on a eu une fortune, et que l'on peut se trouver un matin sans savoir comment déjeuner!

Il reprit en frappant du pied :

— Et ce qu'il y a d'affreux, c'est de penser surtout que l'on aime une pauvre fille, et que, si l'on veut rester honnête homme, on est forcé de l'abandonner, et de lui laisser faire n'importe quoi pour qu'elle ne meure pas de faim. Pauvre petite! Elle ne demandait pas mieux que de vivre simplement, sagement... Qui sait à quoi elle va être réduite?

Mais sur un geste de moi :

— Encore une fois, merci, reprit Antonin; je vais lui porter ces vingt-cinq francs, et lui dire de chercher des journées... Mais malheureusement, depuis trois mois, je lui ai bien fait perdre l'habitude du travail.

— Quand tu as vu que cette place qu'on t'avait promise t'échappait, pourquoi ne t'es-tu pas adressé à d'autres personnes?

— Je l'ai fait : les uns m'ont oublié, les autres ont été ces amis dont parle Ovide, qui partent avec la fortune. Un chef de division au ministère a été au moment de s'occuper de moi; mais il m'a rencontré avec Hermine, et il a dit partout que j'étais un débauché auquel une personne honnête ne devait pas s'intéresser. Le découragement m'a pris. J'ai continué à vivre sans savoir comment je vivrais... Je me suis jeté dans le gouffre en fermant les yeux...

— Te verrai-je avant que tu partes?

— Tu le demandes!... Aujourd'hui même je vais faire une visite au colonel que je connais, et demain je t'irai dire le résultat.

Je quittai Antonin, car il y avait déjà un quart d'heure que j'aurais dû être à mon bureau. J'avais prévu ce qui arrivait, je n'en avais pas moins l'âme navrée. Le lendemain, j'attendis Antonin. Il ne parut pas. Le surlendemain, même silence. Un mois se passa ainsi. Au bout d'un mois, je le vis entrer plus pâle, plus défait qu'à notre précédente entrevue.

— Tu m'en veux? fut son premier mot.

Puis il se jeta sur une chaise en ajoutant :

— Fais-moi déjeuner... je meurs littéralement de faim.

Je lui fis monter ce qu'il demandait.

— Cette fois, me dit-il, c'est bien fini.

— Que s'est-il passé de nouveau?

— Quand je suis rentré chez Hermine, l'autre jour, je

lui ai dit la vérité, ainsi que je te l'avais promis... Elle m'a prié de n'aller voir mon colonel que le lendemain matin, et, pendant que j'étais sorti de nouveau, elle a fait venir un marchand de meubles et lui a vendu son petit mobilier. Quand je suis revenu rue Pigale, je n'ai plus trouvé qu'une lettre d'elle, qui me disait d'aller la rejoindre à l'hôtel de... rue de... J'y courus. Elle se jeta dans mes bras, et me raconta ce qu'elle venait de faire, en me priant de ne pas la gronder.

— C'est toujours quinze jours de gagnés, me dit-elle... J'ai vendu le tout cent vingt francs... j'ai payé ce que je devais dans le quartier... j'ai payé une quinzaine d'avance... il nous reste cinquante francs... Va revoir tes amis pendant ces quinze jours, et tâche de ne pas partir.

Que pouvais-je répondre? J'embrassai la pauvre enfant, et j'acceptai le sacrifice. Je passai encore quinze jours avec elle... je ne trouvai pas plus de places qu'auparavant...

Il y a dix jours que je ne l'ai vue, car je savais qu'elle n'avait plus d'argent... je n'en avais pas, et je n'ai pas eu le courage de retourner dans cet hôtel... Pour avoir une chambre à bon marché, elle l'a prise dans une maison modeste, tout ce qu'il y a de plus modeste. J'y dois, elle y doit, je n'ose plus même passer dans la rue où est située cette maison. Comment j'ai vécu depuis quinze jours, je n'en sais rien... je ne suis pas habitué à la misère... Je m'habituerais bien à me voir malheureux, mais non à voir tout à fait malheureuse une femme que j'aimerais.

Son logement de la rue Pigale n'était pas splendide, mais au moins il était gai, et elle était chez elle. Dans cet affreux hôtel où elle est maintenant, dans cette chambre obscure et délabrée qu'elle habite, la misère vicieuse est écrite sur les murs... Vivre là-dedans avec une femme... c'est être en chemin d'accepter la plus honteuse position que puisse accepter un homme. Il est impossible, quand on demeure dans une pareille chambre, avec sa maîtresse, d'y rester honnête un mois. Bref, tout est fini maintenant. J'ai mon engagement dans ma poche... J'ai trois sous par lieue pour rejoindre mon régiment... Je te dois vingt-cinq francs que je ne puis te rendre, et je pars dans une heure. Cependant, il faut que tu me rendes un dernier service : fais-moi le plaisir d'aller voir Hermine, de lui dire ce qui se passe... que je ne la reverrai plus... que je n'ai rien à lui envoyer avant de partir...

Il reprit en baissant la voix :

La femme qui tient cet hôtel a l'air de tout ce qu'on veut; il est à craindre que, depuis quinze jours, ne me voyant plus revenir, elle ait offert à Hermine tous les moyens imaginables de payer ce qu'elle lui doit. La misère et la faim sont de dures conseillères... J'aime mieux partir avec le doute... Dis-lui dans quel état je pars, et qu'elle me pardonne ma disparition... Je serais devenu fou... ou je me serais tué... A quelle heure iras-tu chez Hermine ?

— A quatre heures.

— Bien! embrasse-moi, et au revoir peut-être.

— Veux-tu un peu d'argent? dis-je tout bas à Antonin en l'embrassant.

— Merci, voilà assez d'emprunts comme cela.

Nous nous embrassâmes une dernière fois, et il partit.

A quatre heures, je me rendis à l'hôtel que m'avait indiqué notre ami. Il ne m'avait pas trompé. Cette maison avait l'air de tout, excepté d'une maison honnête. Elle n'avait qu'un rez-de-chaussée, un premier étage et des mansardes. Elle portait de front neuf fenêtres dont les jalousies étaient baissées; ce qui ne contribuait pas peu à lui conserver sa repoussante physionomie. Une porte bâtarde, ouverte et précédée de deux marches boueuses, servait d'entrée à une allée obscure au fond de laquelle se dessinait à la clarté d'une fenêtre une rampe d'escalier. Le numéro même de cette maison était compromettant.

J'hésitais à entrer.

Je regardai si personne ne venait, et je franchis le seuil de cette espèce de bouge. Je trouvai à droite, en entrant, une porte vitrée, et je vis dans une chambre, qui devait être la plus somptueuse de l'hôtel, car les meubles étaient couverts de drap rouge, je vis une grosse femme de quarante-cinq ans environ, qui conservait encore les traces d'une beauté commune, qui ne portait pas de corset, si bien que le corsage de sa robe de soie usée allait rejoindre la naissance de son tablier.

Cette femme me dit d'une voix éraillée :

— Qui demandez-vous ?

— Mademoiselle Hermine.

La mégère me regarda de la tête aux pieds, et, après cette inspection, elle me répondit :

— Au premier, n° 12.

Je montai les vingt marches du petit escalier, en haut duquel je me trouvai face à face avec un de ces hommes que personne ne doit plus saluer depuis longtemps, et qui sortait d'un corridor à droite. Il avait son chapeau sur le coin de l'oreille, une pipe à la bouche, les mains dans les poches, un pantalon à carreaux, une redingote boutonnée jusqu'au col, une cravate rouge, le teint pâle, les joues creuses, la moustache en crochet et les dents gâtées. C'était le type du vice chez l'homme, comme la maîtresse de l'hôtel était le vice chez la femme.

Je cherchai le n° 12. Il était dans le corridor à gauche. S'il eût été dans le corridor d'où sortait ce sale personnage, je fusse redescendu sans faire la commission d'Antonin.

Je frappai à la porte d'Hermine. Une petite voix demanda :

— Qui est là?

— De la part de monsieur Antonin, répondis-je.

— Attendez un peu, reprit cette même voix.

J'attendis deux minutes environ. La porte s'ouvrit.

Laisse-moi te donner d'abord la description de la chambre où je me trouvais.

Elle pouvait avoir vingt-cinq pieds de circonférence et six pieds de haut; les murs portaient un papier gris qui avait été bleu, et une bordure jaune qui avait été rose. La chambre était carrelée... A droite, une couchette de bois peint dont les rideaux n'avaient pas dû être changés depuis deux mois; des rideaux en calicot orange, retenus au plafond par une couronne autrefois dorée, et qui semblait près de tomber... Entre les deux fenêtres... deux fenêtres basses qui n'en formaient pas une à elles deux... une table; sur la cheminée, deux chandeliers ornés de leurs chandelles, un verre, une carafe, une pelote - et des allumettes... A gauche, deux chaises de paille séparées par une malle haute, malle de femme, une glace de six pouces, dont un morceau manquait. Un portrait enluminé de la reine Christine dans un cadre de bois blanc complétait, avec un fourneau éteint, sur lequel dormait une casserole, l'appartement d'Hermine.

Une robe de soie à raies... celle sans doute que quatre mois auparavant Antonin avait achetée pour sa maîtresse, était jetée sur son lit; un chapeau de crêpe rose, ce fameux chapeau qui avait eu les honneurs de l'Opéra, était posé sur une chaise; des bottines recousues attendaient devant la table, sur laquelle, à côté d'une cuvette pleine d'eau et d'un pot ébréché, était préparé un corset.

Hermine était donc en train de s'habiller quand j'avais frappé. Elle avait jeté un mantelet sur ses épaules, car elle n'avait dessous que sa chemise et un jupon. Tout cela était bien triste à voir... Et cette misère si grande qu'elle n'avait pas le moyen d'être simple, et qu'elle s'affublait de haillons de soie, faisait d'autant plus de peine que celle qui en était la victime était une adorable créature.

En me voyant, elle croisa les mains sur son mantelet pour le retenir, et me dit de m'asseoir, en me regardant d'un air étonné et curieux à la fois. Je m'assis et la considérai quelques instants. Je le répète, elle était charmante... Ses cheveux châtains, qu'elle n'avait pas fini d'arranger quand j'avais frappé, étaient relevés sur sa tête, et, faiblement retenus par un peigne en buffle, révélaient leur abondante profusion en s'échappant à chaque minute...

Une peau blanche comme du lait, colorée par un sang jeune et pur; des yeux qui, ainsi que les cils et les sourcils, avaient la couleur et le chatoyant du velours noir; un nez légèrement retroussé; une petite bouche rose; des dents blanches et deux fossettes aux joues... Voilà le portrait physique de la tête d'Hermine.

Une réelle douceur... une grande facilité à la mélancolie, un air étonné, timide, naïf : voilà le reste.

— Vous venez de la part d'Antonin, monsieur? me dit-elle en s'asseyant.

— Oui, mademoiselle.

— Que lui est-il donc arrivé?

— Rien, rassurez-vous.

— Il n'est pas malade?

— Non.

— Alors, comment se fait-il que je ne l'aie pas vu depuis quinze jours?

— C'est de cela qu'il m'a prié de venir l'excuser auprès de vous.

A son tour, elle me regarda. Une supposition, que je devinai, traversa son esprit, car elle me dit :

— C'est après quinze jours de silence qu'il vous envoie?

— Vous vous méprenez sur le but de ma visite, mademoiselle. Antonin est incapable de ce dont vous l'accusez, et, en fût-il capable, c'est un rôle que je n'accepterais pas.

— Eh bien! monsieur, reprit-elle, dites-moi ce qui l'a empêché de venir?

— Vous connaissez sa position, mademoiselle?

— Oui, monsieur, et je sais qu'il a fait pour moi plus qu'il ne pouvait faire...... Aussi, je lui en garderai une reconnaissance éternelle. Si, lorsqu'il m'a offert ce que j'ai accepté, j'avais su que cela dût un jour le gêner autant, j'aurais refusé ses offres; mais il ne m'avait rien dit de sa position.

— Je le sais. Aujourd'hui il ne lui reste rien... absolument rien, et, s'il le regrette, ce n'est qu'à cause de vous.

— Pourquoi n'est-il pas venu lui-même me dire cela?... C'est mal. Je ne lui demandais pas d'argent, je ne lui demandais que de venir... A quoi bon cet amour-propre?... Ne savais-je pas qu'il faudrait qu'un jour il me quittât... je l'aimais trop pour lui faire des reproches... mais il paraît qu'il ne m'aimait pas assez pour être franc avec moi.

— Vous vous trompez, mademoiselle... il craignait de ne pas avoir la force de partir après vous avoir revue, voilà pourquoi il est parti sans vous revoir.

— Il est parti!

— Ce matin.

— Il retourne chez son père?

— Il est soldat.

— Soldat! lui!

— Tôt ou tard, il eût dû en venir là.

— Pourquoi n'est-il pas venu me dire adieu? je ne l'aurais pas retenu... Il y a des choses que je comprends, monsieur.

En parlant ainsi, Hermine essuyait deux grosses larmes,

qu'elle avait longtemps contenues, mais qui débordaient enfin.

— Puisqu'il y a des choses que vous comprenez, mademoiselle, vous devez comprendre combien il eût été pénible pour Antonin de vous voir dans la... gêne...

— Oh ! dites la misère, monsieur.

— Enfin, dans l'embarras où vous êtes, sans pouvoir vous aider à en sortir. En outre, il y a une position qu'un honnête homme accepte difficilement. Il doit de l'argent ici... il ne pouvait le payer. Il ne voulait pas s'exposer à avouer cela à la maîtresse de cette maison, qui ne me paraît pas femme à laisser passer sans leur rien dire les gens qui lui doivent de l'argent.

— Ce n'était pas lui qui devait, c'était moi... S'il était venu, on ne lui aurait rien dit.

— Ce n'était pas à lui à faire ce raisonnement.

— Enfin, il est parti?

— Je vous le répète.

— Bien sûr?

— Je vous en donne ma parole.

— S'il ne voulait venir ici, il n'avait qu'à m'écrire un mot et à me donner un rendez-vous... J'y fusse allée, et au moins je l'eusse vu une dernière fois.

Nous gardâmes le silence pendant quelques instants. La pauvre affligée regardait le coin de son mouchoir et pleurait silencieusement.

Je jetai de nouveau les yeux autour de moi, et, revoyant ces préparatifs de toilette, je dis à Hermine :

— Vous allez sortir, mademoiselle?

— Oui, monsieur.

— Je vais me retirer.

— Oh ! rien ne me presse ; j'ai le temps.

Elle prononça ces paroles avec une tristesse indéfinissable.

— Mademoiselle, lui dis-je alors sans essayer de cacher mon émotion, je tiens à vous dire que la visite que je vous fais est sans arrière-pensée. Vous êtes belle, et vous pourriez croire qu'elle cache un intérêt personnel, sous le prétexte du départ d'Antonin. Il n'en est rien.

— Je vous crois, monsieur.

— Je puis vous dire alors toute la sympathie que j'ai pour vous, et le désir que j'aurais de vous voir heureuse.

Hermine secoua la tête comme doutant, non de la sincérité de mon vœu, mais de la possibilité de sa réalisation.

Je repris :

— Voulez-vous être franche avec moi ?

Elle devina de quoi il allait être question, et rougit malgré elle, en faisant signe qu'elle était prête à me répondre.

— Depuis quinze jours que vous n'avez vu Antonin, dis-je alors en me rapprochant d'Hermine et en lui prenant affectueusement la main, comment avez-vous fait pour vivre, puisque vous n'aviez pas plus d'argent que lui ?

— C'est la maîtresse de la maison qui m'a nourrie.

— Vous ne l'avez pas payée ?

— Non, monsieur.

— Alors, vous lui devez de l'argent ?

— Oui.

— Beaucoup ?

— Beaucoup.

Je ne pus m'empêcher de sourire à cette réponse ; elle était démentie par tout ce qui nous entourait...; à moins qu'Hermine ne fût une comédienne bien habile, sa réponse prouvait de nouveau sa naïveté.

— Combien devez-vous ?

— Trente-cinq francs.

— Ce n'est pas grand'chose.

— C'est beaucoup quand on ne les a pas.

— Mais, mon enfant, continuai-je en la regardant attentivement pour m'assurer qu'elle ne me trompait point, comment se fait-il que cette femme continue à vous faire crédit, vous voyant sans argent ?

— Aussi, monsieur, m'a-t-elle signifié hier qu'elle ne continuerait pas; elle est montée ici, elle a ouvert ma malle, et voyant que je n'avais presque rien, elle m'a dit : « Il n'y a pas de quoi me payer ; demain, vous irez faire des dupes ailleurs. »

— Qu'avez-vous répondu ?

— Que répondre à cela ? elle était dans son droit... Je me suis mise à pleurer, en me demandant ce que j'allais devenir.

— Et elle ne vous a dit que cela ?

Hermine hésita.

— Voyons, parlez-moi à cœur ouvert : elle vous a dit encore quelque chose, j'en suis bien sûr.

Hermine me fit signe que j'avais deviné.

— Elle vous a fait quelque proposition ?

— Elle m'a demandé ce que j'allais faire ; je lui ai dit que je n'en savais rien. Alors, elle m'a dit que si je me trouvais bien chez elle, et que je voulusse y rester, il y avait un moyen d'arranger cela.

— Et ce moyen, c'était ?...

Hermine baissa les yeux sans affectation et reprit :

— Puisque vous le devinez, monsieur, pourquoi me le demandez-vous ?

— Je ne m'étais pas trompé sur le compte de cette femme ?

— Il n'y a rien à lui dire... Elle m'a donné à manger et à coucher...

Il y avait dans le ton dont ces paroles étaient dites une profonde résignation... Pauvre fille ! jeune, belle, et placée entre ces deux nécessités : la prostitution ou la faim !

— Vous comprenez à quelles douloureuses nécessités vous allez être réduite, mon enfant, continuai-je. Cette femme vous livrera au premier venu... Cette vie vous convient-elle ?

— Oh ! non. Seulement, la mort est bien triste, à mon âge.

— Soyez tranquille, je pourvoirai à tout.

— Que voulez-vous dire ?

— Je payerai à la maîtresse de cette maison ce que vous lui devez.

— Mais il faudra que je vive.

— Combien dépensez-vous par mois ici ?

— Soixante francs au moins.

— Et si vous aviez ces soixante francs ?

— Ah ! je serais bien heureuse !

— A quelle heure deviez-vous rendre réponse à cette femme ?

— A six heures. Je m'habillais...

— Oui, je comprends, répondis-je en interrompant Hermine au milieu de sa phrase, je comprends où vous alliez.

Je regardai ma montre, il était cinq heures moins un quart.

— Je vais chez moi, dis-je à Hermine, chercher de quoi payer ce que vous devez ; et, pour que la maîtresse de cette maison ne se venge pas du refus que vous allez lui faire, d'ici à deux ou trois jours je vous trouverai une chambre plus convenable, dans une maison plus honnête. J'écrirai cela à Antonin, cela lui fera plaisir.

— Que vous êtes bon, monsieur ! me dit Hermine en se levant... Comment vous remercierai-je jamais de ce que vous faites pour moi ?... Vous ne sauriez croire, continua-t-elle avec émotion, le bonheur que j'éprouve à ne plus dépendre de cette femme.

Je pris la main d'Hermine et je la portai à mes lèvres, puis je la quittai en lui disant :

— Dans un quart d'heure, je serai ici.

Quand je ne fus plus sous l'empire de l'émotion que je venais d'éprouver, je m'aperçus que je m'étais un peu avancé avec Hermine à l'endroit de l'argent que j'allais lui apporter. Il lui fallait au moins une soixantaine de francs, et je ne les avais pas. Nous étions à la fin du mois, et il me restait vingt francs à peine. La cause pour laquelle il me fallait cette somme était si honorable, que je n'avais pas douté, en la lui promettant, que j'allais la trouver tout de suite; mais, une fois dehors, je me demandai chez qui je pourrais la prendre. Comme les meilleures résolutions peuvent être embarrassées par les moindres obstacles! Je me figurai tout à coup que je ne trouverais pas ces soixante francs, et qu'après avoir donné une joie à cette pauvre fille, je serais forcé de la laisser retomber plus profondément dans son désespoir.

Je courus chez ma mère. Tu sais qu'elle n'est guère plus riche que moi. Elle a une petite rente de trois mille francs, et je ne lui emprunte d'argent qu'à la dernière extrémité. Elle a bien de la peine à atteindre chaque mois l'époque de sa rentrée, et je tremblais ou qu'elle n'eût pas même ce que je venais lui demander, ou de la gêner en le lui prenant.

Elle n'était pas chez elle; elle dînait en ville. Je me rendis chez deux amis, dont l'un demeurait près de la Madeleine, et l'autre près de la porte Saint-Martin. Ils n'étaient chez eux ni l'un ni l'autre. Le temps se passait. Je tremblais qu'Hermine ne crût à une mystification. Je ne savais où donner de la tête, quand je me souvins que j'avais ma montre. C'était la première fois que la nécessité du Mont-de-Piété se présentait devant moi... Je l'acceptai avec reconnaissance.

J'allai prendre chez moi une quittance de loyer pour prouver mon domicile et mon identité, et, non sans une certaine émotion, j'entrai dans un bureau de la rue de la Pépinière. On me donna juste soixante francs. Je volai chez Hermine. Il était près de sept heures. — Si elle allait s'être défiée de moi, pensai-je! S'il était déjà trop tard!

En arrivant devant la maison, je vis de la lumière à travers les feuilles de la persienne d'Hermine. Il n'était pas trop tard : je respirai. J'aurais été bien malheureux si elle n'eût plus été là, et que j'eusse fait pour rien le sacrifice que je venais de faire, car c'était un véritable sacrifice que j'avais fait en engageant cette montre, qui venait de mon père.

— Où allez-vous? me cria la grosse femme en me voyant passer.

— Chez mademoiselle Hermine.

— Elle y est, me répondit-elle du ton dont elle eût dit : Que le diable vous emporte!

Je trouvai Hermine habillée et lisant à la lueur d'une chandelle. Un moment j'eus l'idée que peut-être elle me trompait. En effet, pourquoi, ne devant pas sortir, était-elle habillée? Il y avait une raison bien simple à donner à cela : c'est que, n'ayant qu'une robe pour sortir et pour rester chez elle, elle était bien forcée, pour rester chez elle, d'avoir le même costume que pour sortir.

Je regardai Hermine. Elle avait mis dans sa toilette autant de coquetterie que possible, et je compris le chagrin qu'Antonin avait dû avoir à se séparer d'elle. Elle me tendit son front en souriant.

— Vous ne m'attendiez plus? lui dis-je.

— Vous voyez bien que si, me dit-elle en me montrant son livre.

— Que lisez-vous là?

— *Georgette*, de Paul de Kock.

— Cela vous amuse?

— Oui, me dit-elle naïvement, cela me fait pleurer.

— J'ai été retenu par ma mère, lui dis-je aussitôt, tant j'avais hâte de donner une excuse à mon retard.

— Vous avez encore votre mère?

— Oui.

— Elle vous aime bien?

— Elle m'aime beaucoup.

— Et vous?

— Moi, je l'adore.

— C'est bien, cela. Elle voulait peut-être vous garder; il fallait rester avec elle. Vous seriez venu demain.

— Qu'auriez-vous dit, si vous ne m'aviez pas vu revenir?

— Rien. J'aurais bien pensé que quelque chose vous retenait. Oh! laissez-moi donc vous conter, me dit-elle avec une intonation d'enfant. Quand vous avez été parti, je suis descendue chez Madame, et je lui ai dit: — Madame, je viens vous prévenir de ne pas compter sur moi.

— Pourquoi? m'a-t-elle demandé d'un air irrité.

— Parce qu'on me l'a défendu.

— Mais ce n'est pas tout, a-t-elle repris, il faut payer ce que vous devez.

— Dans une heure vous serez payée.

— Et vous avez bien fait, repris-je à mon tour; car je vous apporte ce qu'il vous faut.

— Je crois bien que Madame vous prend pour un amoureux, me dit Hermine; mais cela ne peut pas vous compromettre, elle ne sait pas votre nom, ni moi non plus du reste. Tout cela était dit avec un charmant accent de jeunesse et de vérité. Je regardai autour de moi. Rien n'annonçait que la pauvre enfant eût dîné.

— Vous n'avez pas dîné? lui dis-je.

— Pas encore; je ne voulais rien demander à Madame avant de l'avoir payée; elle aurait été trop contente de me refuser.

— Ainsi, si je n'étais pas revenu ce soir?

— Dame! je n'aurais pas dîné. Oh! je suis un peu habituée à cela.

— Vous devez avoir faim?

Elle me fit signe que oui.

— J'ai partagé ma bourse avec vous, lui dis-je. Et je déposai trois louis sur la table.

— Que vous êtes bon, monsieur, et que ce que vous faites est bien!

Elle paraissait avoir accepté avec plaisir le rôle d'ami que je lui avais dit vouloir tenir auprès d'elle.

— Je vais la payer tout de suite, me dit-elle, et dire qu'on me monte à dîner. Autrefois, je mangeais avec elle; mais maintenant je ne veux plus. Elle ouvrit la porte, et je l'entendis descendre. Je restai quelques instants seul. J'étais content de moi.

— Elle a été joliment étonnée, me dit Hermine en rentrant et en fermant la porte; elle est furieuse. Cela l'humilie que je la paye.

— Elle va vous faire monter votre dîner, cependant?

— Oui. Elle m'a dit d'un ton aigre : Cela doit vous faire plaisir de voir de l'or. Il y a longtemps que vous n'en avez eu. En avez-vous beaucoup comme cela?

— Je n'en ai pas beaucoup, lui ai-je répondu, mais j'en ai assez.

Quelle étrange chose que la femme! et comme avec peu on l'écarterait facilement du mal! Voilà une fille que trois pièces d'or ont probablement empêchée de commettre ce qui, dans les théories humaines, est regardé comme la plus grande faute que puisse commettre une femme, et qui, grâce au secours que je lui ai apporté, a l'âme accessible aux meilleurs sentiments.

Je me faisais ces réflexions en regardant Hermine préparer, le sourire sur les lèvres, tout ce qu'il allait lui falloir pour dîner. Cette chambre, si triste le matin, rayonnait maintenant par la joie de cette pauvre fille. J'assistai à son simple repas, que lui monta une espèce de bonne, puis je l'embrassai sur le front et je la quittai.

Comme je descendais l'escalier, je l'entendis retirer la clef de sa porte, et au moment où j'arrivai dans la rue, je la vis fermer sa persienne et me dire adieu de la main.

Je dormis bien. Il serait trop long de te dire combien de pensées me vinrent à l'esprit avant que je m'endormisse. Sache seulement qu'Hermine était devenue mon unique préoccupation; que je me promettais d'avoir soin, non-seulement de sa vie matérielle, mais encore de sa vie morale; que je prenais vis-à-vis de moi-même l'engagement de faire son éducation, de la remettre tout à fait dans la route du bien, et, quand elle se serait épurée à cette nouvelle existence, quand les instincts de l'ordre et des sentiments nécessaires du bonheur des femmes se seraient développés en elle, de la marier à quelque brave garçon, à quelque bon ouvrier. Tu vois que je poussais le rêve jusqu'aux dernières limites, et que, m'enhardissant dans ma position de protecteur désintéressé, je me donnais une mission à peu près impossible à remplir quand on a mon âge. D'ailleurs, qui eût cru à cette protection désintéressée? Quel honnête homme eût reçu de mes mains, des mains d'un garçon de vingt-cinq ans, une jeune fille, et eût consenti à en faire sa femme? La première pensée qui lui fût venue eût été que cette fille avait été ma maîtresse, et que je n'avais trouvé que ce moyen de m'en débarrasser. Il m'eût répondu en me cassant les reins, pour m'apprendre à lui faire une si impertinente proposition. Mais ce soir-là, je ne réfléchissais pas ainsi, et le besoin du bien m'était tellement entré dans l'âme, que j'étais convaincu que personne n'en pourrait douter. Moi aussi, j'eusse cassé les reins à celui qui eût élevé le moindre doute sur la pureté de mes intentions.

Le lendemain matin, avant d'aller à mon bureau, je ne pus résister au désir de faire une surprise à Hermine, et, comme je savais que depuis quelque temps la pauvre enfant n'avait eu qu'à souffrir, je me rendis chez un marchand de vins, fournisseur de ma mère. Je pris chez lui, à crédit, quelques bouteilles de vin de Bordeaux, et je les envoyai à ma protégée, en lui écrivant de ne boire que de ce vin, et que, quand elle n'en aurait plus, je lui en enverrais d'autre. A quatre heures, j'allai la voir ; elle me remercia avec effusion, mais elle ajouta qu'elle me défendait de faire de pareilles folies pour elle; que, si je les renouvelais, elle ne les accepterait plus.

Quelques jours après, je touchais mes appointements; je ne songeai même pas à retirer ma montre du Mont-de-Piété ; j'avais douze mois pour cela, et, d'ailleurs, je pouvais bien aisément m'en passer. Je donnai à Hermine l'argent que je m'étais promis d'appliquer à ce dégagement ; je payai le marchand de vin ; je fis cadeau à la chère enfant de quelques colifichets, cols, manchettes, bottines, et je me dis qu'avec les cent francs qui me restaient et de l'économie, je pourrais attendre la fin du mois.

Pendant huit ou dix jours, ma nouvelle vie fut pour moi pleine d'intérêt. J'allais à mon bureau; je venais voir Hermine; je l'embrassais comme une sœur, et je rentrais me coucher comme un saint...

Un jour, j'étais resté à causer avec elle, en attendant qu'on lui montât son dîner, et elle me faisait voir un petit peignoir rose qu'elle avait acheté avec une partie de l'argent que je lui avais donné et qu'elle s'était fait elle même. Je lui fis observer que ce peignoir était peut-être un peu court... Il me semblait ainsi, et, sur mon observation, Hermine posa la main sur ses genoux pour empêcher le peignoir de se baisser, et se pencha en avant pour voir si, en effet, la jupe était trop courte... et dans ce mouvement, malgré sa précaution, le vêtement flottant s'entr'ouvrit un peu à la poitrine.

Hermine se releva, et sans se douter que j'eusse surpris un secret de sa beauté, elle me dit, en rétablissant les plis de son peignoir :

— En effet, il est court... je l'allongerai un peu.

Sans lui répondre un mot, je lui pris la main et l'attirai à moi. Elle suivit ma main ; alors je la pris par la taille et l'assis sur mes genoux.

— Oui, il faut le rallonger, lui dis-je pour dire quelque chose, avec un tremblement involontaire dans la voix.

L'amitié que j'avais montrée à Hermine me donnait le droit de la prendre ainsi sur mes genoux, et cependant, comme c'était la première fois que cela m'arrivait, elle ne put s'empêcher de me regarder avec un peu d'étonnement. Certes, je n'avais aucun désir pour Hermine, et si une voix m'eût dit, en ce moment, que je voulais prendre auprès d'elle la place d'Antonin, j'eusse rougi de moi-même, et cependant je sentais instinctivement que je n'étais pas tout à fait ce que j'avais promis d'être, et que ce peignoir rose et frais, ces cheveux bien lissés, ce col blanc, ce bout d'épaule que j'avais entrevu, commençaient à mêler un peu les sens à l'affection tout immatérielle que j'avais vouée à la belle enfant. Je ne savais plus que lui dire. Souvent nous avions parlé d'Antonin, depuis que je connaissais Hermine. Instinctivement, je prononçai son nom. Le souvenir de mon ami me parut la transition la plus facile de la conversation banale que nous avions quelques instants auparavant à celle que je voulais avoir, car j'avais comme un besoin de parler d'amour à cette fille, fût-ce même de l'amour d'un autre.

— J'ai reçu une lettre d'Antonin, lui dis-je; ce qui était faux.

— Vous parle-t-il de moi?
— Beaucoup.
— Où est-il?
— Il est à....

Je nommai une ville quelconque.

— Pauvre garçon! murmura Hermine. Et elle devint pensive.

— Il vous aimait bien?
— Moi aussi, je l'aimais; seulement j'avais pour lui plus de reconnaissance que d'amour.

— Mais vous avez sans doute eu de l'amour pour quelqu'un dans votre vie?

— Pour personne.
— Vous n'avez jamais aimé?
— Jamais. Ainsi le départ d'Antonin me fait beaucoup de peine. Je ferais tout au monde pour qu'il revînt... Mais je ne le regrette pas du tout comme il me semble que l'on doit regretter un amant. Vous n'êtes pas mon amant, vous, eh bien, je vous aime comme j'aimais Antonin.

— Malgré moi, je pressai sa taille; elle se méprit à ce mouvement.

Je suis lourde, me dit-elle en souriant, je vous fatigue. Et avant que j'eusse pu la retenir, elle avait sauté à terre, avait pris une chaise et s'était assise. Je me levai sans trouver un mot à dire... Je n'étais plus le maître de ma pensée... Je pris mon chapeau.

— Vous vous en allez? me dit Hermine.
— Oui.
— Déjà?

— J'ai des visites à faire.
— Quand vous verrai-je ?
— Demain, sans doute.
— A demain donc.
— Embrassez-moi.

Elle me tendit son front. Je l'embrassai comme j'avais l'habitude de le faire. Au même moment, on lui apportait son dîner.

— Arrivez donc, dit-elle à la bonne, je meurs de faim.

Elle n'avait rien deviné de ce qui se passait en moi. Ces impressions nouvelles m'avaient rendu triste, préoccupé, maussade... Ce que je désirais, je n'en savais rien encore. A coup sûr, je voyais mes bonnes résolutions s'effacer, et cela, parce que mon regard avait plongé à travers l'ouverture d'une robe, et parce qu'Hermine m'avait dit n'avoir jamais aimé.

Quel honteux mélange de toutes choses que le cœur de l'homme !

Je crus que ces pensées indistinctes et sans but encore disparaîtraient dans le sommeil, et je tentai de m'endormir. Je ne dormis pas... L'image d'Hermine passait incessamment devant mes yeux. D'où venait l'émotion où j'étais ?... pourquoi lutter contre mes impressions ?... Ne pouvais-je pas, moi aussi, si j'aimais Hermine, l'aimer à mon aise ? Pourquoi ne pouvais-je pas me résoudre à lui avouer mon amour ? Mais pouvais-je appeler cela de l'amour, et après tout ce que je lui avais dit, devenir son amant, n'était-ce pas commettre une action déloyale ?

Je finis par m'endormir en me promettant de ne pas revoir Hermine le lendemain, afin de laisser à cette impression ridicule le temps de s'effacer... Je me réveillai en me demandant si j'attendrais le soir pour aller chez elle, ou si je m'y rendrais tout de suite. J'eus le courage d'aller à mon bureau avant de la voir ; mais cette résolution ne changea pas mon humeur, au contraire, elle l'aigrit davantage... Cela se comprend : plus je réfléchissais, plus je me trouvais dans mon tort.

Cependant je n'allai que le soir chez Hermine ; peut-être y avait-il une vague espérance dans cette visite tardive. En me voyant entrer, elle quitta sa broderie et vint au-devant de moi, me tendant sa joue, avec sa même insouciance et sa désolante naïveté.

Quel étonnant problème que la femme! fille perdue hier, vierge pure aujourd'hui!

Je m'assis... Hermine essaya d'entamer une conversation. Je ne répondais à ses questions que par des monosyllabes secs comme des impertinences.

— Qu'avez-vous donc? me dit-elle, car mon air maussade ne lui échappait pas.

— Je n'ai rien, lui répondis-je d'un ton froid.

— Vous vous ennuyez ici?

— Non, mais je vous ennuie peut-être.

Hermine me regarda.

— Ah ça! êtes-vous fou?

— Aucunement.

— Alors, pourquoi me dites-vous des choses comme celles que vous venez de me dire?

Comprends-tu que j'étais en train de chercher querelle à Hermine, et que, comme elle ne m'était déjà plus indifférente, mon cœur ne pouvait plus rester oisif auprès d'elle?... Je n'osais, je ne voulais pas dire à cette fille ce que je ressentais, et j'étais furieux qu'elle ne le devinât pas... Aussi, souffrant par elle, j'avais un vague besoin qu'elle souffrît par moi.

— Voyons, qu'avez-vous? reprit-elle.

— Je n'ai rien, je vous le répète.

— Eh bien! embrassez-moi, alors.

Je l'embrassai en tenant sa main; sa main ne serra pas la mienne.

Elle continua :

— Vous verrai-je demain?

— Sans doute.

— A quelle heure?

— Pourquoi me demandez-vous cela?

— Parce que j'ai à sortir, et que je ne voudrais pas être sortie quand vous viendrez.

— Vous avez donc quelqu'un à aller voir? lui dis-je d'un ton qui ne laissait aucun doute sur la signification que je donnais à cette phrase; et, comme si ce n'eût pas été assez, j'ajoutai du même ton :

— Peut-être la personne qui vous attendait l'autre soir?

— Déjà! me dit Hermine avec les larmes aux yeux, déjà des impertinences... huit jours après le service rendu... Vous le regrettez donc bien?

Je compris à ce mot la lâcheté de ma conduite; je fus honteux de ce que j'avais dit, et, ne pouvant lui expliquer le sentiment bâtard auquel j'avais obéi en lui parlant de la sorte, j'allai à elle et lui dis d'une voix douce :

— Pardonnez-moi, j'ai souvent de ces moments où, sans savoir pourquoi, je blesse ceux qui m'entourent.

— C'est que je n'y suis pas encore habituée, fit-elle en essuyant ses yeux... mais maintenant que je suis prévenue, cela ne me fera plus rien.

Elle acheva sa phrase dans un sourire.

— Soyez tranquille, lui dis-je, cela ne se renouvellera pas. Et pour être plus sûr de ne pas manquer à cette nouvelle promesse, je m'apprêtai à m'en aller.

— Avez-vous des livres? me dit-elle.

— Pourquoi?

— Parce que je m'ennuie un peu le soir, toute seule ici... J'aime beaucoup à lire... Si vous avez des livres, envoyez-m'en, ou, ce qui serait bien plus gentil à vous, envoyez-moi votre linge, je m'occuperai à le raccommoder et à le mettre en état. Vous ne voulez pas ? Pourquoi ? Je serais si contente de faire quelque chose pour vous, qui faites tant pour moi ! J'ai honte de ne vous être bonne à rien.

Redire la grâce qu'il y avait dans tout cela serait impossible. J'embrassai Hermine et je partis.

Quand je fus dans la rue, je me demandai ce que j'allais y faire. Quelque chose de moi restait décidément dans cette chambre que je venais de quitter.

Je fis quelques pas au hasard ; mais bientôt je me retournai, pensant qu'Hermine se mettrait à la fenêtre pour me voir... J'oubliais qu'il n'y a qu'une maîtresse qui fasse cela.

La fenêtre resta close.

— Elle ne m'aime pas... pensai-je.

Mais je fis aussitôt cette réflexion :

— Après tout, pourquoi m'aimerait-elle ?... Me suis-je présenté en homme qui veut être aimé, et n'ai-je pas tout fait, au contraire, pour répudier ce rôle ?... D'ailleurs je ne l'aime pas, moi... Et, pour me confirmer dans cette opinion, je marchai plus vite, comme si ma marche avait eu un but. Au bout de cinq minutes, je trouvai un prétexte pour repasser dans la rue d'Hermine, sans savoir davantage où je voulais aller... Je me dis que je m'étais trompé de route, et je revins sur mes pas.

Je me sentais bête, c'est le vrai mot, vis-à-vis de moi-même. C'était cela qui m'irritait, et j'allais chercher à cette irritation des causes qui n'en étaient pas. Je faisais tout ce que je pouvais pour me donner le droit de m'en prendre à cette pauvre Hermine, qui ne soupçonnait certainement rien de mes sottes impressions.

— Je suis un fou, me disais-je. Je fais du désintéressement avec une femme qui ne le mérite pas... Elle doit bien rire de moi, maintenant qu'elle est seule... Elle doit trouver parfaitement niais le jeune homme qui lui apporte de l'argent et qui ne lui demande rien en échange... Quand je dis : elle en rit seule... qui sait si tout à l'heure elle ne va pas en rire avec un autre?... Qui me dit que quelqu'un ne guettait pas mon départ pour entrer? Qui me dit qu'elle n'a pas un amant dans la maison même?... Je le mériterais pardieu bien!

Que le caractère de l'homme est peu généreux !... J'avais honte de moi, certes; mais ce que je subissais était indépendant de ma volonté.

Je ne sais pas positivement si j'étais amoureux, mais, en tout cas, j'étais jaloux. Croirais-tu que je me promenai plus de deux heures dans la rue d'Hermine, et sans perdre ses fenêtres de vue. Vingt fois je fus sur le point de monter chez elle. Allais-je reprendre auprès d'elle le rôle qu'Antonin y avait joué?... Quel charme avait donc cette fille?

Et tout cela parce que son peignoir s'était entr'ouvert.

Cependant il fallait en finir ; je rentrai chez moi et je me couchai... Comme j'étais loin d'avoir envie de dormir, je pris un livre... je n'en lus pas une page... et cependant il resta ouvert sous mes yeux jusqu'au matin. Je pensais... à quoi?... je serais bien embarrassé de le dire. Enfin je m'endormis.

Quand je me réveillai, comme la veille, je ne me rappelai pas tout de suite les détails de la journée précédente... Ils me revinrent néanmoins, et je me dis que si j'apprenais qu'un autre homme que moi eût fait ce que j'avais fait, c'est-à-dire se fût cru autorisé à des suppositions, à des impertinences vis-à-vis d'une femme pour douze pièces de cinq francs qu'il lui aurait prêtées, je penserais que cet homme serait un bien petit esprit ou un bien grand avare. Je me promis donc d'aller voir Hermine en sortant de mon bureau, et de racheter mes sottises en me renfermant dans la ligne de conduite dont je n'aurais jamais dû sortir. A quatre heures, je me rendis chez elle. Je m'arrêtais devant les magasins de nouveautés et de bijoux, et je lui achetais, en pensée seulement, tout ce qu'il me semblait qu'il lui serait agréable d'avoir. Malheureusement, je n'avais pas assez d'argent pour effectuer ces achats; mais malgré moi je pensais à l'époque où j'allais toucher mes appointements, et je cherchais à l'avance de quelle somme je pourrais disposer en faveur d'Hermine.

Un des premiers besoins des amoureux, c'est de donner. Ainsi je faisais déjà tout ce que j'avais blâmé quand c'était Antonin qui le faisait.

Je trouvai Hermine lisant un livre que je lui avais envoyé. Elle avait rangé la chambre avec autant de coquetterie que cela se pouvait. Elle se leva en me voyant entrer, me tendit la main et me présenta son front. C'était désespérant d'amitié.

Il faisait un beau soleil de mai. Je demandai à Hermine si elle voulait venir dîner avec moi.

— Voilà que vous allez faire des dépenses inutiles, me dit-elle. Dînez où vous dînez tous les jours, moi je dînerai ici... A quoi bon jeter de l'argent à de pareilles choses... Si vous saviez ce que l'argent peut coûter... vous ne le gaspilleriez pas ainsi.

On eût dit qu'elle lisait dans ma bourse.

— En tout cas, lui dis-je, je passerai la soirée avec vous, si vous le permettez.

— Je ne vous invite pas à dîner, moi, reprit-elle, car je craindrais que vous ne fissiez un trop mauvais repas.

— Vous ne faites pas attention, lui dis-je en souriant, que me parler ainsi, c'est me faire un reproche.

— Je n'ai pas de bonheur dans ce que je dis, fit-elle en

rougissant; je voulais dire que ce qui me suffit à moi, femme, vivant seule, ne vous suffit pas, à vous... pardonnez-moi...

Elle était charmante dans le soin qu'elle mettait à réparer sa réponse.

— Ainsi, vous voudrez bien me donner votre soirée? ajouta-t-elle.

— Oui.

— Que vous êtes aimable! Je m'ennuie un peu à vivre ainsi toute seule, comme je vous le disais hier; mais si vous voulez bien de temps en temps me tenir compagnie, le temps me paraîtra moins long.

A propos, j'oubliais de vous raconter ce qui s'est passé aujourd'hui... Madame a monté ici... elle m'a donné des conseils... croyant que vous êtes mon amant; elle m'a prédit que vous me quitteriez bientôt, et que je n'avais reculé que pour mieux sauter. Enfin, je voyais qu'elle était furieuse... je l'ai laissée dire, et me suis contentée de lui répondre que j'étais prête à tout ce qui pouvait m'arriver... J'ai bien fait, n'est-ce pas?

— Certes! vous êtes un ange.

— Voyant que tous les discours ne la menaient à rien, elle est redescendue, et je n'ai plus entendu parler d'elle.

— Bientôt je vous ferai quitter cette maison, chère enfant, et vous serez débarrassée de cette femme.

— Nous avons le temps. Avec ce que vous avez payé, j'ai le droit de rester ici jusqu'à la fin du mois, et je ne sais pas pourquoi je n'en profiterais pas. Tout ce qu'elle peut dire et rien, maintenant, c'est exactement la même chose.

J'écoutais, et plus j'écoutais, plus j'étais séduit. J'allai dîner avec ma mère, et je revins passer toute la soirée avec Hermine. Nous jouâmes aux cartes; nous causâmes.

— Avez-vous une maîtresse? me dit elle tout à coup.

— Pourquoi me demandez-vous cela?

— Pour une raison bien simple, et depuis deux jours je voulais vous faire cette question; c'est que si vous en aviez une, je ne sais pas trop comment elle s'arrangerait des visites que vous me faites; je ne voudrais pas lui faire de peine, à cette pauvre femme... Il faudrait venir moins souvent si elle est jalouse.

— Est-ce que je vous dérange?

— Bon! voilà que vous prenez encore en mauvaise part ce que je vous dis... Quel mauvais caractère vous avez!... N'en parlons plus.

— Rassurez-vous, je n'ai pas de maîtresse.

— Que c'est drôle, à votre âge! Pourquoi n'en avez-vous pas?

— Je me suis brouillé avec celle que j'avais.

— Elle vous avait trompé?

— Justement.

— Vous qui êtes si bon! Après tout, il fallait lui pardonner. Elle vous aimait peut-être malgré cela. Les hommes ne comprennent pas qu'une femme trompe son amant et ne l'en aime que davantage après. C'est pourtant vrai, allez!

— Alors pourquoi le trompe-t-elle?

— Elle le dirait peut-être si elle le savait... Il faut avoir une maîtresse, continua Hermine en souriant; vous finiriez par vous ennuyer de ce veuvage.

J'eus l'idée qu'elle avait compris ce qui me préoccupait depuis deux jours, et qu'elle me faisait une avance. Ah! l'amour-propre est de tous les défauts de l'homme celui qui fait le mieux son service.

— Encore faudrait-il que je trouvasse une femme à mon goût.

— J'en connais une, dit-elle, une charmante.

— Ah! vraiment?

Cette fois, je fus convaincu que c'était d'elle qu'elle me parlait, et, lui prenant les mains, je lui dis :

— Une charmante ?

Hermine poursuivit en riant :

— Oui, je connais une jeune fille charmante, qui est libre, qui n'a, elle, ni souci, ni regret, ni arrière-pensée; car elle a eu la chance de prendre la vie par la gaieté et de s'y jeter les yeux fermés.

— Vous ressemble-t-elle ? repris-je avec l'espérance encore qu'Hermine me parlait d'elle-même.

— Oh ! pas le moins du monde. Je suis brune, et elle est blonde; mais elle est bien mieux que moi; elle a un joli nom : Berthe !... Voulez-vous la connaître ?

— Je vous remercie, je ne tiens pas à connaître mademoiselle Berthe.

— Ce que j'en faisais, reprit vivement Hermine, c'était pour vous, c'était pour elle. Vous l'auriez trouvée ici, et je suis sûre qu'elle vous aurait plu beaucoup. Vous ne le voulez pas, n'en parlons plus.

Je restai jusqu'à minuit avec Hermine, ne sachant en réalité si la proposition qu'elle m'avait faite était sérieuse, ou si ce n'était que coquetterie de sa part. Cependant la suite m'a prouvé qu'elle parlait franchement.

Quand je me trouvai seul, mes mauvaises pensées m'assaillirent de nouveau. N'est-il pas ridicule, en somme, me disais-je, n'ayant que deux cent cinquante malheureux francs par mois, de vouloir me faire le soutien de la vertu et l'apôtre du bien ?

Quelques jours avaient passé sur ma bonne action, et je commençais à l'envisager avec moins d'enthousiasme. Si peu que me coûtât la vertu d'Hermine, elle me coûtait toujours plus que je ne pouvais y mettre. Peut-être me serais-je amusé à poursuivre ce paradoxe d'entretenir une jolie fille sans être son amant, si j'avais eu la fortune nécessaire pour cela ; mais j'avais honte de ne pouvoir lui donner tout ce dont elle avait besoin, et, d'autre part, le peu que je pouvais faire me gênait.

Il n'y avait encore que peu de temps que je la connaissais, je n'avais encore dépensé que peu de chose pour elle, et j'étais déjà privé d'un bijou dont j'avais cru ne me séparer jamais. Ma montre pesait d'un grand poids dans le plateau de mes craintes. Je me détaillais en moi-même toutes les choses qu'il faudrait acheter à Hermine pour que je pusse lui donner le bras dans la rue sans trop rougir de sa misère, et je m'apercevais que c'étaient des dépenses au-dessus de mes pauvres moyens. J'entrevoyais une nécessité de bottines, de jupons, de collerettes, de bas, de manchettes, de robes, de chapeaux, de gants, et je me disais que si je voulais qu'elle eût tout cela, il faudrait que moi je me privasse de choses tout aussi nécessaires. Enfin, je le répète, ma générosité commençait à compter avec ma bourse, et j'en arrivais à me dire que j'étais un imbécile, que j'avais voulu écarter une fille d'une route où je serais forcé de la laisser retourner promptement ; qu'après tout je n'avais pas reçu mission de régénérer la société, et que je me mêlais de choses qui ne me regardaient pas. Pour tout dire enfin, je regrettais de m'être engagé vis-à-vis d'Hermine, et je ne trouvais à faire tous ces sacrifices qu'une raison, c'était de demander à Hermine un peu d'amour en échange.

C'est une confession que je te fais ; comme tu le vois, je ne te cache rien. C'est dans ces idées-là que je me rendis à mon bureau. J'étais mécontent de moi, et je me demandais comment j'allais sortir de l'impasse de probité où je m'étais fourvoyé ; et, dans ce triangle de vertu, d'amour et d'économie, tu dois comprendre ma position.

J'arrivai au ministère. J'avais pour camarade de bureau un garçon fort gai, spirituel par moments, lequel faisait des tiers de vaudevilles avec deux vaudevillistes connus, ce qui lui rapportait deux ou trois billets de mille francs par an. Il fredonnait toujours quelque chose, et nous passions presque toutes nos journées à causer et à rire, le travail des bureaux étant de ceux auxquels on peut se livrer sans que l'esprit y prenne part.

J'ai vu Anténor, — c'est le nom de mon camarade, — copier des lettres pour le ministre tout en faisant un couplet. Le couplet était son fort. Comme ce jour-là j'étais assez maussade, il n'eut pas de cesse que je lui eusse conté la cause de ma mauvaise humeur, ce que je fis sans lui dire ni le nom ni l'adresse d'Hermine.

Je renonce à te répéter toutes les plaisanteries qu'il fit sur moi pendant et après le récit, ce serait trop long. Il me compara à saint Vincent de Paul, à saint Antoine, fit une complainte en dix couplets sur ma générosité, et le résumé de tout cela fut que j'étais un sot.

Comme je ne me disais pas autre chose depuis le matin, l'opinion d'Anténor sur mon compte ne fit que confirmer la mienne.

— Enfin, si vous étiez à ma place, que feriez-vous? lui demandai-je.

— Ce que je ferais? pardieu! c'est bien simple : je serais l'amant de cette fille, si elle me plaisait; je lui payerais deux ou trois fois à dîner, je lui donnerais un peu d'argent, et je la tiendrais quitte du reste. Que diable voulez-vous, mon cher? dans notre position et à notre âge, on ne peut faire le rédempteur gratuit. En dépit de tout, cette fille-là ne sera jamais une rosière. Vous lui nuisez en retardant l'avenir qui lui revient de droit. Chaque jour qu'elle passe dans son obscurité est une chance de moins qu'elle a de se caser. Ah! si elle n'avait jamais eu d'amant, ce serait autre chose; mais elle en a eu, n'est-ce pas? Vous avez beau faire, vous n'êtes pas assez Didier pour « lui refaire une virginité. » Elle est jeune, elle est jolie, dites-vous ; profitez-en, puis laissez-lui faire sa fortune avec ses contemporains.

Anténor avait odieusement raison. Alors je ne me souvins plus que d'une chose : c'est qu'Hermine pouvait m'appartenir si je voulais, et que j'étais bien bon de garder pour d'autres un fruit que je pouvais prendre pour moi.

Après mon dîner, j'allai la voir, muni de résolutions toutes nouvelles. Elle me raconta qu'elle était sortie dans la journée pour aller dans une maison où elle comptait avoir du travail, afin de m'être une charge moins lourde ; elle ajouta qu'elle était allée voir cette demoiselle Berthe dont elle m'avait parlé la veille, et qu'elle avait eu l'envie de la ramener dîner avec elle, mais qu'elle avait craint de me contrarier.

Alors je lui dis, tout tremblant, et je vais te répéter la conversation telle qu'elle a eu lieu, car elle me frappa :

— Donnez-moi votre main.

— La voici, me dit-elle.

— Venez vous asseoir là.

Et en même temps je frappais mon genou.

Elle y vint en me regardant avec étonnement, sans doute parce que l'intonation que j'avais donnée à ma phrase lui faisait deviner ce que j'allais lui dire.

Les femmes ne se trompent pas à ces choses-là.

— Vous avez bien fait de ne pas amener mademoiselle Berthe, lui dis-je en prenant sa taille dans mes bras.

— Pourquoi ?

— Parce que je suis amoureux.

— Vous ?

— Moi.

— Tant mieux ! De qui ?

— De vous.

— De moi! vous voulez rire?

— Je parle sérieusement.

— Tant pis! répliqua-t-elle d'un air presque triste.

— Pourquoi tant pis?

— Parce que je ne suis pas la femme qu'il vous faut.

— Vous vous trompez : vous êtes charmante.

Elle secoua douloureusement la tête.

— Et depuis que je vous ai vue, — il faut que je vous le dise enfin, — je ne pense plus qu'à vous.

Et, après un silence, j'ajoutai tout frémissant et d'un accent véritablement passionné :

— Me comprenez-vous? Je vous aime.

— Oh! je vous comprends, répondit tristement Hermine.

Puis, croyant que je ne l'entendais pas, elle murmura avec un soupir :

— Comme les autres!

En ce moment, j'avais la volonté de ne comprendre aucun des mots qui eussent pu être un obstacle à ma passion; je fis donc comme si je n'avais pas entendu celui-là, dont le reproche amer et juste eût dû m'arrêter.

Hermine se leva.

— Où allez-vous? lui dis-je.

— Ne m'avez-vous pas dit que vous m'aimiez?

— Oui.

— Eh bien, je vais fermer la porte à clef.

Il était impossible de faire une réponse plus claire, ni de la faire d'une façon plus digne, plus haute et plus résignée. Cette fille devait bien me mépriser en ce moment: je le compris, — et cependant je ne partis pas.

Oh! l'amour! merveilleux flacon qui, fait d'argile ou d'or, contient toujours la même liqueur et enivre toujours avec les premières gouttes!

Le lendemain j'étais convaincu que j'étais fou d'Hermine. Aussi était-je radieux en arrivant à mon bureau.

— Quoi de nouveau? me dit Anténor.

— J'ai suivi votre conseil.

— Était-il bon?

— Certes, et je suis enchanté de l'avoir suivi.

— Ainsi, vous êtes amoureux?

— Parfaitement.

— Allons, tant mieux, tâchez que cela dure, c'est très-amusant d'être amoureux.

Et Anténor se mit à fredonner un de ses éternels couplets.

Quinze jours se passèrent ainsi, quinze jours pendant lesquels je ne démordis pas de ma conviction, et fis les projets et les rêves les plus dorés sur l'avenir de cette liaison nouvelle. Quant à Hermine, rien n'était changé en elle, si ce n'est qu'elle me disait de temps en temps qu'elle m'aimait, mais plutôt comme une femme qui se rappelle tout à coup qu'elle doit dire une chose convenue que comme une femme qui pense ce qu'elle dit. Elle avait accepté cette seconde position que je lui faisais, comme elle avait accepté la première que je lui avais faite, avec un peu moins de plaisir peut-être, ainsi que je pouvais le remarquer à son air quelquefois contraint, quand elle oubliait que j'étais là, et qu'elle se livrait librement à ses réflexions. La transformation avait été si rapide et si franche en elle, elle avait si naïvement accepté le rêve que ma première visite lui avait fait entrevoir, qu'elle m'en voulait sans doute d'avoir été le premier à briser ce rêve. Je le crois, malheureusement l'homme, quand il possède la femme qu'il aime ou croit aimer, n'admet pas de pareils raisonnements. Il exige dans sa maîtresse la même expansion qu'il a en lui, sinon il devient soupçonneux, irritable, jaloux. Je ne pouvais pas être jaloux d'Hermine. J'étais bien sûr qu'elle ne me trompait pas. Mais j'étais sûr, en même temps, de ne pas être aimé. Le sacrifice qu'elle me faisait, sacrifice qu'elle s'efforçait de me cacher, lui donnait à mes yeux cette supériorité que l'homme ne pardonne pas à la femme. J'eus ainsi la mesure de l'amour qu'elle avait eu pour Antonin, seulement j'étais convaincu qu'elle n'en avait même pas autant par moi.

Hermine était une fille qui eût aimé un jour avec bonheur, avec ardeur, avec religion, mais le moment n'était pas encore venu pour elle, et, pour qu'il arrivât, il eût fallu laisser son âme croître et se développer à son gré. Jusqu'alors elle n'avait accepté l'amour que comme une nécessité, sans le ressentir comme un besoin. C'était moi qui étais dans mon tort, et cependant, je le répète, la pauvre enfant faisait tous ses efforts pour me tromper sur ses véritables sentiments.

J'ai un défaut, défaut qui pour certaines gens est une vertu, c'est l'économie. J'ai des dettes et des créanciers la même peur que les enfants ont des voleurs et des revenants. C'est mon père qui m'a inspiré cette terreur dont, jusqu'à ce jour du reste, je n'ai eu qu'à me louer, car, grâce à elle, j'ai renfermé ma vie dans les limites où elle doit rester, et j'ai trouvé dans ce cercle étroit des jouissances que je n'eusse certes pas trouvées en dehors. Ce vice, cette vertu, comme tu voudras l'appeler, profita du doute, et je dirai même de l'humiliation où j'étais tombé par suite de mes réflexions sur Hermine, pour reparaître avec sa logique ordinaire.

De même que je m'étais dit quelque temps auparavant qu'il était ridicule de dépenser de l'argent pour une femme dont on n'était pas l'amant, de même je me dis alors qu'il était absurde de faire des sacrifices pour une femme dont on n'était pas aimé; car tu dois bien comprendre que depuis qu'elle était à moi, j'avais donné à Hermine une foule d'objets qui avaient quelque peu écorné mes appointements à venir. Le souvenir d'Antonin et de la position dans laquelle il était en partant me revint à la mémoire et m'épouvanta pour moi-même. Cette épouvante, que je me plus à exagérer, fit le reste, et, à compter de cet instant, je ne fus plus préoccupé que de quitter le plus honorablement possible Hermine, et de décliner la responsabilité de sa vie.

Hermine avait-elle deviné ce désir, je l'ignore; mais, ce que je sais, c'est que, de rêveuse qu'elle était, elle devint triste tout à coup, sans pouvoir parvenir à me cacher sa tristesse. Ce fut encore aux conseils d'Anténor que j'eus recours dans cette circonstance. Je fis part à mon camarade de bureau de ma situation de cœur, de bourse et d'esprit, ainsi que de l'intention où j'étais de revenir sur mes pas avant de m'être trop avancé, et je lui demandai ce qu'il fallait faire.

— Pardieu! me dit-il, il faut la quitter.

— Par quel moyen?

— Par un moyen bien simple. Dites-lui que vous partez, ou toute autre chose dans ce genre-là.

— Je n'ose pas le lui dire moi-même.

— Voulez-vous que je me charge de la commission?

— Cela vous serait-il désagréable?

— En aucune façon.

— J'accepte, alors.

Je fus frappé tout à coup de la ressemblance qu'il y avait entre la façon dont je quittais Hermine et celle dont Antonin l'avait quittée.

Un secret pressentiment me dit même que ce que je faisais porterait malheur à la pauvre fille; mais il était trop tard pour reculer.

Anténor ne me paraissait pas fâché d'être chargé de la

commission. On eût même dit qu'il attendait cela depuis quelque temps.

— Comment appelez-vous cette petite? me demanda-t-il avec indifférence.

— Hermine.

— Joli nom! et elle demeure?

Je lui donnai l'adresse qu'il me demandait.

— J'irai aujourd'hui même.

— Mais je ne puis l'abandonner ainsi sans lui laisser quelque chose.

— Donnez-lui une centaine de francs.

— Est-ce assez?

— Je le crois bien! D'ailleurs, elle est jolie, n'est-ce pas?

— Oui.

— Intelligente?

— Oui.

— On peut la faire entrer au théâtre.

— Me rendriez-vous ce service? m'écriai-je enchanté de l'idée qu'Hermine, par ce moyen, serait à l'abri du besoin.

— Oui. Elle ne gagnera pas grand'chose; mais puisqu'elle est économe, elle gagnera toujours de quoi vivre.

— Mon cher Anténor, vous me rendez là un véritable service, et je vous prie bien de croire à ma reconnaissance.

— Donnez-moi un bout de lettre pour Hermine, afin qu'elle voie bien que je viens de votre part, et soyez tranquille! J'arrangerai tout cela pour le mieux.

Je serrai la main d'Anténor, et je lui remis une lettre pour Hermine, lettre dont je n'ai pas besoin de préciser les termes. Tu sais bien comment sont faites ces sortes d'épîtres.

Nous quittâmes le ministère. Le lendemain, le premier mot que je lui dis, quand j'entrai au bureau, fut :

— Eh bien! qu'a-t-elle dit?

— Rien, fit Anténor.
— Elle n'a fait aucune réflexion?
— Aucune. Elle m'a chargé de vous remercier.
— Voilà tout?
— Voilà tout.
— Et vous?
— Moi, je lui ai promis d'aller la voir quelquefois pour lui apprendre un rôle. Je vais parler d'elle aujourd'hui à un directeur de mes amis.
— Et cette idée de théâtre a-t-elle paru lui sourire?
— Assez.
— Et elle n'a pas dit un mot de moi?
— Pas un.
— Ni larmes, ni reproches?
— Rien, je vous le répète.

Cette facile résignation d'Hermine était humiliante, — et j'étais humilié.

Anténor parut traiter cette aventure avec légèreté, comme pour me faire comprendre qu'il y ajoutait fort peu d'importance. Je n'insistai plus, et moi-même je m'habituai facilement à ne plus penser beaucoup à Hermine. Quelquefois, cependant, je demandais à Anténor s'il l'avait vue, si elle entrerait bientôt au théâtre, si elle n'était pas trop malheureuse. Il me répondait que je pouvais être tranquille. Ces réponses furent les mêmes jusqu'au jour où il me dit n'avoir pas vu Hermine depuis une semaine environ, et qu'à l'heure où il me parlait, elle devait être partie avec un homme qui lui faisait la cour depuis quelque temps.

— Allons, me dis-je, Anténor avait raison. Elles sont toutes les mêmes, et j'ai bien fait.

Des mois se passèrent. Il y a deux jours, le hasard me conduisit dans la rue où j'avais connu Hermine, et j'y vis courant, accompagné de la grosse maîtresse d'hôtel de celle-ci, M. M..., notre grand médecin, avec le fils duquel je suis très-lié. Je ne sais quel pressentiment me saisit, mais je courus après M. M..., et je lui demandai où il allait ainsi.

A ma voix, la grosse femme se retourna, et, me reconnaissant, me dit d'un ton brusque :

— Pardieu! monsieur va chez Hermine.

— Hermine est malade? m'écriai-je.

— Si elle est malade? Elle se meurt, voilà tout; et ce n'est pas amusant pour moi, je vous en réponds.

— Oh! mon Dieu! m'écriai-je; allons vite, il faut la sauver!

Nous arrivâmes tous trois à l'hôtel sans nous dire une parole de plus. La clef était sur la porte d'Hermine. J'entrai le premier. Une jeune fille agenouillée pleurait près du lit couvert de fleurs sous lesquelles reposait Hermine.

— Hermine! m'écriai-je; Hermine!

La malade ne bougea point; mais celle qui la veillait releva la tête :

— Il est trop tard, messieurs, dit-elle; Hermine est morte!

— Morte! c'est impossible!

Et je me précipitai sur le lit; et, prenant le bras de la pauvre enfant, je le secouai en l'appelant de nouveau.

Le bras était glacé et le corps insensible. Le docteur s'approcha à son tour.

— Elle est morte, me dit-il.

Je ne pouvais quitter des yeux ce beau visage pâli.

— Mais comment cela s'est-il fait? demandai-je.

— Hermine s'est empoisonnée, monsieur. Elle m'a fait appeler. Il y a une demi-heure que je suis ici, et il y a dix minutes qu'elle est morte.

— Êtes-vous la parente de cette pauvre fille, mademoiselle? demanda le médecin.

— Non, monsieur, je ne suis que son amie.

— Mademoiselle Berthe, peut-être? demandai-je.

— Oui, monsieur. Vous me connaissez?

— Hermine m'a parlé de vous, mademoiselle.

Et, malgré moi, je me rappelai dans quels termes et avec quelles intentions la pauvre morte m'avait parlé de Berthe, que je ne croyais pas voir pour la première fois en une douloureuse circonstance.

— Mais cette fille est morte dans la misère, reprit le médecin; il faut subvenir aux frais de son enterrement.

Et il porta la main à sa poche. Je l'arrêtai.

— C'est moi que ce soin regarde, docteur, lui dis-je. C'est plus qu'un devoir, c'est une dette, car, hélas! je suis peut-être pour quelque chose dans la mort de cette jeune fille.

Le docteur sortit en nous prévenant qu'il allait faire la déclaration du décès.

Berthe me regarda, et me dit :

— Comment vous nomme-t-on, monsieur?

— Maurice.

— Oh! alors, restez ici, j'ai bien des choses à vous dire.

— Et moi, qui me paiera? fit la maîtresse de la maison.

— Moi, madame, lui répondis-je.

— J'y compte, monsieur; et elle sortit à son tour.

Nous restâmes ensemble, Berthe et moi, à côté de la morte. Alors, à travers les larmes qui tombaient de mes yeux, je pus contempler cette pauvre fille.

— Elle a bien souffert, murmura Berthe.

Et elle embrassa encore une fois son amie, dont les traits avaient perdu la contraction nerveuse de l'agonie et s'éclairaient d'une angélique sérénité. Hermine était plus belle ainsi qu'elle n'avait jamais été. Un air de joie dans le repos planait sur cette figure impassible, comme si l'âme pure, dégagée du corps, eût voltigé sur son visage. C'était la plus parfaite expression de l'immortalité que l'on pût voir.

— Est-ce qu'Hermine vous aurait parlé de moi avant de mourir, mademoiselle? demandai-je à Berthe.

— Oui, monsieur.

— Pauvre fille, elle m'accusait.

— Oh! bien au contraire! et si vous le voulez, je vais vous raconter tout.

En disant cela, Berthe fermait les yeux de la morte et jetait le bout du drap sur son visage. Mais ce drap était trop court, si bien qu'on voyait encore le haut du front et les cheveux de la belle enfant, ce qui conservait un côté vivant à cette image de mort. Sur le pied du lit une robe était jetée, qu'on avait mise là pour tenir chaud à la malade. La doublure de cette robe était faite de la robe de soie qu'Antonin avait donnée jadis à sa maîtresse. On ne peut savoir ce qu'il y a d'étranges pensées à voir inanimé le corps d'une femme dont on a été l'amant, et tout ce qui s'éveilla dans mon esprit à la vue de cette robe devenue une doublure et dont l'histoire eût été toute l'histoire de la morte.

Je m'assis au pied du lit, Berthe s'assit au chevet.

— Il y a une demi-heure, me dit-elle, je reçus une lettre d'Hermine qui me suppliait de venir tout de suite. J'accourus.

Je la trouvai souriante sur son lit, faisant des bouquets et tressant des couronnes.

— Qu'as-tu à me dire? lui demandai-je, ne me doutant guère de ce que je faisais.

— Je vais mourir, me dit-elle, et, avant de mourir, j'ai voulu te voir.

Je la regardai comme on regarde une folle.

— Ah! cela t'étonne, continua-t-elle, que je parle ainsi

de la mort. C'est que jusqu'à présent tu n'as vu mourir que des gens heureux. La mort, vois-tu bien, c'est le bonheur des gens qui n'en ont jamais eu. Voilà pourquoi je ris en pensant que je vais mourir. La joie d'Hermine était entrecoupée de gros soupirs; car, si l'âme acceptait si gaiement la mort, la matière se révoltait contre elle et luttait avec toutes les forces de la jeunesse, si bien qu'au milieu du sourire, le visage de ma pauvre amie se contractait tout à coup et qu'elle étouffait. Elle était alors forcée de rejeter sa tête en arrière, et ses mains laissaient échapper les fleurs qu'elle tenait.

— Mais tu souffres horriblement? lui dis-je.

— Oh! oui, je souffre, fit-elle en ressaisissant sa respiration; mais qu'est-ce que cela fait?

Elle riait alors, et la crise passée, elle recommençait ses bouquets et ses couronnes. Ce rire était d'autant plus affreux que la douleur seule pouvait arriver à faire rire ainsi.

— Mais qui t'a dit que tu allais mourir?

— Regarde, fit-elle; et elle me montra un verre où il restait encore quelques gouttes d'une liqueur verdâtre. Sais-tu ce que c'est que cela? C'est du poison, et je l'ai bu.

Je me mis à pleurer, moi.

— Je vais chercher un médecin, m'écriai-je, autant pour lui avoir du secours que pour sortir un instant de cette chambre où il me semblait que j'étouffais.

— On est allé le chercher, me dit-elle. Reste avec moi.

— Pourquoi as-tu fait cela, m'écriai-je?

— Que diable voulais-tu que je fisse?

Et Hermine me regardait en souriant toujours.

— Au nom du ciel, ne ris pas ainsi, Hermine; tu me fais peur et tu me fais mal, lui dis-je en cachant ma tête dans son oreiller; j'aimerais mieux te voir souffrir.... Cette gaieté est sinistre.

— Tu vas être satisfaite, reprit-elle, voilà les douleurs qui me reprennent. Ah! on ne meurt pas comme cela sans souffrir.

Hermine parut s'assoupir légèrement, en posant sa main dans la mienne et en tournant sa tête du côté de la muraille; mais c'était en réalité pour me cacher ce qu'elle souffrait.

— Et ce médecin qui ne vient pas! disais-je.

— Sois tranquille, reprit-elle, il viendra.

— Mais enfin, Hermine, comment as-tu été amenée à faire ce que tu as fait?

— C'est bien simple; et si tu veux le savoir, je vais te le dire.

Et, se levant à moitié, elle redressa son oreiller, s'appuya sur son coude, et, tout en choisissant de nouvelles fleurs pour faire un nouveau bouquet, elle commença son triste récit.

Hermine, pâle et calme comme une morte, et tout en arrangeant ses fleurs, me parla ainsi:

— Tu sais que je n'ai jamais eu beaucoup de chance, moi. Tu sais comment Antonin m'a quittée, comment Maurice m'a quittée à son tour, et comment j'ai connu M. Anténor. Eh bien, depuis ce temps, ç'a toujours été la même chose. On m'a prise et on m'a laissée comme on devait le faire, après tout, car je ne valais pas la peine que l'on s'occupât sérieusement de moi; je n'avais ni ce qu'on appelle de la vertu, ni même ce qu'on appelle de l'amour. Hélas! c'est peut-être parce que je n'avais pas d'amour que je n'avais pas de vertu. Aussi Dieu sait qu'à l'heure de ma mort, je ne m'en prends pas aux autres, pas plus qu'à moi, de ce qui est arrivé. C'est une nécessité de la misère, de la corruption et surtout des habitudes. S'il fallait que les hommes s'inquiétassent des filles comme moi, cela n'en finirait plus. Mes parents m'ont élevée et m'ont mise en apprentissage. Au lieu de faire des sottises, je n'avais qu'à apprendre un état. Je ne l'ai pas fait, tant pis pour moi !

— Mais tes parents te savent-ils malade? interrompis-je.

— Non ; je n'ai pas voulu les faire prévenir. Je les ai bien assez ennuyés pendant ma vie : je n'ai pas besoin de les ennuyer encore de ma mort.

— Mais tu ne mourras pas, Hermine, il est impossible que tu meures. Et cette sérénité que tu as vient de ta force et de l'impuissance de ce poison.

— Tu crois? fit Hermine en me regardant avec ses grands yeux déjà bistrés par la mort; mais j'ai un incendie dans la poitrine. Je ne me plains pas, parce que je ne veux pas me plaindre, mais je souffre le martyre.

Et en disant cela, elle prenait ma tête dans ses deux mains, et m'embrassait; mais tout à coup ses lèvres et son visage se contractèrent; elle porta les mains à sa poitrine comme pour la broyer, tant la douleur qu'elle ressentait était violente, et elle rejeta de nouveau la tête en arrière; une écume blanche mouillait sa bouche et ses yeux étaient presque éteints.

Je ne pouvais que pleurer, moi, et je pleurais! Elle me serra la main pour me remercier sans doute, et cachant sa tête dans son oreiller, elle fondit en larmes.

Pauvre petite! malgré sa volonté, malgré son énergie bien réelle, elle ne pouvait se familiariser complétement avec l'idée qu'il lui fallait mourir si jeune et si belle encore. Au bout de ce temps, Hermine, revenue d'une de ses douloureuses crises, dont chacune lui faisait faire un pas vers la mort, se retourna vers moi.

— Dépêchons-nous, me dit-elle d'une voix affaiblie et d'un ton un peu plus triste. Voici donc comment j'ai été amenée à faire ce que j'ai fait! Et tu jugeras toi-même, en attendant que Dieu s'en charge, si je devais, si je pouvais faire autrement.

Si jamais tu vois M. Maurice, tu lui diras que j'ai gardé un bon souvenir de lui, et qu'en mourant je l'ai remercié.

— Pauvre Hermine !

— Tu lui diras que je n'en veux pas à M. Anténor. Il a fait ce que font tous les jeunes gens. Il m'a offert d'entrer au théâtre, cette idée m'a souri, et je l'ai acceptée avec cette franchise qui était peut-être ma seule vertu. D'ailleurs, il y a tant de filles de théâtre qui n'ont pas de talent, qu'il n'y aurait eu rien d'étonnant que j'y entrasse; et même, si l'on avait voulu me faire travailler, je crois qu'il y a certaines petites choses de sentiment et de coquetterie que je n'aurais pas mal dites. Malheureusement, cette proposition de M. Anténor n'était qu'un prétexte pour devenir mon amant. Il me mena deux ou trois fois dîner chez le restaurateur avec des amis qu'il avait, et un beau jour il n'a plus reparu. Il a bien fait. C'est égal, nous avons quelquefois bien ri ensemble. Il était si drôle et si bon enfant ! Adieu donc le théâtre. Je commençai à être découragée cependant, car, depuis peu de temps, j'avais eu trois espérances, qui toutes trois avaient été détruites, et c'était déjà plus que je n'en pouvais supporter. Abandonnée par Antonin, oubliée par Maurice, trompée par M. Anténor, que rien ne forçait à me promettre une chose qu'il savait ne pas devoir tenir, car ce qui est mal, c'est de promettre ce qu'on a la certitude qu'on ne tiendra pas, je résolus d'en finir et de me laisser mourir de faim quand je n'aurais plus d'argent.

Il me restait encore quelques pièces de cent sous sur les cent francs que Maurice m'avait envoyés. Je payai ce que je devais, pour que ma mort ne fît de tort à personne, et j'attendis. Voyant qu'il ne venait plus personne chez moi, Madame reparut et recommença ses conseils. Elle me surprit pleurant quelquefois; elle me raconta l'histoire de femmes moins jolies qui avaient été plus malheureuses que moi, et qui maintenant étaient riches et heureuses. Elle me mit une glace devant le visage et me dit de me regarder. Elle me rattacha à la vie par la coquetterie. Elle m'assura que, si je voulais l'écouter, elle ferait ma fortune. J'étais jeune, belle, j'avais envie de vivre. A l'âge que j'ai, c'est singulier comme on consent difficilement à mourir. J'écoutai donc la faim et cette femme, et j'allai dîner avec cet homme chez qui je devais aller la première fois que je vis M. Maurice.

Mais je crois qu'il est temps que j'abrége.

Oh! quelle vie, mon Dieu, si c'est une vie! quelle honte! quelle solitude! quel ennui! Comprends-tu cela, Berthe? Appartenir à tout le monde, excepté à soi! Être à la discrétion d'une misérable créature qui vous vend comme sa marchandise, et qui vous traite comme son chien! Recommencer cette existence chaque matin, et voir devant soi une série de jours et d'années semblables! A quel degré d'abrutissement faut-il en être arrivé pour accepter cette répugnante monotonie du vice et de la misère! Je ne me sentis pas le courage nécessaire pour cela. Je n'aimais personne; personne ne m'aimait. Un matin, en me réveillant, je me dis : En voilà assez!

Je me demandai à quoi bon faire ce que je faisais. Quelle raison, quel but à une pareille existence? Quelques pièces d'argent de temps en temps, une robe, un dîner, un spectacle, et après... La mort pouvait trancher tout cela d'un seul coup, et me rendre un peu d'estime de moi-même. J'en revins à l'idée de mourir.

Tu aurais pu te remettre à travailler, me diras-tu. Est-ce que la première chose qui se perd dans la vie que j'avais menée n'est pas l'habitude du travail? Est-ce que je ne portais pas dans ma mise, dans ma tournure, malgré moi, la preuve de mon abaissement? Quel porte honnête se fût ouverte devant moi? La mort seule était donc possible ; seulement cette fois je ne voulais pas me laisser à moi-même le temps de me repentir, ni aux autres le moyen de me sauver. Au lieu d'attendre la mort en ne mangeant pas, je voulus aller au-devant d'elle. Il me sembla que je ferais là une bonne action, et qu'il vaut mieux détruire d'un seul coup une créature de Dieu que de la laisser s'anéantir peu à peu dans le vice et la corruption. Je préférai le suicide physique au suicide moral... j'eus raison, je crois. Je devins d'une gaieté folle, et je pensais à la mort comme un autre pense à l'amour. Je devenais libre par cette pensée : moi morte, nul ne pouvait plus rien faire de moi, et ma beauté, le peu de temps qu'elle survivrait à ma vie, pendant ce temps, du moins, m'appartiendrait à moi seule.

Il me restait une pièce de deux sous, c'est-à-dire de quoi vivre une demi-journée en ne mangeant que du pain. Cette pièce était vieille et couverte de vert-de-gris ; je la fis bouillir dans du vinaigre ; puis je me peignai, je me fis belle ; je mis ma plus belle chemise. Je t'envoyai chercher par un commissionnaire que je te priai de payer, car j'eusse été bien embarrassée de le faire, et je bus cet effroyable poison.

— Mais tu avais un bracelet d'or, lui dis-je, que tu aurais pu vendre, et avec l'argent duquel tu aurais pu vivre quelque temps encore.

Hermine sourit tristement.

— Oh ! mon Dieu, oui, on me l'avait donné en me disant que c'était de l'or ; quand je dis : on me l'avait donné, c'est : on me l'avait échangé, que je devrais dire.

C'est le dernier marché que j'ai fait, ajouta Hermine en levant les yeux au ciel. Enfin, ce matin, je voulus le vendre, croyant, comme tu viens de me le dire, que l'argent qu'il me produirait me ferait vivre encore quelques jours, et que, pendant ce temps, Dieu aurait peut-être pitié de moi. Je voulais être dans mon droit pour me tuer ; car enfin, on dit que c'est un crime. Je suis entrée chez un bijoutier, et je lui ai demandé combien il me donnerait de ce bracelet. Il m'a regardée quelques instants, et il m'a dit en riant, et d'un air moqueur, comme s'il eût deviné d'où et comment il était venu : « On vous a volée, mon enfant, cela vaut quinze sous, c'est du cuivre. »

C'était exactement comme s'il m'eût dit : Mademoiselle, vous n'avez plus que deux heures à vivre.

J'ai dit : Merci, monsieur. Je lui ai vendu mon bracelet le prix qu'il m'en offrait. J'ai acheté des fleurs avec ces quinze sous, je suis rentrée ici, et comme rien ne me retenait plus, j'ai fait ce que je voulais faire.

Hermine en était revenue à cette gaieté qui m'avait tant étonnée quand j'étais entrée chez elle.

Pauvre fille, qui n'a peut-être été gaie qu'une fois dans sa vie, et cela au moment de sa mort !

— Comme ils vont être attrapés, dit-elle tout à coup, les amis de Madame, qui me croyaient encore de longs jours et de longues nuits à vivre !

Toutes ces réflexions joyeuses, vraies ou ironiques, étaient entrecoupées de douleurs, de convulsions, de pâleurs effrayantes.

— Oh ! reprit-elle en croisant les mains et avec une expression de désir tout à fait enfantine, il y a une chose dont j'ai bien envie.

— Quelle chose ? m'écriai-je. Dis-le-moi, Hermine, et je te la donnerai, si je puis.

— Cela ne doit pas être bien cher, mais c'est trop cher pour toi.

— Parle toujours.

— Un jour, j'ai vu apporter dans une maison toute tendue de blanc, et où était morte par conséquent une jeune fille que l'on allait enterrer, j'ai vu apporter la bière dans laquelle on allait la mettre. Je ne soupçonnais pas qu'une chose si triste pût être si charmante. Figure-toi que cette bière était en acajou, ouatée à l'intérieur, doublée en satin blanc. Et je me rappelle que, lorsque je vis cela, il me sembla que ce devait être une consolation pour une mourante de penser qu'après sa mort elle reposerait dans une couche si coquettement parée. Moi, qui ne pouvais pas aspirer à autre chose qu'à une simple bière de bois blanc, je m'arrêtai pleine d'admiration devant ce luxe de la mort. Eh bien, moi aussi, je serais la femme la plus heureuse de la terre si l'on me couchait, quand je serai morte, dans une bière pareille à celle-là, et si l'on me couvrait des fraîches fleurs que voici.

Et Hermine avait, en faisant ce vœu, la même mine câline qu'un enfant qui souhaite un jouet et veut l'obtenir de sa mère.

— Hélas! lui dis-je alors, ma pauvre Hermine, je ne peux pas te donner cela, moi.

— Eh bien, son désir sera accompli, m'écriai-je. Cette bière, je la lui donnerai, moi; et s'il reste au delà de la mort quelque chose qui ait encore la sensation du monde, ce quelque chose sera heureux et me le devra.

— Oh! vous ferez très-bien, monsieur, dit Berthe en essuyant ses yeux. Mais, laissez-moi finir, ou la force va me manquer.

Hermine voulut continuer à me parler et à me sourire encore, mais la nature avait repris le dessus. Par moments, elle se dressait sur son lit, et, me saisissant le bras, elle me criait:

— Sauve-moi! sauve-moi! je t'en supplie! je ne veux pas mourir!

C'était le corps qui luttait; l'âme était bien résolue à la mort.

— Et ce médecin qui n'arrive pas! m'écriai-je avec désespoir.

— Et qui ne peut pas venir, me répondit-elle d'une voix épuisée; je ne l'ai pas fait demander, pour être sûre de mourir.

A cet aveu, je me précipitai hors de la chambre, et je criai que l'on courût chercher un médecin, le premier venu, et qu'on l'amenât tout de suite, tout de suite.

— Monsieur, vous êtes venu avec lui, et vous savez le reste.

Avant que vous arriviez, Hermine était morte au milieu de convulsions atroces; mais à peine eut-elle cessé de vivre, que son visage perdit sa contraction douloureuse, et que, la matière étant vaincue, le visage reprit l'expression de l'esprit. Elle avait bien, comme vous l'avez vu, monsieur, peinte dans son sourire la béatitude du repos auquel elle avait voulu arriver. Sa vie était retournée à Dieu, mais son âme était revenue à elle.

— Berthe se tut.

Je regardai cette fille sans éducation, et à qui son cœur et une grande émotion dictaient les simples et poétiques paroles que je venais d'entendre. Je découvris le visage d'Hermine, et mon âme embrassa chrétiennement la sienne.

— Merci, mademoiselle, lui dis-je en pleurant et lui tendant la main, vous êtes une belle et bonne jeune fille. Profitez de l'exemple que vous avez sous les yeux. Moi, je vais accomplir le dernier souhait de cette chère enfant.

Je laissai Berthe avec Hermine, et, sautant dans un cabriolet, je me fis conduire aux pompes funèbres. Il me semblait que j'avais du plomb sur la tête et sur la poitrine.

On m'indiqua la demeure de l'homme qui faisait ces sortes d'objets. Je me rendis chez lui. Mais cet homme me répondit qu'on ne faisait de pareilles bières que sur commande, et que celle que je voulais ne pouvait être prête que le lendemain. Je n'en fis pas moins prix avec lui à deux cent cinquante francs, et je courus chez ma mère, car, comme tu le penses bien, j'étais loin d'avoir cette somme.

Ma mère n'avait que deux cents francs chez elle, et encore avait-elle à payer, sur ces deux cents francs, une dette d'une grande importance et qui lui en prenait au moins la moitié. Je lui dis que, dût-elle rester sans un sou et vivre de pain pendant un mois, il fallait qu'elle me donnât ces deux cents francs, la chose à laquelle ils étaient destinés étant une chose sacrée que je lui expliquerais plus tard.

Ma mère comprit à mon émotion que la circonstance était grave, et elle me remit les deux cents francs, gardant, je crois, dix francs chez elle pour vivre quinze jours.

Pendant ce temps, Berthe avait fait prévenir les parents d'Hermine, et, pour en finir, ajouta brusquement Maurice, je reviens de l'enterrement.

— Pauvre fille! dis-je à Maurice; elle repose au moins dans la bière qu'elle voulait avoir?

— Oui, me dit-il en se levant et après une courte hésitation.

— Ce que tu as fait là est bien, lui dis-je, et je lui serrai la main.

Maurice se promena quelques instants dans ma chambre, comme un homme en proie à une pensée fatigante et qui aurait besoin de la communiquer à quelqu'un. Enfin, il s'arrêta devant moi, et, me regardant comme s'il avait une confession à me faire et un pardon à me demander, il me dit :

— Écoute, il faut que je te dise tout, car j'ai un poids sur le cœur.

— Qu'y a-t-il encore?

— Tu me diras franchement, non pas si j'ai mal agi, car j'ai mal agi, je le sais, mais si ma mauvaise action est excusable en quelque chose.

— Qu'est-ce donc? parle, dis-je à Maurice, devinant presque ce qu'il allait me dire.

— Je t'ai répondu tout à l'heure qu'Hermine avait été enterrée dans la bière qu'elle voulait.

— Oui.

— Je t'ai menti.

— Ah!

— Je t'ai menti. Quand on m'a apporté cette bière, Hermine était morte, c'est-à-dire insensible au dernier bonheur qu'elle avait rêvé pendant sa vie, et sur lequel même elle n'avait pas compté. Je me suis souvenu de la gêne où le prêt de ces deux cents francs mettait ma mère, qui avait presque pleuré en me les donnant, ma pauvre mère à qui j'ai toujours évité de faire un chagrin; j'ai sacrifié les morts aux vivants. J'ai enseveli Hermine au milieu de ses fleurs comme elle le désirait, mais dans une bière qui ne m'a coûté que le quart de celle que j'avais commandée la veille, et j'ai été reporter à ma mère cet argent dont elle avait si grand besoin.

C'est bien mal, n'est-ce pas, ce que j'ai fait là? ajouta Maurice en me questionnant du regard; mais enfin je ne suis pas riche. Dieu sait que si j'avais fait à Hermine cette promesse de son vivant, je la lui eusse tenue après sa mort; mais elle est morte en n'y croyant pas.

Du reste, continua Maurice, voyant que je ne répondais rien, et pour opposer un dernier argument en sa faveur à l'opinion que devait me donner de lui l'aveu qu'il me faisait, du reste, cette bière que j'ai substituée à la première était très-belle, et j'ai payé la maîtresse de l'hôtel.

— Ce que tu as fait là est tout naturel, répondis-je en

soupirant à Maurice, car à une pareille confidence il n'y avait guère que cela à répondre, et tu t'es conduit en bon fils.

Seulement, ajoutai-je sans pouvoir retenir ce mot, la pauvre Hermine avait raison de dire qu'elle n'avait pas de chance.

FIN DE CE QU'ON NE SAIT PAS.

GRANGETTE

A

HENRY MIRAUD,

SON AMI RECONNAISSANT,

A. DUMAS.

GRANGETTE

Francis, mon héros, avait vingt-quatre ans, les yeux bruns, les cheveux noirs, les dents blanches, de jolies mains et de petits pieds, le tout sur une taille d'un mètre soixante centimètres, comme disent les passeports, ou de cinq pieds six pouces, comme nous disons. Il portait des vêtements larges, qui lui donnaient une certaine élégance débraillée, fumait les cigares les plus chers, et ne mettait jamais qu'un gant, chiffonnant l'autre dans la main dont il tenait sa canne. Voilà pour le physique, voilà l'homme que tout le monde connaissait, voilà le passant qu'on rencontrait dans la rue. Quant au moral, il avait, comme toujours, une corrélation bien évidente avec la physionomie extérieure. Francis, aux yeux de ses plus intimes amis, passait pour un original, et cela parce qu'il était vrai et répudiait comme indignes de lui certaines petites hypocrisies auxquelles les plus honnêtes gens donnent, sans s'en douter, une partie d'eux-mêmes à dévorer. Mon héros vivait selon ses sentiments, obéissait à ses impressions. S'il avait eu envie de commettre un crime, il l'eût dit. Le monde marchait sans qu'il y prît part, non pas qu'il fût égoïste, mais bien indifférent aux choses qui pouvaient se passer de lui.

Il disait : Maman, en parlant de sa mère, et ce mot d'enfant avait un charme infini dans la bouche de ce grand garçon ; il avouait simplement qu'il l'aimait, quoiqu'elle eût une petite rente dont il devait hériter un jour,

Il ôtait son chapeau quand il passait devant la maison où son père était mort, et déjeunait avec un pain d'un sou quand il n'avait qu'un sou. Ce qui étonnait le plus ses camarades, ce n'était pas qu'il le fît, c'était qu'il le dît. Il y a des gens qui croient qu'on doit se cacher de ces choses-là. Il laissait toujours sa clef sur sa porte, et recevait les quelques créanciers qu'il avait, leur donnant tout l'argent qu'il avait chez lui ; d'ailleurs il ne devait presque rien. Il savait le grec sur le bout du doigt, était spirituel cependant, et faisait des articles d'archéologie dans un journal hebdomadaire, ce qui pouvait bien lui rapporter quatre-vingts francs par mois, qu'il dépensait somptueusement en cigares et en volumes de la bibliothèque Charpentier, pour laquelle il avait un faible. Il avait pour les femmes un respect sans bornes, il eût cru insulter sa mère en doutant d'elles.

Il ne jouait d'aucun instrument et chantait faux.

Maintenant, si vous voulez connaître sa position sociale, ce sera chose facile. Francis était fils d'un émigré qui, en conservant sa foi entière aux Bourbons, avait perdu à cette fidélité les trois quarts et demi de sa fortune ; il n'avait rien demandé à la Restauration, disant avec raison, selon nous, qu'il est des services qu'il ne faut pas faire payer, parce qu'ils ne pourraient être payés assez cher. En effet, le père et la mère de l'émigré avaient péri sur l'échafaud. M. de Maucroix, leur fils, eût eu honte d'une nouvelle fortune ramassée dans le sang paternel. Il avait donc simplement et obscurément vécu, avec son fils et sa femme. Le baron de Maucroix avait eu des dédommagements à ses infortunes premières. La baronne était une sainte, et Francis, à qui il avait dit, en lui racontant sa vie, qu'un homme doit toujours être en mesure, par son éducation, de faire face à l'adversité, cette adversité fût-elle injuste, avait travaillé de telle façon qu'il était devenu un des jeunes gens les plus distingués qu'on pût voir. Il habitait deux petites chambres dans la même maison que sa mère, chez laquelle il prenait ses repas, avait sa rente particulière de quinze cents francs, gagnait à faire des articles scientifiques admirablement faits un millier de francs par an, qu'il employait scrupuleusement à l'usage que nous avons dit, et vivait heureux, à en juger par sa bonté, ce signe caractéristique du bonheur.

Nous avons annoncé que Francis vivait selon ses sentiments. L'histoire que nous allons raconter prouvera de reste qu'il n'obéissait qu'aux inspirations de son cœur.

Madame de Maucroix allait quelquefois dans le monde, ce qui était plutôt un devoir d'anciennes relations pour elle qu'un plaisir bien réel. Son fils l'accompagnait toujours, et jamais amant amoureux n'a été esclave aussi soumis de sa maîtresse qu'il l'était, lui, de sa mère; disons aussi que l'esclavage était doux. L'été, la baronne allait passer deux ou trois mois à la campagne chez une vieille dame, compagne d'émigration qui ne pouvait se passer de la voir, et qui lui donnait une hospitalité princière, que la baronne, malgré l'habitude qu'elle avait de n'accepter que ce qu'elle pouvait rendre, acceptait cependant, parce que cette vieille amie, si elle n'avait été paralysée d'un côté, eût quitté son château pour venir la visiter à Paris. C'était donc elle l'obligée quand elle recevait la baronne. Il est bien entendu que Francis était toujours invité dans cette maison, et que le plaisir de la vieille marquise était double quand le jeune homme y suivait sa mère; mais Francis aimait l'indépendance, et les raisons d'amitié qui existaient depuis longtemps entre sa mère et son amie n'existant pas pour lui, il se contentait de mener la baronne au château, d'y rester quelques jours et de retourner l'y prendre.

C'est pendant ces absences que Francis vivait en garçon

et déjeunait avec un pain d'un sou, quand il avait acheté trop de cigares ou de volumes Charpentier.

Or, tel que nous avons essayé de le dépeindre, Francis sortit de chez lui, un jour du mois de mars de l'année dernière, vers deux heures de l'après-midi. Il faisait un véritable temps de mars, avec des intermittences de soleil et de nuée. Du reste, le pavé sec semblait fait exprès pour les bottes vernies : aussi Francis sortait-il à pied et marchait-il vite et d'un pas sonore. Francis marchait toujours vite, comme un homme qui marche pour arriver. Se promener était pour lui le comble du ridicule. En effet, quoi de plus sot que l'homme qui se promène? Se promener, c'est avouer qu'on n'a ni ami chez qui l'on puisse aller, ni maîtresse qu'on puisse aller voir, ni devoir à remplir, ni travaux à faire, ni livres à étudier : c'est avouer que l'on est nul, que personne ne tient à vous et que l'on ne tient à personne; c'est avouer enfin qu'on met son plus grand plaisir à avaler de la poussière, à voir passer des gens inconnus et à se fatiguer inutilement. C'est faire ce que font tous ceux qui ne font rien.

Sur le pont des Saints-Pères, Francis rencontra un de ses amis, un de ces braves garçons avec lesquels on est en pleine sympathie d'esprit et de cœur, qui pensent toujours comme vous quand vous pensez bien, et vous contredisent quand vous pensez mal. Francis et son ami pensaient toujours de même. Gérard savait, heure par heure, et mot par mot, tout ce que faisait et pensait son ami. Le baron lui rendait les comptes de son cœur comme un honnête caissier rend à son patron les comptes de sa caisse, sans en distraire une impression. Ce n'est pas que Gérard eût tenu à prendre de l'empire sur Maucroix; non, car il en faisait autant, et leurs deux existences coulaient avec la même harmonie, comme deux ruisseaux placés à côté l'un de l'autre et qui marient leurs murmures. Gérard, avocat, fils de propriétaire, vivant en famille, était l'homme des bons conseils. Dans quelque position qu'on se trouvât, si délicate qu'elle fût, on était sûr, en le consultant, d'avoir un moyen excellent d'en sortir. Petit, mais admirablement pris dans sa taille, homme du monde s'il en fût, il avait le langage doux, affectueux et câlin de l'homme qui vit beaucoup parmi les femmes. Au bout de deux jours qu'on le connaissait, on était étonné de ses idées très-justes en toutes choses, de ses aperçus fins sur les hommes. Trente-quatre ans, et n'en paraissant pas plus de vingt-sept à vingt-huit; charmant garçon du reste, avec ses grands yeux bruns, ses cheveux noirs, sa moustache fine, ses favoris à l'anglaise, son nez droit et sa bouche rose et fraîche comme celle d'une femme.

Après les détails que nous venons de donner, on comprendra facilement l'affection des deux jeunes gens l'un pour l'autre, affection qui était née de leurs rapports dans le monde, et qui avait toutes les apparences d'une vieille amitié de collége, moins la banalité.

— J'allais chez toi, dit Gérard à Francis en lui prenant la main.

— Je crois que tu ne m'y trouveras pas, répliqua le jeune homme en souriant.

— Je le crois aussi. Alors, j'irai faire une visite dans ton quartier.

— Accompagne-moi, plutôt.

— Où vas-tu?

— Je vais chez la comtesse.

— Merci! tu me laisserais à la porte.

— Tu monteras si tu veux, dit Francis d'un ton qui voulait dire : « Mais tu me feras plaisir de ne pas monter. » Tu sais que la comtesse t'aime beaucoup.

— Adieu et bonne chance.

— Adieu et merci.

— Quand te reverrai-je ?

— Viens déjeuner demain avec nous.

— A demain, alors.

Les deux amis se quittèrent, continuant leur route dans le sens opposé. Maucroix franchit le guichet du Louvre, traversa le Carrousel, prit la rue de Rivoli jusqu'à la rue Castiglione, au n° 10 de laquelle il entra.

Il monta deux étages et sonna à une double porte de velours vert, qui s'ouvrait et se refermait sans bruit sur les visiteurs. Un domestique en livrée noire parut. Francis jeta son paletot sur la banquette de l'antichambre, et sans qu'il eût besoin de dire son nom au valet, celui-ci ouvrit la porte du boudoir et annonça :

— Monsieur le baron de Maucroix.

Francis entra dans ce boudoir, dont le mur blanc, divisé par panneaux à riches encadrements, était orné de groupes d'Amours s'ébattant dans les poses les plus maniérées et jouant avec les instruments les moins en rapport avec leurs qualités d'Amours, tels que casques, armures et drapeaux. Le jour que jetait la fenêtre était voilé par de grands rideaux de dentelle et d'autres rideaux de damas de l'Inde bleu, sur le fond desquels couraient de grandes fleurs d'un ton plus doux.

Devant la fenêtre, une jardinière en bois de rose, aux lourdes cariatides dorées, chargée de fleurs. Vis-à-vis de la cheminée, au-dessus du canapé, une haute étagère en bois doré, style Louis XV, dont le fond était occupé par une glace et dont les petites niches étaient chargées de statuettes de Saxe, de biscuits, d'émaux, de cassolettes de cristal, de bijoux anciens, de boîtes à pastilles, et de tous les riens ruineux auxquels la fantaisie d'une femme donne tant de prix. Sur le tapis blanc, semé de bouquets de fleurs noués de rubans de toutes sortes, tapis presque entièrement caché par les causeuses, les chaises et les fauteuils, courait, agitant sans cesse sa queue et grognant sans cesse, un chien anglais noir, aux oreilles chevelues et marchant sur les longues soies de sa chère personne. A chaque côté de la cheminée, enveloppée de rideaux pareils à ceux de la fenêtre, et flambant à cette heure d'un opulent feu d'hiver, s'élevaient deux énormes vases chinois, céladons craquelés, dans chacun desquels on eût enfermé un enfant et où la comtesse jetait les lettres inutiles qu'elle recevait. Quand Francis entra dans ce boudoir, Adeline était assise dans son fauteuil accoutumé, à quelque distance du feu, tournant le dos au jour et se garantissant de la chaleur du foyer à l'aide d'un écran brodé. En face d'elle était assis un gros monsieur chauve qui lui faisait la cour depuis trois ans et visite depuis une heure, ce qui veut dire qu'il y avait trois ans et une heure qu'il l'ennuyait.

Vingt-six ans, belle, riche, veuve, grande, mince, élégante et suffisamment spirituelle, telle était Adeline avec ses cheveux blonds à la Sévigné, des yeux bleus, des narines roses, des dents blanches, des mains longues, blanches, effilées comme celles des madones; des pieds minces, faits sur le même modèle que les mains; la taille aussi fine que possible, et des corsages à plis sous lesquels la poitrine a la liberté d'être grasse ou maigre sans qu'on le sache.

Francis baisa la main que la comtesse lui tendit, en échangeant avec elle un de ces regards faits tout exprès pour être échangés devant le monde, qui ne sont qu'un mouvement des cils, correspondant avec un mouvement des lèvres afin qu'il y ait un baiser dedans, et qui renferment tout un poëme de souvenirs, de confidences et de joies.

— Donnez-moi des nouvelles de la santé de la baronne, dit Adeline à Maucroix en lui indiquant où il devait s'asseoir.

— La santé de ma mère est excellente, madame, comme la vôtre, qui ne varie pas, du reste.

— Bonne banalité d'exorde.

— Le fait est, fit le gros monsieur, resté debout depuis l'arrivée de Francis, le fait est, comtesse, que ne vous ai jamais vue malade.

— Je le suis quelquefois, cependant, mais je le cache, pour ne pas mettre mes amis à de trop rudes épreuves. Rasseyez-vous donc, général, et achevez-moi votre histoire.

— Eh bien, figurez-vous, comtesse, reprit le vieux monsieur en se rasseyant, que cette pauvre madame de Verneuil, à peine emménagée dans cette maison qu'elle avait hâte d'habiter, fit une chute épouvantable en descendant de voiture et se cassa la jambe.

— Ah! mon Dieu!

— Elle resta quatre mois au lit, les quatre plus beaux mois de l'année.

— Mais elle est remise maintenant? continua la comtesse avec ce faux air d'intérêt qu'on prend pour nuancer une conversation comme celle-là.

— Tout à fait. Cependant il ne faudrait pas qu'elle marchât trop longtemps. C'est qu'elle n'est plus toute jeune.

— Quarante-cinq ans.

— Au moins, au moins. Voyons, c'est bien facile à savoir : quand elle s'est mariée, elle avait vingt-deux ans, et elle s'est mariée en 1824, à Compiègne, où j'étais en garnison et où son père avait une très-belle propriété, qu'il a vendue depuis à une madame de Suzac que vous connaissez peut-être...

— Non, je ne la connais pas.

— Madame de Verneuil a donc quarante-sept ans aujourd'hui et va même sur quarante-huit, car elle est du mois de janvier.

— Ah! eh bien, elle n'en paraît pas plus de quarante-cinq.

— Elle en a quarante-sept.

— Je plains amèrement cette pauvre dame. Elle a dû bien souffrir.

— Énormément.

— J'aimerais mieux mourir, je crois, que de me casser la jambe. Et vous, monsieur le baron?

— Moi, j'aimerais mieux me casser la jambe, madame.

Le vieux monsieur sourit d'assentiment et se leva de nouveau.

— Vous partez, général? fit la comtesse, comme si elle eût regretté de voir finir si tôt cette aimable visite.

— Oui, madame.

— Mais je vous reverrai?

— Certainement.

Et le général baisa le bout des doigts de la comtesse, qui, lorsqu'il fut parti, se retourna vers Francis en disant :

— Voilà un ennuyeux personnage avec son histoire de madame de Verneuil! Qu'est-ce que cela me fait qu'elle se soit cassé le bras?

— La jambe.

— Oui, la jambe. Voilà trois ans qu'il me fait la cour avec des histoires comme celle-là.

— Oh! la vilaine cour!

— Vous m'aimez? fit la comtesse avec une voix d'enfant et une mine de chatte.

— Non.

La comtesse ne fit que sourire de ce *non* qui cachait un *oui*, et Francis, jetant sa canne et son chapeau sur un fauteuil, vint s'asseoir à ses pieds.

Alors commença une de ces conversations toutes féminines où le *vous* pourrait souvent se traduire par le *tu*.

— Pourquoi ne vous ai-je pas vu hier?

— N'était-ce pas hier que vous receviez?

— Oui.

— Pourquoi voulez-vous que je me mêle à tous ces gens qui vous font la cour une fois par semaine?

— Pour me faire la cour comme eux.

— A quoi bon?

— Voilà qui est aimable, et poli surtout! C'est donc à dire, parce que j'ai la faiblesse de vous aimer, que vous ne devez pas avoir l'air de m'aimer encore?

— Non; mais de même qu'ils ne me font aucun tort, je ne veux leur en faire aucun.

— Comme vous êtes généreux!

— C'est à ceux qui ont beaucoup à l'être.

— Dites plutôt que cela vous ennuyait de venir!

— Si cela m'avait ennuyé hier, cela m'ennuierait tout autant aujourd'hui.

— Aussi faites-vous peut-être un effort en venant.

— Nous allons dire des sottises si cela continue.

— Enfin qu'avez-vous fait hier?

— Je suis allé au spectacle avec maman.

— Avec maman, répéta la comtesse en imitant le ton naïf dont Maucroix avait dit ce mot. Est-ce bien vrai, cela?

— Je ne mens jamais. Et vous, qu'avez-vous fait?

— Je suis restée chez moi, puisque je recevais.

— Il y a eu soirée, alors?

— On a pris le thé.

— Jusqu'à?

— Jusqu'à deux heures du matin.

— Et après?

— Après j'ai lu.

— Quoi?

— Je n'en sais rien.

— C'est bien agréable pour l'auteur du livre que vous lisiez!

— Je pensais à vous.

— Et vous vous êtes endormie?

— Tout de suite.

— Ce qui prouve que je ne vous préoccupais pas beaucoup.

La comtesse regarda tendrement le jeune homme : c'était la meilleure réponse qu'elle pût faire.

— Et ce soir, que ferez-vous?

— Ce soir? j'irai aux Italiens.

— Avec?...

— Avec ma mère, comme toujours, M. Miron et sa fille. Il y a une place pour vous dans la loge, si vous voulez.

— Merci.

— Merci oui, ou merci non?

— Merci non.

— Pourquoi non?

— J'aime à être avec vous seule, comme je suis maintenant, et non avec votre mère et des étrangers.

— Quand on aime une femme, on se plaît avec elle toujours.

— Si vous y tenez, j'irai.

— Voyez-vous le beau sacrifice!

— Ce que j'en fais, après tout, c'est pour ne pas vous compromettre.

— Fat!

— Si l'on nous voit toujours ensemble, on fera des cancans.

— On me connaît trop pour cela. On ne supposera jamais que, parmi tous ceux qui m'entourent, j'aurai été choisir un mauvais sujet comme vous.

— Et puis, la grande raison pour qu'on ne le dise pas, c'est que cela est.

— Justement. Ainsi vous viendrez aux Italiens?

— Oui.

— Eh bien, non! je vous rends votre liberté. Je voulais

simplement vous faire dire oui; vous ne vous y amuseriez pas. Allez avec vos amis, avec M. Gérard, que j'aime bien, parce qu'il ne vous entraîne jamais à mal.

— Je viens de le rencontrer.

— Il fallait l'amener ici.

— Je le lui ai offert, mais il a bien pensé que j'aimerais mieux qu'il n'acceptât pas, et il a refusé.

— Ainsi, il sait tout.

— Oui.

— Imprudent!

— Il n'y a pas de danger, il est plus discret que moi.

— Je l'espère bien.

Après une pause :

— Savez-vous, Francis, qu'il faut que je vous aime réellement pour me confier ainsi à un homme de votre âge?

— Qu'avez-vous à craindre?

— J'ai à craindre que vous ne me trompiez.

Francis rougit légèrement.

— Quelle folie!

— Elles sont bien heureuses, les femmes que nous méprisons, reprit la comtesse avec une voix pleine d'amoureuse mélancolie; elles peuvent se montrer avec l'homme qu'elles aiment, tandis que nous, femmes du monde, et l'on a bien raison de nous appeler ainsi, car nous sommes les esclaves du monde auquel nous appartenons, tandis que nous, nous sommes forcées d'avoir le même sourire pour celui que nous aimons et pour celui que nous n'aimons pas, sous peine de voir le secret de notre cœur passer de bouche en bouche et s'accoler à notre nom. Ces exigences, ces contraintes, ces difficultés, car il y en a à cacher ce qu'on ressent à des yeux toujours curieux de le surprendre, nous donnent droit à plus d'amour que les autres femmes, sans compter que notre vertu mérite bien quelque chose de plus, quoique, à mon avis, la vertu ne soit pas chose bien difficile, quand on s'appuie, d'un côté, sur la fortune, et de l'autre, sur son amour. Savez-vous qu'il y a des moments où je suis très-malheureuse?

— Vous m'effrayez!

— Je ne ris pas, c'est sérieux. Je vous aime, vous me ferez bien l'honneur de croire que je ne vous parlerais pas ainsi, Francis, si je ne vous aimais pas; moi, au contraire, je suis forcée de croire tout ce que vous dites, quand vous me donnez le détail du temps que vous passez loin de moi. Et qui m'assure que ce que vous me dites soit vrai? Je ne vous parle jamais ainsi, parce que je tremble de vous ennuyer et que ma dignité se révolte à l'idée d'avouer ma faiblesse; mais je suis jalouse, très-jalouse même. La pensée que vous avez peut-être quelque liaison me bouleverse. J'y pense toujours quand je suis seule. Francis, ce serait mal de me tromper, car, je vous le jure, je vous aime bien.

— Est-ce qu'on trompe une femme comme vous, Adeline?

— Il y a d'aussi jolies et même de plus jolies femmes que moi.

— Non.

— Ne dites pas ces choses-là, elles me blesseraient et me prouveraient que vous ne m'aimez pas.

— La femme qu'on aime n'est-elle pas la plus jolie?

— Oui, quand on l'aime; mais je ne suis pas sûre d'être aimée. Voilà bien ce qui me tourmente et me fait douter de moi. Vous avez eu beaucoup de liaisons dans un monde facile. Ces sortes de femmes sont entraînantes et pleines de charme, dit-on; elles inspirent parfois de grandes passions, quoi qu'on dise. Je les redoute. Notre affection, qui a besoin de se cacher, vous laisse beaucoup de temps. Puisque je vous aime, d'autres peuvent vous aimer; puisque vous m'aimez, vous pouvez en aimer d'autres. La moindre inconstance de votre part briserait toute ma vie. Promettez-moi, Francis, si vous aimiez autre part, de me l'avouer franchement. Ce sera une dernière preuve d'amour que vous me donnerez. Je souffrirais trop dans ma tendresse et dans mon orgueil si je l'apprenais par hasard.

— Je vous le promets, répondit Francis en souriant.

— Tenez! je suis folle, reprit la comtesse après une pause de quelques instants, et ce n'est pas cela que je veux vous dire. Promettez-moi, au contraire, si vous ne m'aimiez plus, de me le cacher avec le plus grand soin; je serais trop malheureuse s'il me fallait vous perdre.

— Je vous promets tout ce que vous voudrez.

— Voyons, ne parlons plus de cela, fit Adeline, honteuse de ce mouvement d'attendrissement et en secouant la tête, comme pour faire tomber de son esprit le reste de sa préoccupation. Mais j'avais besoin de vous le dire une fois pour toutes. Vous ne m'en voulez pas?

— Vous en vouloir d'un aussi bon sentiment! à quoi pensez-vous, ma belle petite comtesse?

En même temps Francis, ému et souriant, pressait la main d'Adeline, et la regardait avec amour.

Celle-ci reprit tout à coup, comme pour trancher leur double émotion devenue inutile :

— Fait-il beau aujourd'hui?

— Oui, bien beau.

— Voyons, monsieur, soyez un peu à ce que je vous dis. Ce que j'ai à vous dire est très-sérieux.

— Je vous écoute.

— Fera-t-il beau demain?

— Je vous dirai cela demain soir, dit Francis avec un sourire, et se mettant ainsi sur le ton où se mettait la jeune femme.

— Eh bien! s'il fait beau demain, à deux heures, j'irai vous voir.

— Et s'il fait vilain?

— J'irai tout de même.

— Vous êtes un ange! s'écria Maucroix, qui ne pouvait pas trouver de conclusion plus vraie à la joie que, dans ce moment, lui causait cette promesse.

A cinq heures et demie, le timbre de la sonnette vibra.

— Relevez-vous, dit Adeline à Francis; voici ma mère qui vient dîner avec moi.

La comtesse serra une dernière fois la main du baron; celui-ci prit sa canne et son chapeau, s'assit à quelque distance d'Adeline, comme un visiteur ordinaire, et engagea avec elle une de ces fausses conversations destinées à tromper les importuns qui viennent se jeter au milieu d'un tête-à-tête amoureux. Adeline ne s'était pas trompée: c'était sa mère. En la voyant paraître, le baron se leva, prit cérémonieusement congé de la comtesse, et sortit.

A peine eut-il franchi la porte, qu'il devint soucieux. Arrivé dans la rue, il s'arrêta comme un homme qui hésite sur ce qu'il va faire. Enfin, il parut prendre une résolution et marcha dans la direction du Carrousel, évidemment pour rentrer chez lui. Mais, en passant devant le bureau des omnibus de Neuilly, il s'arrêta de nouveau, et réfléchit encore. En ce moment, le conducteur d'une de ces voitures, lequel attendait l'heure du départ, porta la main à sa casquette en le voyant. Il paraît que Francis était connu de ce conducteur. Ce salut le détermina sans doute, par une de ces corrélations invisibles que les circonstances les plus simples, et, en apparence, les plus étrangères, ont avec certaines décisions de l'esprit. Il revint sur ses pas, et se disposa à prendre place dans l'omnibus.

— Dans combien de temps partirons-nous? demanda-t-il au conducteur en lui faisant à son tour un petit salut d'habitué.

— Dans deux minutes.

Maucroix monta dans la voiture, où s'étaient déjà placées deux ou trois personnes avec des paniers ou des paquets. Il s'accouda dans le premier coin, à droite, pour pouvoir descendre sans déranger personne, et commença à réfléchir profondément, si profondément que l'omnibus se mit en marche sans qu'il s'en aperçût. Vingt minutes après, l'omnibus s'arrêta. Machinalement, Francis leva les yeux; il était arrivé là où il allait, et heureusement le conducteur savait à quel endroit il fallait l'arrêter, sans quoi Francis se fût laissé conduire ainsi au bout du monde.

Il y a à gauche, dans l'avenue de Neuilly et en venant de la barrière de l'Etoile, une grande maison bâtie sur le modèle des maisons les plus élégantes de Paris, et qu'on nomme, je crois, la cité Wallet. C'est devant cette maison que Francis descendit de voiture, et c'est à sa grille qu'il vint sonner. La grille s'ouvrit. Maucroix traversa la cour dans la direction du perron qui se trouve au fond à gauche et qui donne entrée dans le bâtiment sur la façade duquel deux fenêtres seulement du rez-de-chaussée étaient éclairées.

Au moment où il mettait le pied sur la première marche du perron, une de ces fenêtres s'ouvrit, et une ombre de femme, dont il était impossible de reconnaître les traits, puisqu'elle tournait le dos à la lumière éclairant la chambre, y apparut et lui dit :

— Est-ce toi, Francis?

— Oui, c'est moi, répondit le jeune homme.

La fenêtre se referma, le baron franchit la porte à vitraux de couleur, traversa le vestibule sans que le portier lui demandât où il allait, enjamba trois marches à droite, et se trouva dans un large corridor, à l'une des portes duquel une jeune fille se tenait, élevant une bougie au-dessus de sa tête. Francis s'approcha d'elle et posa ses lèvres sur son front.

— Bonsoir, cher enfant.

— Pourquoi viens-tu si tard? dit la jeune fille en passant devant Maucroix pour l'éclairer.

— Je n'ai pas pu venir plus tôt?

— C'est une raison; mais pourquoi n'as-tu pas pu venir plus tôt?

— J'ai fait une visite.

— A qui?

— A une femme.

— Jolie?

— Oui.

— Et à qui tu fais la cour?

— Non.

Nous avons dit que Francis ne mentait jamais. Il ne mentait pas en répondant ainsi : il avait été rendre une visite à une femme jolie, à qui il ne faisait pas la cour. Oh! la franchise a ses subtilités! Puis Francis prenait quelquefois plaisir à la pousser jusqu'à la première limite de l'aveu, et à l'y arrêter brusquement, comme un habile cavalier qui, ayant lancé son cheval à fond de train, l'arrêterait d'un seul coup au bord d'un précipice. Du reste, ce petit interrogatoire qu'on lui faisait subir était plutôt la coquette minauderie d'une femme qui a confiance que l'inquiète curiosité d'une femme jalouse. La jeune fille se jeta au cou de Francis.

— Je ne t'ai pas embrassé, moi, lui dit-elle; et, réparant non pas cet oubli, car elle était incapable d'oublier cela, mais cette lacune, elle resta sur la pointe des pieds, les bras passés par-dessus les épaules du baron, à le contempler avec tendresse.

— Comme tu es beau! lui dit-elle avec une sorte d'orgueil.

— Folle! répliqua Francis en riant. Et quoiqu'il ne lui fît pas le même compliment, il ne put s'empêcher d'admirer sa charmante beauté, surtout dans la demi-teinte où les laissait la lueur d'une seule bougie.

En effet, figurez-vous une fille de dix-huit ans à peine, souple, vive, fringante, dont la vie débordait dans le regard et le sourire, avec des cheveux châtains, ondés naturellement, épais, longs, et tordus derrière la tête trois ou quatre fois autour d'eux-mêmes, sous les dents d'un simple peigne d'écaille qui en laissait échapper çà et là quelques mèches ; avec une peau légèrement dorée, des yeux noirs, petits, mais si vifs, qu'il paraissaient grands sous leurs cils longs, semblables à des effilés de soie, et sous leurs fins sourcils, nets et réguliers comme l'arche d'un pont ; un nez droit, du type grec, et mutin cependant comme un nez de Marton ; une petite bouche rose, fraîche et riant toujours, ce qui laissait voir des dents blanches comme le lait, dont les canines, pointues comme les dents d'un jeune chien, ajoutaient à la physionomie de ce frais petit museau ; deux fossettes creusées dans les teintes roses des joues et un col rond comme une colonne jusqu'au milieu duquel frisaient par derrière des mèches de cheveux rebelles, qui ne voulaient pas se soumettre à la domination du peigne. Couvrez cette belle jeune fille d'une robe de soie noire dont le corsage, s'ouvrant par-devant, laissait voir la garniture d'une chemisette dans la coulisse de laquelle passait un ruban bleu ; chaussez ses petits pieds de petites bottines vernies à talons, boutonnées sur le côté et résonnant fièrement sur le parquet ; entourez de manchettes plattes les poignets de deux mains blanches, fines et sensuelles, et vous aurez le portrait aussi complet que possible de celle qui faisait à notre héros un si joyeux accueil.

La préoccupation qui avait accompagné Maucroix jusqu'à la porte de la belle enfant se fondit tout à coup à sa vue. Se rejetant un peu en arrière, tandis qu'elle réunissait ses mains derrière son cou, il posa tendrement les lèvres sur son front et la tint ainsi en l'air quelques secondes, si bien qu'elle semblait être suspendue à cet affectueux baiser. Elle dénoua ses mains et se laissa retomber à terre.

— Tu n'as pas dîné ? dit-elle.

— Non.

— A la bonne heure, car je t'ai attendu ; j'avais peur que tu ne vinsses pas. Je t'ai préparé un bon petit dîner. Viens te mettre près du feu, je vais te donner tout cela.

Les deux jeunes gens passèrent dans la seconde chambre, à la fenêtre de laquelle la jeune fille s'était mise, et qui, avec celle qu'ils quittaient, composait tout son appartement. Un grand feu rougissait la cheminée, auprès de laquelle était préparée une table ronde avec une nappe, deux couverts, deux assiettes de simple porcelaine blanche, une carafe pleine d'eau, une bouteille de vin, une salière, du beurre et des radis.

La fenêtre était cachée sous de grands rideaux de damas de laine verts. Un piano d'acajou faisait face à la cheminée, surmontée d'une glace et supportant, au lieu de pendule, un groupe en plâtre de Claudon, deux chandeliers, une lampe allumée en ce moment et deux larges écuelles chinoises pleines de tabac à fumer, de papier à cigarettes et de cigares. Un fauteuil en tapisserie, quatre chaises recouvertes en damas vert, des tapis de pied sur le parquet bien ciré ; le *Maître Wolfram* de Lemud, cette lithographie colorée comme la plus belle peinture, harmonieuse comme la musique la plus large, mélancolique et douce comme un chant d'Ossian ; deux dessins de Gavarni et un paysage au fusin de Decamps, accrochés symétriquement dans leurs bordures dorées, complétaient l'ameublement, de l'ensemble duquel il résultait que celle qui l'avait composé n'était pas riche, mais que du moins c'était une femme d'ordre, ayant des goûts d'artiste.

Grangette prit la canne, le chapeau et le paletot de

Francis, et courut les déposer sur le canapé. Son nom, ou plutôt son surnom de Grangette, lui venait de son nom de Lagrange, dont ses camarades de magasin, car Grangette était lingère, avaient fait ce diminutif plus familier. Grangette était un type dans son genre, nouveau type de grisette, que notre époque a créé. Nul, en rencontrant la jeune fille dans la rue, quand elle s'en allait à pied de son magasin à l'omnibus de la Madeleine, n'eût cru rencontrer une grisette. Sortie du magasin, elle devenait une dame, dont la mise était, sinon élégante, du moins de ce goût simple et habile qui a son élégance en lui. Rien ne trahissait l'indépendance dans laquelle elle vivait, excepté sa jeunesse. Je l'ai vue souvent vers cinq heures, longeant rapidement le boulevard, non pas comme une femme qui a choisi ce chemin, mais comme une femme qui, n'ayant que celui-là pour aller où elle va, profite de la distraction rapide qu'il peut lui offrir. Elle portait presque toujours le même costume, car elle n'avait pas le moyen de le renouveler souvent; mais elle avait le talent de lui conserver longtemps sa fraîcheur première, à laquelle elle aidait par le luxe des accessoires. Ainsi, son petit chapeau de feutre noir, couvert d'un voile descendant jusqu'au bas du front, sa robe de soie de même couleur et son tartan anglais, aux nuances tranquilles relevées par un large carreau vermillon, étaient accompagnés d'un manchon, dans lequel se perdait une main bien gantée, tandis que de l'autre, relevant un peu sa robe, elle laissait voir un jupon blanc, dont la bordure découpée jouait sur ses bottines. Rentrée chez elle, Grangette retirait ses gants avec soin, les tirait, les roulait, les déposait dans un tiroir jusqu'au lendemain ; ôtait ses bottines et mettait des pantoufles, serrait son chapeau dans son carton et renfermait son châle plié dans sa commode. Tout cela était l'affaire de cinq minutes, et prolongeait énormément l'existence et la jeunesse de tous ces objets, qu'elle se procurait au prix coûtant, grâce aux rapports de la maison dans laquelle elle travaillait avec les maisons dont ils étaient la spécialité. C'était ce besoin d'économie joint à un besoin inné d'élégance et de comfortable qui faisait qu'elle demeurait à Neuilly, c'est-à-dire à une lieue de son magasin, au lieu de demeurer à Paris. Elle avait une lieue à faire, c'est vrai ; mais au moins elle avait deux vastes chambres, hautes, aérées, dans une belle maison, avec une vue agréable, tandis qu'avec deux cents francs, prix qu'elle payait ce logement, elle n'eût eu à Paris, dans le quartier qu'elle eût voulu habiter, qu'une mansarde étroite, malsaine et nichée au sixième étage ; sans compter que, l'été, le matin jusqu'à huit heures, et le soir de six heures à minuit, elle avait tous les agréments de la campagne. Aussi la rencontrait-on tous les jours, du mois d'avril au mois de septembre, faisant à pied et trottinant gaiement le long chemin que, l'hiver, elle faisait en omnibus, et encore quand le temps était mauvais ou qu'elle était pressée.

Grangette déjeunait dans son magasin et pouvait y dîner, ce qui lui arrivait tous les jours avant qu'elle connût Maucroix. Depuis qu'elle le connaissait, une ou deux fois par semaine, elle dînait avec lui chez elle, comme le jour où nous faisons sa connaissance. Grangette gagnait huit cents francs par an dans son magasin, où elle était adorée et dont elle était la première demoiselle. Nous n'affirmerons pas qu'elle eût écrit une longue lettre avec une orthographe irréprochable ; mais elle l'eût écrite dans un style gracieux et naïf, et nous répéterons qu'elle avait un sentiment très-juste en matière d'arts. J'ai connu des peintres de talent qui la consultaient sur leurs tableaux, et auxquels elle donnait des indications qu'ils suivaient. Un musicien qui avait été son voisin quand elle ne demeurait pas encore à Neuilly, lui avait fait la cour pendant six mois ; le musicien ne lui plaisait pas, mais son talent lui plaisait, et elle le faisait passer son temps au piano. Avec son intelligence remarquable, elle parvint pendant ces six mois à apprendre de lui assez de musique pour pouvoir ensuite travailler toute seule. Elle était donc arrivée à s'accompagner sur le piano quelques romances qu'elle chantait avec un filet de voix sympathique. Un air qu'elle avait entendu une fois, elle le retrouvait sur le clavier après vingt minutes de recherches. Cependant elle eût renoncé à cette distraction, si elle eût dû lui coûter quelque chose ; mais elle n'avait acheté ni ne louait son piano, qui lui était prêté par un facteur, client de son magasin. Elle avait perdu son père et sa mère, et n'avait plus qu'un oncle et une tante, petits fermiers à dix lieues de Paris. Elle était donc libre comme l'air.

Maintenant que vous la connaissez aussi bien que moi, poursuivons.

Francis s'assit au coin du feu, et Grangette de là sonna, après quoi elle vint s'asseoir sur un petit tabouret près du baron. Le coup de sonnette fit paraître une vieille femme, une de ces obscures et bonnes créatures, qui vivent sans savoir pourquoi, auxquelles on ne fait pas attention, qui ont eu cependant leur jeunesse, leurs émotions, leurs joies et leurs tristesses comme tout le monde, et qui, à l'âge où elles devraient se reposer, font des ménages à dix francs par mois, et sont bien contentes quand elles en ont deux ou trois à faire. Fouillez la vie de ces pauvres femmes, et vous trouverez quelquefois, au fond, une grande douleur qu'elles supportent sans se plaindre, comme un mari qui les bat ou un enfant qui les ruine. Maucroix était plein de bienveillance et même plein de respect pour celle-ci, un peu sourde, gauche, maladroite, cassant tous les jours au moins une assiette, mais offrant si naïvement de la payer qu'on en était vraiment attendri.

Quelquefois Grangette, vive comme la poudre, adroite comme une chatte, s'irritait malgré elle de cette lenteur et de cette maladresse, et grondait sa vieille femme de ménage; mais elle s'en repentait aussitôt et lui demandait pardon.

Aussi la mère Noël adorait-elle Grangette et Francis. Elle s'arrêta timidement à la porte de la chambre et regarda le baron avec un sourire.

— Bonjour, madame Noël, lui cria Francis; vous allez bien?

— Oui, monsieur le baron, je vous remercie; et votre santé?

— Ma santé est bonne aussi.

— Maintenant, interrompit Grangette en riant, car elle ne pouvait jamais s'empêcher de rire quand elle voyait sa femme de ménage avec son bonnet ruché tout autour de la tête, sa figure tranquille, ses cheveux ornés de deux touffes frisées sur les tempes, sa robe à fond pain d'épice et son fichu jaune à ramages rouge vif et à larges feuilles vertes, maintenant, mère Noël, il faudrait nous faire dîner.

— Oui, mademoiselle.

— Mère Noël, appelez-moi madame, puisque je suis mariée, fit Grangette en souriant et en montrant Francis.

— Oui, mademoiselle.

— Ne fais donc pas enrager cette pauvre femme, dit tout bas Maucroix.

— Elle n'a pas entendu ce que je lui ai dit. Elle répond de confiance. Et renforçant la voix, elle ajouta :

— Nous voudrions dîner.

— C'est prêt.

— Eh bien! servez-nous.

— Tout de suite.

— Apportez tout à la fois, et puis vous vous en irez dîner à votre tour.

— Merci, mademoiselle.

— Faites vite.

La mère Noël retourna à la cuisine.

— A quelle heure as-tu reçu le mot que je t'ai écrit pour te dire de venir dîner avec moi? demanda Grangette à Francis.

— A dix heures du matin. Qui l'avait apporté?

— Moi-même.

— Pourquoi n'es-tu pas montée?

— J'aurais eu trop peur de rencontrer ta mère.

— Elle ne t'aurait rien dit.

— Non, mais cela aurait pu la contrarier. Comme va-t-elle?

— Elle va bien.

Toutes les fois qu'elle voyait Francis, Grangette lui demandait des nouvelles de sa mère, et le jeune homme lui en savait gré.

— Dis-moi si tu m'aimes, continua-t-elle en regardant le baron en face.

— Oui, je t'aime.

— A quoi penses-tu?

— A toi.

— Tu mens; tu penses à autre chose!

— A quoi veux-tu que je pense?

— Est-ce que je sais, moi? Mais depuis que tu es arrivé ici, tu as l'air préoccupé. Serais-tu amoureux, par hasard?

— Oui.

— Et de qui?

— De toi.

— Tu aurais bien tort d'être amoureux d'une autre femme; tu n'en trouverais pas une qui t'aime autant que moi.

En ce moment, la mère Noël rentrait dans la chambre, apportant le potage qu'elle déposa sur la table.

— Voyons, mangeons, dit Grangette ; moi, je meurs de faim !

Et quittant sa place, elle découvrit la soupière, d'où s'exala un nuage odorant.

— Voilà un fameux bouillon ! La mère Noël ne sait faire que le pot-au-feu, mais elle le fait bien.

— Alors, le reste sera mauvais.

— Non ; le reste vient de chez Gillet, de la porte Maillot, et Gillet est un bon restaurateur.

En parlant ainsi, la jeune fille avait servi le potage, et s'était assise de l'autre côté de la table.

Madame Noël apporta le reste du dîner, c'est-à-dire le bœuf, des filets de chevreuil, du vrai chevreuil, des petits pois, des oranges coupées dans un saladier, et du rhum pour assaisonner les oranges.

— C'est bien, la mère Chose. Allez-vous-en dîner.

— Bonsoir, monsieur et madame.

— Bonsoir.

Les deux jeunes gens restèrent seuls. Ils dînèrent comme deux enfants, se souriant, se prenant la main à chaque minute, s'embrassant. Le repas terminé, Grangette se leva et dit à Francis de l'aider à ranger les assiettes et les plats, ou plutôt de l'éclairer pendant qu'elle les rangerait. Alors il alluma un cigare, prit une bougie d'une main, deux ou trois assiettes de l'autre, et descendit avec elle à la cuisine, placée sous l'appartement, où elle déposa pêle-mêle toutes les traces du dîner.

Tous les deux remontèrent dans la chambre. Grangette balaya les miettes tombées à terre, substitua à la nappe du guéridon un tapis de velours à franges, posa la lampe dessus, prit son petit panier à ouvrage, fit asseoir Francis dans le fauteuil, prépara un tabouret à ses pieds, s'y assit de nouveau en lui tournant le dos et en appuyant ses épaules contre les genoux du jeune homme, pencha la tête en arrière, le regarda de bas en haut en quêtant un sourire, et lui dit :

— Voyons, dis-moi quelque chose.

En même temps, elle tirait de son panier tout ce qu'il lui fallait pour faire du crochet et commençait à travailler.

Il était huit heures. Le silence n'était troublé que par le roulement périodique des omnibus. Grangette travailla une demi-heure ; mais, malgré l'invitation qu'elle lui avait faite de lui dire quelque chose, Francis était retombé dans sa rêverie, sœur de la blanche fumée qui s'échappait de son cigare ; rêverie si profonde, que Grangette s'étant retournée, et l'ayant regardé pendant cinq minutes, il ne s'en aperçut point.

Avec le caractère qu'il avait, et après une journée comme celle dont nous avons donné scrupuleusement le moindre détail, avouons qu'il avait le droit de rêver.

Cependant, ce silence n'amusait pas Grangette, qui, se levant tout doucement, se glissa au piano et se mit à jouer une valse. Francis tressaillit, comme réveillé en sursaut. Les charmantes prévenances de la belle enfant lui revinrent alors à l'esprit, et, la voyant si occupée de lui, il s'en voulut de ne pas être tout à elle, au moins pendant le temps qu'ils passaient ensemble.

Lorsque nous trompons une femme, ce qui nous fait le plus repentir de la tromper, c'est la foi qu'elle continue à avoir en nous comme par le passé, et l'ignorance où elle est de notre trahison. Il est bien rare, dans ce cas-là, que nous n'ayons pas de soudains retours et que nous ne rougissions pas du rôle que nous lui faisons jouer. On comprend, en effet, dans le fond de son âme, qu'on lui doit une compensation aux positions ridicules dans lesquelles on l'a laissée parfois, sans qu'elle s'en doutât, heureusement, et qui la feraient tant souffrir si elle les apprenait. On se souvient des jours où elle attendait sans méfiance, où elle était inquiète et non jalouse, et où, quand on paraissait après une heure ou deux de retard passées près d'une autre, elle vous sautait au cou, toute joyeuse qu'elle était qu'il ne vous fût rien arrivé. Alors on a pour elle les tendresses extrêmes qu'on a pour un enfant que l'on sait malade et qui ne sait pas l'être. On veut, à force de soins, lui faire oublier une faute qu'elle ignore; et souvent une femme, ne soupçonnant pas la véritable cause de cet amour apparent, se croit le plus aimée dans le temps même qu'elle l'est le moins.

Quelques instants avant que Grangette se mît au piano, Francis pensait à Adeline, qui, confiante dans son amant, écoutait tranquillement un opéra, pendant qu'il était auprès d'une autre femme; et il s'en voulait de tromper la comtesse après la confidence pleine de cœur qu'elle lui avait faite dans la journée. Il cherchait presque les moyens de quitter Neuilly à l'instant même, et, en ne restant pas plus avec l'une qu'avec l'autre, de ne tromper ni Adeline ni Grangette, et de maintenir ainsi sa conscience en équilibre entre ses deux amours; puis, aux premières notes qui s'échappèrent du clavier sous les doigts de Grangette, la pensée du baron se reporta brusquement sur l'ouvrière, et il rougit d'avoir fait attendre, pour rester auprès d'une autre femme, la pauvre fille qui se faisait une fête de partager son petit dîner avec lui, et il eut honte, étant à ses côtés, de tenir son âme à une si grande distance d'elle et de trahir l'hospitalité que son cœur recevait. Alors il se leva, s'assit près du piano, prit les mains de la jeune fille, et, la faisant tourner dans sa direction, il la regarda avec amour, et, répondant à sa propre pensée, il lui dit:

— Décidément, je t'aime!

— Décidément! Tu n'en étais donc pas bien sûr?

— Chante-moi quelque chose!

— Cela t'amuse donc, que je chante?

— Oui.

— Bien vrai?

— Bien vrai.

— Que faut-il chanter?

Et, en même temps, elle préparait sur le pupitre la romance favorite de Francis, sûre qu'il lui dirait de chanter celle-là.

— Tiens, chante ceci, lui dit en effet le jeune homme, c'est ce que tu chantes le mieux.

Grangette chanta cette romance et d'autres, et tout son petit répertoire; cela dura longtemps.

Le lendemain, de grand matin, Grangette et Francis, bras dessus, bras dessous, longeaient l'avenue de Neuilly, riant et aspirant gaiement la fraîcheur matinale. Arrivés à la barrière de l'Étoile, ils se séparèrent. Grangette monta dans l'omnibus, et Francis continua son chemin en fumant.

La jeune fille était toute seule dans la voiture; elle abaissa l'un des vasistas, et, passant sa petite tête par l'ouverture, elle sourit à Maucroix jusqu'à ce que le conducteur la tirât de cette douce occupation pour lui demander ses six sous.

Au lieu de prendre les quais, comme cela était son chemin, Francis prit la rue de Rivoli. En passant devant la rue Castiglione, il jeta un regard sur les fenêtres de la comtesse. Les fenêtres étaient hermétiquement closes; Adeline dormait encore, et ne se doutait pas que le baron passait si près d'elle. Maucroix arriva chez lui; son portier lui remit une lettre. Il reconnut l'écriture d'Adeline; son cœur battit à l'idée qu'elle savait peut-être tout. Il ouvrit cette lettre ; elle était datée de la veille au soir et contenait ces mots :

« J'ai passé une bonne journée aujourd'hui ; je ne veux pas la laisser finir sans vous dire encore une fois que je vous aime.

» A demain, deux heures. »

On se rappelle que Gérard devait déjeuner avec Maucroix. Il trouva son ami, les pieds allongés vers son feu et songeant profondément.

— A quoi diable penses-tu, que tu ne m'as pas entendu entrer ? lui demanda-t-il en lui prenant la main et en s'adossant à la cheminée.

— Oh ! je pense à bien des choses, et si tu pouvais me tirer de l'embarras où je suis, tu me rendrais un rude service !

— Dis ton embarras, nous verrons après.

— Tu n'y pourras rien.

— Qui sait ?

— D'autant moins que la chose est risible au-dessus et sérieuse au fond.

— Tu es amoureux !

— Justement.

— De qui ?

— Tu le sais bien.

— De la comtesse ?

— Oui.

— Et de Grangette ?

— Oui.

— Eh bien ! tu es toujours dans l'état où je te vois depuis trois mois.

— Toujours.

— Qu'a donc cet état de si malheureux ? La comtesse est une charmante femme, Grangette est une charmante fille. Tu les aimes toutes les deux ; cela me paraît tout naturel. Tous va par deux dans la nature : on a deux yeux, on a deux bras. Pourquoi n'aurait-on pas deux maîtresses ?

— Pourquoi ne les as-tu pas, toi ?

— Moi, c'est autre chose. Et d'ailleurs, j'en ai une que j'aime comme j'en aimerais deux.

— Toujours rue Hauteville ? demanda Francis en riant.

— Toujours.

— Qui croirait jamais que moi, qui sais tout ce que tu fais, je n'ai jamais su le nom de ta maîtresse, et ne l'ai jamais vue ? Quand je veux te parler d'elle, je dis : « Rue Hauteville. » Tout le secret tient là-dedans. Il faut qu'elle soit bien laide ou bien jolie, pour que tu sois si discret avec moi.

— Si tu n'en sais pas plus long, c'est qu'à mon avis, il y a des choses qu'on a tort de dire, même à son ami le plus intime.

— C'est poli pour moi qui te dis tout.

— Si tes maîtresses t'avaient prié de ne me rien dire de ta liaison avec elles, j'aime à croire que tu ne m'en aurais rien dit. La mienne m'a supplié de me taire, je me tais, et si tu sais qu'elle demeure rue Hauteville, c'est que tu l'as deviné. Du reste, cela t'inquiète fort peu, je crois, et tu m'en veux pas de ma discrétion.

— Je plaisantais, cher ami.

— Revenons donc à toi.

— Moi, je te le répète, je suis très-embarrassé.

— Quittes-en une.

— Oui, mais laquelle ?

— Ah ! voilà. La comtesse ?

— Ce n'est pas le moment.

— Pourquoi ?

— Parce que je l'aime, d'abord. Et puis, si tu savais comme elle a été gentille pour moi hier ! Cette femme-là est pleine de cœur; elle en a d'autant plus, qu'il lui faut passer par-dessus son orgueil pour l'avouer. C'est au point qu'en sortant de chez elle, j'ai été au moment de ne point aller à Neuilly.

— Quitte Grangette, alors. Et, entre nous, tu aurais raison.

— Pourquoi cela?

— Parce que, mon cher, elle est moins en rapport avec ta position que la comtesse; parce qu'à toi, homme du monde, homme d'esprit, il faut une maîtresse avec laquelle tu puisses causer, avec laquelle tu puissses sortir. Tu ne peux pas te montrer avec Grangette. C'est une charmante fille, mais ce n'est qu'une grisette, après tout. C'est drôle pendant quelque temps, mais cela ne peut pas être éternel. Tu ne comptes pas épouser Grangette, n'est-ce pas?

— Eh bien! où veux-tu en venir?

— Je veux en venir à ceci, qu'entre nous, il y a des choses que nous pouvons nous avouer et que nous pouvons mettre dans la balance de nos décisions, car elles sont d'un grand poids dans la vie. Tu as un beau nom, mais tu n'es pas riche; un jour, tu te marieras.

— Jamais.

— On dit cela, et l'on se marie.

— Bref?

— Bref, pour dire carrément les choses, la comtesse est aussi élégante qu'on peut l'être, et tu as tous les bénéfices de cette élégance, sans en avoir les charges. Votre amour, si vous vous aimez, est donc débarrassé de toutes les questions d'intérêt qui font tant de tort à l'amour, et entouré de tout le luxe qui lui va si bien.

— Eh bien! si je te disais qu'il y a des jours où cela m'humilie?

— Quoi?

— Que la comtesse n'ait pas besoin de moi, et me reçoive dans un appartement que je ne paye pas.

— Alors, tu aimes mieux Grangette, qui te coûte de l'argent.

— Grangette ne me coûte rien.

— Je t'avoue alors que, s'il y avait humiliation, il y en aurait plus à être gratis l'amant d'une grisette qui gagne sa vie en travaillant qu'à être pour rien l'amant d'une grande dame à qui l'argent vient tout seul.

— Oui, mais si Grangette avait besoin d'argent, c'est à moi qu'elle le demanderait.

— Belle consolation, quand on n'a, comme toi, que quinze cents livres de rentes! D'ailleurs, tu te trompes encore. Grangette connaît ta position, et, si elle avait besoin d'argent, elle emploierait tous les moyens plutôt que d'avoir recours à ta bourse.

— Tu vois bien qu'elle m'aime!

— Qui est-ce qui te dit le contraire?

— Pourquoi as-tu l'air de t'acharner contre elle?

— Ah ça! tu deviens fou! M'as-tu, oui ou non, demandé un conseil?

— Oui, je t'en ai demandé un.

— Pourquoi?

— Parce que je veux quitter une de ces deux femmes; parce que je suis las de mentir de fait, sinon de paroles; parce que ma vie entière est absorbée par ces deux liaisons, et enfin, parce que, quand on a deux maîtresses qu'on aime également et qui vous aiment autant l'une que l'autre, on n'est plus bon à rien : voilà.

— Quitte Grangette alors, et garde celle à qui sa position défend une liberté complète. Garde celle qui est heureuse, riche, qui n'a rien à craindre de l'avenir et qui met son amour dans un cadre doré. Or, crois-moi, c'est souvent, en amour surtout, le cadre qui fait la valeur du tableau.

— Crois-tu donc que la beauté, la jeunesse et l'entrain de Grangette ne valent pas tout cela?

— Est-ce qu'Adeline manque de jeunesse et de beauté? Et faut-il qu'elle chante des flonflons pour te plaire? Dis-le lui, elle en chantera. Mais, vois-tu, nous tournons là dans un cercle vicieux. J'ai l'air de vouloir te faire quitter Grangette, quand il m'est parfaitement indifférent que tu aies dix maîtresses. Tu sais bien que je ne me mêle jamais de ces choses-là. Seulement, puisque tu me consultes, je tiens à te faire voir les dangers qu'il y a d'un côté. Or, Grangette peut perdre sa place; elle peut tomber malade pendant six mois, pendant un an. Forcément elle sera à ta charge. Que deviendrez-vous alors avec tes quinze cents livres de rentes? Vous aurez une belle et bonne misère à sept cent cinquante francs par tête, et serez condamnés à vivre ensemble toute votre vie, car on ne quitte jamais une femme avec laquelle on a été malheureux. Cela te convient-il? Fais-le.

— Et tu veux que je rompe avec cette fille, dans la prévision qu'un jour je pourrais être sa seule ressource? Ce serait une infamie!

— Tiens! va te promener avec tes deux femmes! Il n'y a pas moyen de discuter.

Maucroix se mit à rire, et reprit tout en riant:

— Le fait est que je suis stupide. Mais je t'assure que ma position mérite intérêt. Je n'ai rien à reprocher ni à l'une ni à l'autre. Ce qu'il y a de plus agaçant, c'est qu'elles semblent faites sur le même modèle. Elles sont jolies également, elles ont ont autant d'esprit l'une que l'autre, elles ont les mêmes goûts. L'autre jour, je vais voir la comtesse, elle venait d'acheter une capote blanche. Je vais chez Grangette, je la trouve se faisant un chapeau blanc. Je passe avec Grangette devant chez Janisset, il y a un mois, le soir; elle regarde les bijoux, m'en montre un et dit : « Voilà celui que je préfère. » Trois jours après, la comtesse me dit : « Il faut que je vous montre un cadeau que je me suis fait. » Et elle me fait voir le bijou que préférait Grangette. Dans ce moment-là, je haïssais la comtesse.

— Pourquoi ?

— Parce que je ne pouvais pas donner à Grangette le bijou que l'autre avait acheté si facilement.

— Quitte la comtesse, alors !

— Tu te moques de moi !

— Tiens ! veux-tu que je te dise mon opinion ?

— Oui.

— Tu es un gros fat; tu n'es pas fâché de te poser en homme qui a deux maîtresses, et tu ne veux les quitter ni l'une ni l'autre. Laisse-moi tranquille, et parlons politique.

Il se fit un silence de quelques instants. Mais il y a des discussions auxquelles on revient toujours malgré soi, et Gérard reprit avec le ton d'un homme qui vient de trouver un argument décisif :

— Adeline n'a-t-elle jamais aimé que toi ?

— Oui.

— Et Grangette ?

— Non. Dans la position où elle est, tu sais bien que, s'il en était ainsi, quand je ne l'aimerais plus, je ne songerais pas à la quitter.

— Donc, la comtesse a fait plus pour toi que Grangette ?

— Évidemment.

— L'une risque sa réputation, l'autre ne risque rien. Il y a sacrifice d'un côté, il y a habitude de l'autre. Est-ce vrai ?

— Parfaitement vrai.

— Quitte Grangette.

Maucroix baissa la tête; il n'y avait rien à répondre. Au bout de quelques instants, il releva la tête, et regardant Gérard, il lui dit en souriant :

— Tu as raison. Tout ce que tu me dis, je me le suis déjà dit bien des fois...

— Et tu n'as pas quitté Grangette? Alors, quitte la comtesse, car c'est Grangette que tu aimes le mieux.

Maucroix mit ses mains dans ses poches et se promena dans sa chambre. Gérard le regardait en secouant la tête, comme un médecin qui traite une maladie incurable.

Il est bien entendu que toute cette conversation avait lieu sur un ton moitié railleur, moitié sérieux, comme le sujet.

— Si je tirais à pile ou face laquelle je laisserai? fit le baron en s'arrêtant.

— Ce serait bien inutile. Le cœur ne se soumet jamais au hasard. Puis, ce serait une bien plus mauvaise action que d'obéir à un raisonnement.

— Tu vois bien que je plaisante. Voyons, franchement, que ferais-tu à ma place?

— Oh! nous y revenons encore? Je te l'ai déjà dit, je n'hésiterais pas un instant. Je quitterais Grangette.

— Ta parole d'honneur?

— Ma parole d'honneur!

— Eh bien! s'écria Maucroix avec l'accent de la résolution prise, eh bien!...

Mais il n'acheva pas sa phrase sur le même ton; elle se fondit dans un sourire, et il ajouta :

— Pas aujourd'hui, elle a été trop charmante hier.

— Tu m'en as dit autant de la comtesse.

— Que veux-tu? c'est la vérité.

— Un de ces jours, tu te trahiras, tu te tromperas de

nom; ou tu seras suivi, et tu te trouveras alors dans une belle position !

— C'est bien cela que je veux éviter. Il vaut mieux faire un chagrin à une femme que de la rendre ridicule. Cependant, je t'assure que dans le commencement ce double amour avait du charme, et qu'il en a encore.

— C'est donc bien amusant de mentir ?

— Je ne mens jamais.

— Menteur !

— Quand ai-je donc menti ?

— Il est bien arrivé au moins une fois, quand tu sortais de chez la comtesse pour aller à Neuilly, qu'elle demandât où tu allais. Que lui disais-tu ?

— Je lui disais : Je vais à Neuilly.

— Mais si elle te demandait chez qui tu allais à Neuilly ?

— Elle me l'a demandé un jour.

— Et tu lui as répondu ?...

— Je lui ai répondu : Je vais chez une charmante personne qui m'a invité à dîner. C'était vrai.

— Mais si elle t'avait dit : L'aimez-vous ?

— Je lui aurais dit : Oui. Mais elle ne me l'a pas demandé, pas plus que Grangette ne m'a demandé hier si j'étais l'amant de la femme jeune et jolie de chez laquelle je lui ai dit que je venais quand elle m'a demandé pourquoi j'étais en retard. Les femmes sont tellement habituées à ce qu'on leur cache avec le plus grand soin qu'on les trompe, qu'elles ne se figureront jamais que leur amant a pour maîtresse la femme dont il leur parle franchement et chez laquelle il avoue aller. C'est à un tel point, qu'un matin, en revenant de Neuilly, j'ai trouvé ici Adeline qui avait voulu me faire une surprise. Je ne pensais guère à la trouver là. J'entre ; le cœur me battait, je te l'avoue, et je crus bien que c'en était fini.

— D'où venez-vous ? me dit-elle.

— Je viens de chez une femme.

— Vous êtes son amant?

— Oui.

Adeline pâlit à ce mot, puis tout à coup elle se mit à rire et me dit :

— Que je suis sotte d'écouter toutes vos folies. Est-ce que vous me le diriez, si vous aviez une autre maîtresse. Et elle ne m'en demanda pas davantage.

— Le fait est que c'est drôle !

— En réalité, ce que je faisais là était très-mal. Je lui disais à brûle-pourpoint une chose qu'elle pouvait croire et qui devait lui faire un grand chagrin, car elle m'aime, j'en suis sûr. Aussi, cette fausse franchise me répugne-t-elle maintenant. Je les estime trop toutes les deux pour les tromper, et il faut que cela finisse !

— Tu le dis, et tu n'en finis pas.

— J'ai peur de faire une injustice.

— Salomon, va !

Francis riait malgré lui.

— Pour le moment, il n'y a rien à faire, reprit Gérard, mais je vais te proposer un moyen.

— Parle.

— Elles t'aiment toutes les deux?

— Oui.

— Et s'il était démontré que l'une t'aime moins que l'autre ?

— Ce serait fini pour celle-là.

— Mets-les à l'épreuve.

— Comment?

— Dans huit jours, ta mère part pour la campagne.

— Eh bien?

— Eh bien ! dans huit jours, écris à chacune une lettre de deux lignes dans laquelle tu annonceras sèchement ton départ sans dire où tu vas. Accompagne ta mère; reste avec elle un mois; ne donne pendant ce temps de tes nouvelles ni à Grangette ni à Adeline. Elles se croiront cavalièrement abandonnées; leur amour-propre sera blessé : c'est la véritable pierre de touche des amours comme ceux-là. Dans un mois, reviens. Représente-toi chez les deux, comme si rien n'était : celle qui te pardonnera le plus tôt sera celle qui t'aimera le plus.

— Tu crois donc qu'il y en aura une qui ne me pardonnera pas?

— Je crois qu'en un mois il se passe bien des choses, et qu'à ton retour, ce qui trancherait encore mieux la difficulté, tu pourrais trouver une des deux infidèle.

— Ainsi, tu ne crois pas que la constance d'une femme puisse durer un mois?

— Je ne dis pas cela! Je dis qu'il pourrait arriver que, sur deux, l'une, par dépit, par caprice, par je ne sais quoi, t'oubliât, tandis que l'autre ne t'oublierait pas. Dans ce cas-là, laquelle garderais-tu?

— Quelle bêtise! Je garderais celle qui ne m'aurait pas trompé, et je quitterais immédiatement l'autre. Mais je les connais, ni l'une ni l'autre ne me trompera.

— Tu n'es qu'un fat. Elles te tromperont toutes les deux, et ce sera bien fait. Enfin, acceptes-tu mon moyen?

— Parfaitement.

— C'est chose convenue, alors?

— Oui.

— Tu ne tricheras pas?

— Comment veux-tu que je triche? Je n'ai pas de préférence.

— Tope!

Les huit jours qui suivirent cette scène, Francis les partagea, comme par le passé, entre Adeline et Grangette.

Madame de Maucroix faisait ses préparatifs de départ. Le huitième jour arriva. Le baron avait tenu sa promesse; il n'avait rien dit à la comtesse ni à la grisette, mais il eût bien voulu rester. Positivement, son cœur avait pris cette double habitude, et se déchirait deux fois en la rompant, même pour un mois. Mais il n'y avait pas moyen de faire autrement. Il avait donné sa parole à Gérard, et sa mère comptait sur lui.

Le matin du huitième jour, Gérard arriva chez le baron.

— C'est aujourd'hui que tu pars?

— Oui.

— Tu es toujours dans le même état?

— Toujours.

— Tu consens toujours à ce dont nous sommes convenus?

— Toujours.

— Prends une feuille de papier et écris ce que je vais te dicter, fit Gérard, comme s'il se fût agi de la chose la plus sérieuse du monde.

Francis obéit.

— « Ma chère enfant, je conduis ma mère à la campagne, je ne serai pas de retour avant un mois. A toi. » Et maintenant, signe.

— Rien de plus?

— Rien de plus.

— C'est bien peu!

— C'est assez.

Francis signa.

— Mets l'adresse.

— A qui envoyons-nous cette lettre?

— A Grangette. L'autre sera pareille, moins le *tu*.

Ces deux lettres écrites, pliées et cachetées, Francis les donna à Gérard, qui se chargea de les faire remettre, et lui dit :

— Allons, que ta volonté soit faite!

En ce moment, on vint prévenir Maucroix que sa mère était prête à partir.

Il embrassa Gérard.

— C'est aujourd'hui le 25 mars, lui dit-il; le 26 avril, à huit heures du matin, je serai chez toi. J'aurai fait mes deux visites la veille; je te dirai comment j'aurai été reçu, et tu me diras ce qui se sera passé, s'il s'est passé quelque chose. Est-ce bien cela?

— Oui. Mais tu jures de n'écrire ni à l'une ni à l'autre, quoi qu'il arrive.

— Je le jure!

— Bon voyage!

Les deux amis se serrèrent la main et se séparèrent après s'être embrassés une dernière fois.

Quatre jours après que le baron était arrivé à la campagne de la marquise, le domestique lui apporta deux lettres. Francis n'avait pas besoin de les décacheter pour savoir de qui elles étaient. L'une était d'Adeline, l'autre de Grangette.

Maucroix tourna quelques instants dans ses mains ces deux lettres, parties de points si différents et lui arrivant ensemble. Elles étaient comme un double reproche. Un moment, pour être plus sûr de tenir sa promesse à Gérard, il pensa à ne pas les lire; mais ces idées-là sont de celles qu'on n'a qu'un moment. Francis était ému; car, en réalité, il ne s'attendait pas à recevoir ces deux lettres, et surtout à les recevoir en même temps.

— Que vont-elles me dire? se demandait-il.

Il rompit le cachet de la lettre d'Adeline. Pourquoi lisait-il celle-là la première? Ce que lui disait la comtesse l'intéressait-il davantage, ou voulait-il n'apprendre que le plus tard possible qu'il avait fait de la peine à Grangette?

La lettre était courte, et contenait ces mots:

« J'ai reçu hier de vous une lettre étrange. Comment!

vous venez me voir le 24 sans me dire que vous partez le 25, et vous partez en m'écrivant deux lignes auxquelles j'aime mieux ne rien comprendre que d'y voir l'indifférence qu'elles prouvent! Vous ne me dites pas même où vous allez. Un instant, j'ai eu peur qu'il ne vous fût arrivé un malheur, à vous ou à votre mère, et j'ai couru chez vous. C'est là que j'ai su où je pouvais vous écrire, ce que je fais en rentrant. Que votre cœur m'envoie bien vite une explication, et je lui pardonnerai peut-être.

» ADELINE. »

— Quelle charmante femme! fit Maucroix en jetant la lettre de la comtesse sur la table. Et, ouvrant celle de Grangette, il lut :

« Je n'ai trouvé que ce soir, 26, en revenant de mon magasin, la lettre que tu m'as écrite hier. Que veut dire cette lettre? Est-ce que tu ne m'aimes plus? On le croirait en la lisant. Tu ne me dis même pas où tu vas. D'où vient ce départ, dont tu ne m'as pas parlé la veille? J'ai couru tout de suite chez toi, craignant ou qu'il te fût arrivé un malheur, ou que ce voyage ne fût qu'un prétexte pour ne plus venir me voir. Écris-moi tout de suite pour me tranquilliser, car, depuis hier, je suis comme une folle. Je t'embrasse comme je t'aime.

» TA GRANGETTE. »

— Excellente fille! ajouta Francis à son exclamation précédente. Et prenant chacune de ces lettres dans chacune de ses mains, il leur sourit à toutes les deux, et se demanda ce qu'il allait faire.

Il avait promis à Gérard de ne pas donner de ses nouvelles aux deux femmes : il devait tenir sa promesse. Mais s'il est avec le ciel des accommodements, à plus forte raison en est-il avec la terre. Francis crut donc avoir trouvé un excellent moyen de concilier tout. Il écrivit en double cette lettre à Adeline et à Grangette.

« Si je ne t'ai pas prévenue de mon départ, c'est que j'ignorais que je dusse partir. Si je t'ai écrit une lettre si courte, c'est que ma mère et moi sommes partis en toute hâte. Je n'ai pas besoin d'ajouter combien j'eusse voulu avoir le temps de te dire adieu, et combien j'aspire maintenant au moment du retour. Du reste, il aura lieu plus plus tôt que tu ne penses, et que je ne le pensais moi-même quand je suis parti. Je t'aime.

» FRANCIS. »

Ces deux lettres écrites, le baron les mit sous enveloppe avec leurs adresses, et les envoya à Gérard sans les cacheter, lui faisant part de celles qu'il avait reçues, lui demandant la permission de faire ces deux réponses, et le priant, s'il y consentait, de les cacheter et de les faire remettre lui-même à qui de droit.

Deux jours après, Maucroix recevait un mot de Gérard, qui l'informait que sa double commission était faite, mais qu'à l'avenir, il lui défendait de répondre si on lui écrivait. Gérard, en conseillant à son ami de partir, avait pensé que la distance lui ferait voir ses sentiments sous leur véritable jour. Physiquement et moralement, c'est en s'éloignant un peu des choses qu'on les voit le mieux. Il n'en n'était rien cependant ; le cœur du jeune homme tenait ses deux amours dans une balance égale, et à peine un plateau penchait-il un peu, que l'autre se chargeait de quelque doux souvenir et rétablissait ainsi l'équilibre.

Cependant Adeline et Grangette avaient cessé de lui écrire. Ce silence commença à l'inquiéter. Il écrivit alors à Gérard et lui demanda des nouvelles. Gérard lui répondit :

« Il y aura bientôt du nouveau, je crois, et je pourrai te faire grâce d'une quinzaine de jours. Tiens-toi donc prêt à partir quand je te le dirai. »

La lettre était mystérieuse et peu rassurante. Quel était *ce nouveau* qu'entrevoyait Gérard ? Francis devint triste et fit sa malle. Six jours se passèrent sans lettre de Gérard.

Le sixième jour, c'est-à-dire dix-huit jours après son départ, le baron reçut un billet de son ami; ce billet ne contenait que ces mots :

« Arrive. Va voir Adeline d'abord, Grangette ensuite, et viens me dire comment tu auras été reçu par l'une et par l'autre. »

Le bon Dieu dirait à un éclair de monter en voiture, que l'éclair n'y monterait pas plus vite que Francis dans la diligence qui devait l'emmener. Le baron arriva à Paris, courut chez lui, y déposa sa malle, s'y habilla et se rendit chez la comtesse. La comtesse était seule. Maucroix se fit annoncer, et ce ne fut pas sans émotion qu'il entra. Était-ce là qu'il allait trouver le changement dont lui parlait Gérard?

Adeline pâlit un peu en voyant paraître son amant.

— C'est vous! lui dit-elle de cette voix qui révèle par un tremblement imperceptible l'émotion intérieure et les efforts qu'on fait pour la dominer.

— Ne m'attendiez-vous pas?

— Je ne vous attendais plus.

— Vous paraissez fâchée? continua le baron en s'asseyant aux pieds de la comtesse et en lui baisant la main.

— On le serait à moins!

— Que vous ai-je donc fait?

— Vous le demandez! Comment! vous partez sans me prévenir autrement que par une lettre de deux lignes! Vous ne me dites même pas où vous allez! J'ai la bonté de courir chez vous, de vous écrire. Vous me répondez dix lignes cette fois; puis je n'entends plus parler de vous, et un beau jour vous arrivez sans qu'on vous attende, comme une révolution, et vous paraissez étonné que je ne vous reçoive pas avec enthousiasme! En vérité, mon cher, vous êtes trop fat, si vous croyez qu'on ne peut pas se passer de vous. J'ai commencé à en prendre l'habitude, et je sens que je n'aurai pas de peine à la continuer.

Si vous êtes femme, vous qui me lisez, je n'ai pas besoin de vous dire de quel ton cette petite tirade fut prononcée. Vous savez aussi bien, mieux que moi, comment une femme parle à l'homme aimé qu'elle revoit, après avoir craint de ne plus le voir. Il y a dans le sentiment qu'elle éprouve un mélange de joie et un reste de dépit qui, fondus ensemble à des doses inégales, produisent bientôt cette charmante chose qu'on appelle le raccommodement. Malheureusement Francis n'avait pas la science d'une femme, et, prenant d'autant plus au sérieux ce que lui disait la comtesse, que la lettre énigmatique de son ami le prévenait de s'attendre à tout, il dit à Adeline :

— Gérard avait raison.

— Que voulez-vous dire?

— Je veux dire que Gérard m'a prévenu que je trouverais du changement à Paris.

— Il ne fallait pas être prophète pour prédire cela. Quand un homme qui n'a rien à reprocher à une femme se conduit avec elle comme vous vous êtes conduit avec moi, il aurait mauvaise grâce à s'étonner que cette femme fût changée à son égard.

— Ainsi, vous avouez...

— Quoi !

— Que vous ne m'aimez plus?

— Avouer que je ne vous aime plus, serait avouer que je ne vous ai jamais aimé; car un amour qui mourrait en deux semaines serait un amour qui aurait peu de racines. Mais j'avoue que mes sentiments pour vous ont reçu de votre conduite une douloureuse atteinte, et que, s'ils ne sont pas morts du coup, ils pourront bien mourir des suites.

— A moins qu'on ne panse la blessure avec tant de soin

qu'elle ne se ferme bientôt, fit Maucroix en se faisant câlin comme un enfant.

— Enfin, donnez une raison à votre conduite, répondit Adeline, comme une femme qui ne demande qu'à se laisser convaincre.

— Vous le voulez?

— Oui, je le veux.

— Et vous me pardonnerez?

— Si la raison est bonne.

— Eh bien! cette raison est dans mon amour même.

— Quelle est cette nouvelle plaisanterie?

— C'est la vérité.

— Expliquez-la-moi alors, car elle n'est pas claire.

— Je voulais vous mettre à l'épreuve.

— Comment! à l'épreuve? Je ne comprends pas.

— Je voulais savoir si vous m'aimiez.

— Vous en doutiez donc?

— On n'est jamais sûr de cela.

— Et alors?

— Alors je me suis dit : Je vais partir, et rester un mois loin d'elle sans lui donner de mes nouvelles; si, au bout d'un mois, malgré ce qu'elle aura le droit de me reprocher, elle m'aime toujours, c'est qu'elle m'aimera bien.

— Eh bien! vous avez encore douze jours à rester loin de Paris; repartez, sans quoi l'épreuve ne sera pas bonne.

— Non, je ne repartirai pas.

— Ainsi, vous me faites grâce des douze derniers jours?

— Oui.

— Quelle confiance et quelle générosité! Mais d'où viennent-elles?

— Elles viennent de ce que Gérard m'a écrit que je pouvais revenir, que je trouverais du nouveau.

— Eh bien! l'avez-vous trouvé, ce nouveau?

— Pas encore, mais cela pourrait bien arriver.

— Prenez garde, Francis, vous allez devenir impertinent! Je lis cela dans vos yeux. Vous voyez que vous avez fait une sottise, et croyez ne pouvoir vous en tirer qu'en en faisant une seconde.

— Qu'y aurait-il d'étonnant?...

— A quoi?

— A ce que vous ne m'aimassiez plus, et...

— Et à ce que j'en aimasse un autre, peut-être? Oh! continuez votre phrase, ne vous gênez pas.

— Eh bien! oui; à ce que vous en aimassiez un autre?

— Ah ça! pour qui me prenez-vous? Me croyez-vous donc une de ces femmes pour qui un amant n'est rien et qui en prennent deux en un mois? En vérité, je ne sais pas d'où vous revenez!

— Ainsi, je n'ai rien à craindre?

— Allons, vous êtes fou!

— Et il n'y a pas eu le moindre changement en vous, continua Francis, qui ne se déroutait pas, qui avait fini par oublier complétement Grangette et par croire que le changement annoncé ne regardait qu'Adeline, conviction corroborée par l'accueil froid qu'il avait reçu.

— Pas le moindre, et cependant il aurait pu y en avoir.

— Vous voyez que Gérard ne se trompait pas!

— Mais si M. Gérard qui, bien malgré moi, car c'est une indiscrétion de ma mère qui lui a tout appris, si M. Gérard vous avait dit toute la vérité, vous n'en seriez que plus certain que je vous aime, ou plutôt que je vous aimais, se hâta d'ajouter Adeline, qui ne voulait pas encore se rendre tout à fait, et vous ne diriez pas toutes les folies que vous dites.

— Il s'est donc passé quelque chose d'extraordinaire pendant mon absence?

— Oui.

— Que s'est-il passé?

— Vous ne le saurez pas ; ce sera votre punition. M. Gérard vous le dira, si bon lui semble ; quant à moi, je ne veux pas avoir l'air de me vanter d'une chose toute naturelle, que j'eusse faite en tout autre temps, et quand même je ne vous eusse point aimé.

— Dites-moi quelle est cette chose, Adeline !

— Non. Sachez seulement que vous n'êtes qu'un enfant, que vous m'avez fait beaucoup de peine, et, qu'en amour, la plus grande maladresse, la plus grande imprudence même, c'est de vouloir mettre à l'épreuve la femme qu'on aime.

— Pardonnez-moi.

— Nous verrons cela plus tard.

— Pourquoi pas de suite ?

— Parce que tu ne le mérites pas.

— Tu m'as dit : Tu. C'est une avance.

— Ce n'est qu'un à-compte.

— Tu es charmante et je t'aime ! Voyons ! qu'avez-vous fait pendant mon absence ?

— Je me suis ennuyée.

— Est-ce bien vrai ?

— Si vrai que j'ai fait des folies.

— Lesquelles ?

— J'ai fait ce que font les femmes quand elles ne savent que faire. J'ai acheté une foule de choses dont je n'avais aucun besoin, et entre autres un cachemire. Tenez, le trouvez-vous joli ? fit la comtesse en se levant, en emmenant Francis dans sa chambre et en lui montrant un cachemire rouge. Il vaut quatre mille francs et ne m'en a coûté que trois mille.

— Vous ne voulez pas me dire pourquoi Gérard m'a écrit qu'il avait du nouveau à me conter ? reprit Maucroix, qui, comme on dit vulgairement, en revenait toujours à ses moutons, et que la vue d'un cachemire n'intéressait que médiocrement.

— Non. Et si vous voulez me faire plaisir, vous n'en parlerez même pas à M. Gérard. Il s'agit de choses qui ne vous regardent pas et qui ne valent pas la peine que vous vous en occupiez.

— Eh bien, je n'en parlerai pas à Gérard.

— Vous me le promettez?

— Oui.

— Allons, vous êtes pardonné.

Et la comtesse tendit sa main.

Quand on fait à une femme une promesse comme celle que venait de faire le baron, on prend, sans s'en douter, vis-à-vis de soi, l'engagement de ne point la tenir. Cette chose qu'Adeline paraissait traiter si légèrement et à laquelle Gérard semblait ajouter tant d'importance, comme il ne doutait pas que ce fût la même, ne lui sortait pas de la pensée. Il était ce qu'on appelle intrigué, et tout le long du chemin, en se rendant chez Grangette après avoir quitté la comtesse, il se répétait : Qu'est-ce que cela peut être?

Quand il arriva à Neuilly, il était donc plus occupé de la comtesse que de l'ouvrière. La grille de la maison était ouverte et la clef sur la porte de l'appartement. Il entra sur la pointe du pied, pour faire une surprise à la jeune fille. La porte de la chambre où elle se trouvait était entrebâillée; Maucroix s'en approcha sans faire de bruit et regarda. Grangette, assise auprès de la table, travaillait à la lueur d'une lampe à côté de laquelle était posé, pour son dîner, un potage auquel elle n'avait pas encore touché, et qu'elle avait même sans doute complétement oublié, s'il fallait en croire l'état de rêverie dans lequel elle paraissait plongée.

Maucroix ouvrit doucement la porte et s'approcha de la jeune fille; alors voyant qu'elle ne bougeait pas, il l'appela. Grangette leva la tête, et, poussant un cri, se jeta dans les bras du baron. Quand elle en sortit, son visage était inondé de larmes, et son corps agité d'un tremblement fébrile.

— Pourquoi pleures-tu? lui demanda Francis avec douceur.

— Oh! laisse-moi pleurer; c'est de joie, répondit la jeune fille. J'avais si peur que tu ne revinsses plus! j'avais si peur de ne plus te voir! Que j'ai été malheureuse pendant cette absence! Mais tu m'aimes toujours, n'est-ce pas?

— Toujours, chère enfant.

— Et tu ne me quitteras plus?

— Jamais!

Et Grangette poussa un de ces gros soupirs qui débarrassent d'un seul coup la poitrine oppressée; puis elle essuya ses yeux, prit les deux mains de Francis dans les siennes, le regarda avec tendresse et lui dit :

— Que tu es bon d'être revenu!

Et reprenant aussitôt les habitudes d'autrefois, comme pour faire oublier qu'elles avaient été interrompues un moment, Grangette ôta le chapeau de Francis de dessus sa tête, le déposa avec sa canne dans un coin, et, faisant asseoir le jeune homme sur le fauteuil qu'elle occupait quand il était entré, elle s'agenouilla avec amour. Grangette ne questionna point le baron sur la cause de son départ, et ne lui fit aucun des reproches qu'Adeline lui avait faits, et que cependant elle eût été en droit de lui faire. Elle était si heureuse du retour qu'elle ne se rappelait déjà plus l'absence.

Quoique Adeline eût fini par pardonner, il n'y avait évidemment pas de comparaison entre les deux accueils que Francis recevait. C'était à Neuilly qu'il était le mieux reçu, c'était à Neuilly que son retour causait le plus de joie. Il est vrai que par sa position Adeline avait le droit d'être plus exigeante que Grangette, et que la crainte que celle-ci avait eue d'être abandonnée pouvait prouver qu'à ses propres yeux elle était de celles avec qui l'on peut rompre de cette brusque façon.

Les deux épreuves faites, Francis courut chez Gérard, pour en terminer le même jour avec la décision qu'il devait prendre. Il était tard. Gérard allait se coucher.

— Tu n'as pas perdu de temps, dit-il à Maucroix en le voyant entrer. Quand es-tu arrivé?

— Ce matin. Je suis parti une heure après avoir reçu ta lettre.

Malgré lui, Gérard regardait son ami comme on regarde l'homme à qui l'on va apprendre une chose qui lui fera de la peine, c'est-à-dire en étudiant son visage pour s'asturer qu'il est prêt à recevoir le coup qu'on lui portera. De son côté, Maucroix subissait devant Gérard l'émotion inévitable qu'on subit en face de l'homme qui cache encore derrière ses lèvres le mot qu'on est curieux d'apprendre, quoiqu'on pressente une influence et peut-être un chagrin dans ce mot.

— Tu as vu Adeline? demanda Gérard.

— Oui.

— Comment t'a-t-elle reçu?

— Avec des reproches d'abord, avec des tendresses ensuite.

— Tu as vu Grangette?

— Oui.

— Elle t'a reçu de même?

— Non : des larmes de joie, voilà tout; car elle tremblait, disait-elle, de ne plus me revoir.

— Oh! les femmes! murmura Gérard.

— Que veux-tu dire?

— Rien. Enfin, laquelle t'a le mieux reçu?

— Grangette, sans aucun doute.

— Sois franc. S'il te fallait choisir maintenant entre Adeline et Grangette, serais-tu aussi embarrassé qu'avant ton départ ?

— Peut-être que non.

— Et tu choisirais ?....

— J'avoue que la réception que m'a faite Grangette m'a ému, surtout après l'accueil un peu froid que m'avait fait Adeline. Aussi ai-je eu grand'peine à la quitter pour venir ici.

— Tu pouvais attendre.

— Non, car je tiens à savoir aujourd'hui même ce dont tu as à me faire part.

— Il vaudrait peut-être mieux que je ne te le disse pas.

— C'est donc bien grave ?

— Ça l'est assez !

— Parle.

— Tu ne m'en voudras pas ?

— Je te le promets.

Gérard regarda Francis pour s'assurer de la sincérité de sa promesse.

Maucroix lui tendit la main en lui disant :

— Je t'écoute.

— Eh bien ! comme je te l'ai écrit, il y a du nouveau.

— Du côté de la comtesse ?

— Tu vas voir.

Quand bien même il s'agit d'une femme que l'on n'aime plus, et avec laquelle on veut rompre, on pâlit et l'on sent son cœur se gonfler à l'idée qu'on va apprendre qu'on a été trompé par elle. Ne fût-ce que l'amour-propre, quelque chose s'arme alors dans l'homme, s'apprêtant à combattre la vérité, et donne une secousse à l'âme en retombant vaincu. A plus forte raison donc doit-il être ému, quelques efforts qu'il fasse pour le cacher, celui qui va apprendre une trahison de la part de la femme qu'il aime encore. Or, tout indiquait dans l'allure et le ton de Gérard que c'était d'une trahison que Maucroix allait être informé.

Je vous assure que le moment était plus solennel que ne l'auraient cru Gérard et Francis une heure auparavant.

En voyant ce qui se passait dans l'esprit de son ami, car il y lisait comme dans un livre ouvert, s'il n'en eût déjà trop dit, Gérard se fût tu tout à fait. Mais le silence était devenu impossible, quoique au fond tous deux l'eussent désiré. Gérard pensa donc qu'il valait mieux frapper un grand coup tout de suite. Il s'était couché tout en causant, et son coude sur l'oreiller, sa tête sur sa main, tandis que Francis s'appuyait à la cheminée loin de la lumière, à la fois pour prendre l'attitude d'un homme indifférent et pour que son visage ne le trahît pas, Gérard dit au baron :

— Tu as dit que si l'une des deux te trompait, tu la quitterais.

— Oui, et cela tout de suite.

— Eh bien, apprête-toi à en quitter une.

— Laquelle ?

— Devine.

— La comtesse.

— La comtesse t'aime, reprit Gérard d'une voix grave, et plus que tu ne le mérites, puisque tu doutes d'elle. La comtesse est une charmante femme. Voici ce qu'elle a fait. Je le tiens de sa mère, qui, comme tu le sais, est assez expansive et conte volontiers ses affaires et celles de sa fille. Quand tu as connu Adeline, elle devait épouser le marquis de G***, qui a un beau nom, qui a deux deux cent mille livres de rentes, est jeune et fou d'elle. Le mariage devait avoir lieu au retour du marquis, forcé de partir pour recueillir un héritage. Le marquis est revenu, et la comtesse lui a signifié qu'elle ne l'épouserait pas. La mère d'Adeline se perd en conjectures, puisqu'elle ignore votre liaison, et se demande ce qui a pu motiver ce changement dans sa fille. Le motif, c'est l'amour que la comtesse a pour toi, et elle fait réellement un sacrifice en repoussant le marquis. Deux cent mille livres de rentes et un beau nom sont toujours bons à prendre. Voilà ce qu'a fait Adeline. Te l'a-t-elle dit?

— Non.

Un sourire d'orgueil bien naturel passa sur les lèvres de Maucroix.

— Quant à Grangette...

— Eh bien?

— Ce n'est pas tout à fait la même chose. Il y a cinq jours, je passais par la rue Vivienne, où est son magasin, quand je l'en vis sortir; il pouvait être dix heures du soir : cela m'étonnait qu'elle rentrât si tard; mais, toi absent, elle n'avait rien qui l'engageât à rentrer plus tôt. Je m'approchai d'elle pour lui parler, mais je ne sais quelle idée me traversa la tête et me retint. Au lieu de l'aborder, je la suivis; quand elle fut arrivée au boulevard, un jeune homme qui attendait lui prit le bras et la remercia de son exactitude. Je passai et regardai cet homme sans qu'elle me vît. Ils semblèrent hésiter sur la direction qu'ils devaient prendre. Bref, ils longèrent le boulevard à gauche, et s'arrêtèrent au café Anglais. Cela devenait sérieux. J'allumai un cigare et j'attendis; au bout d'une bonne heure, ils ressortirent, traversèrent le boulevard, prirent la rue Laffitte et s'y arrêtèrent au n° 34, dont la porte se referma sur eux. J'attendis encore un quart d'heure et demandai au portier le nom du jeune homme, ce qui m'a bien coûté cent sous, que je ne te réclame pas. On le nomme M. d'Hérion. Je rentrai. Le lendemain, à six heures du matin, j'étais rue Laffitte; à huit heures, Grangette sortait du n° 34, et se rendait à son magasin.

— Merci, mon ami, dit Francis tout ému. Demain, j'irai à Neuilly, et tout sera fini entre elle et moi.

— Si tu voulais me permettre de te donner un conseil, je te conseillerais de ne pas avoir d'explication avec Grangette. Dans ces cas-là, les explications amènent toujours des récriminations ridicules et inutiles, puisque la rupture est au bout. Écris tout bonnement à Grangette que tu sais tout et que tu ne la reverras plus.

— Tu as raison.

Francis s'assit, prit une plume et écrivit :

« Ma chère Grangette, j'apprends à l'instant tes relations avec M. d'Hérion. Sans doute, tu ne sais comment me dire que tu les préfères à celles que nous avions. J'aime donc mieux te tirer d'embarras en te rendant la liberté. Je n'en reste pas moins ton ami. »

Le baron signa cette lettre, qui devait prouver à Grangette le peu d'importance qu'il attachait à son amour. Peut-être avait-il plus besoin de se le prouver à lui qu'à elle.

Le soir même, il mit sa lettre à la poste et attendit impatiemment le lendemain pour aller voir la comtesse, qui lui avait donné une si grande et si discrète preuve d'amour, tandis que Grangette le trompait si lâchement. Il ne dormit pas de la nuit; c'était sans doute la joie d'en avoir fini avec les hésitations de son cœur qui le tenait éveillé. Cependant, il avait le cœur plus oppressé qu'on ne l'a d'ordinaire par la joie.

L'accueil plus que résigné, presque joyeux, fait par Francis à la nouvelle que lui donnait Gérard n'avait pas paru d'un très-bon aloi à celui-ci, qui, le lendemain de bonne heure, vint voir le baron, soit pour l'encourager dans ses résolutions de la veille, si cela était nécessaire, soit pour s'assurer que Maucroix le recevrait comme par le passé et lui pardonnerait toujours de lui avoir dit la vérité sur une maîtresse, cette chose qu'on ne pardonne jamais.

— Que tu es aimable de venir me voir de si bonne heure! dit Francis à son ami. Qui t'amène?

— Rien, le plaisir de te voir. Je t'ai réveillé, sans doute?

— Non, je l'étais déjà.

— As-tu bien dormi?

— Parfaitement.

Pourquoi Francis, qui ne mentait jamais, mentait-il ce jour-là à propos d'une chose si insignifiante en apparence?

— Tu as mis ta lettre à la poste pour Grangette?

— Oui.

— Tu ne t'en repens pas?

— Es-tu fou?

— Moi, je suis très-content de ce qui arrive, car je tenais à te voir pour la comtesse ce que tu dois être pour elle. Elle ne te trompera pas, celle-là, je t'en réponds. Aime-la bien.

Gérard n'avait pas grande confiance dans le ton léger dont Maucroix parlait de Grangette.

— Que fais-tu aujourd'hui? lui demanda-t-il.

— Je vais voir Adeline.

— Tu y passeras la journée?

— A peu près.

— Et la soirée?

— Probablement aussi. Pourquoi me demandes-tu cela?

— Parce que si tu n'avais rien fait ce soir, nous aurions passé la soirée ensemble. C'est le soir que tu allais à Neuilly, et je craignais que tu ne susses plus que faire de ton temps.

— Tu crois donc que Grangette me préoccupe à ce point?

— Je crois qu'on ne tranche pas avec un mot une habitude de cœur.

— Tu te trompes. C'est fini et bien fini!

— A demain, alors.

— A demain !

Quand le baron fut seul, il continua à songer.

— Je m'explique maintenant ses larmes, se dit-il. Pourquoi aurait-elle pleuré en me revoyant si elle n'eût eu quelque chose à se reprocher ?

Francis se leva et se mit à lire. Mais les mots se brouillaient sous ses yeux. Alors il s'habilla, alluma un cigare et alla se promener, lui qui ne se promenait jamais. A midi, après avoir déjeuné, il rentra.

— Vous n'avez rien pour moi ? demanda-t-il à son concierge.

— Non, monsieur.

Maucroix s'habilla de nouveau et se rendit chez la comtesse, dont la porte était fermée pour tout le monde, excepté pour lui. Il était deux heures quand il y arriva, il était six heures quand il en sortit. Il y revint à huit heures et ne se retira qu'à onze. Adeline tenait définitivement la corde, Grangette était complétement distancée.

— Cette nuit-là, Francis dormit bien et se réveilla à dix heures le lendemain. A peine levé, il écrivit à la comtesse une de ces longues lettres sans cause et sans but, mais dans lesquelles l'amoureux répand son cœur, comme le joueur heureux qui jette l'or à pleines mains, convaincu qu'il en aura toujours, parce qu'il en a beaucoup. Gérard vint chercher Francis pour déjeuner, au moment où celui-ci achevait sa lettre.

— J'écris à la comtesse, fut le premier mot du baron, comme s'il eût été fier de pouvoir annoncer à son ami qu'il s'occupait d'elle.

— Tu ne l'as donc pas vue hier ?

— Si fait.

— Tu ne la verras donc pas aujourd'hui ?

— Je compte bien passer une partie de la journée avec elle.

— Que lui écris-tu, alors?

— Je lui écris que je l'aime, en quatre pages.

— A la bonne heure! voilà comme je voulais te voir.

— Quelle adorable femme, mon cher! quel esprit! quel cœur! Sais-tu ce qu'elle m'a dit hier?

— Non.

— Elle m'a dit : Voilà l'été, je vais louer une maison de campagne à une vingtaine de lieues de Paris; vous prendrez une chambre dans un hôtel, et nous nous quitterons le moins possible.

— Tu as accepté?

— Je le crois bien!

— Et tu as bien fait.

— Je resterai là tout le temps que ma mère restera chez la marquise.

— Et Grangette?...

— Étais-je fou, mon cher, de préférer Grangette à Adeline! Quand je pense qu'hier encore elle me trottait dans la tête, et qu'avant-hier, après t'avoir quitté, j'y ai pensé toute la nuit! Si je ne m'étais pas retenu, j'y serais allé. Avoue que tu devais me trouver bien bête.

— Je l'avoue.

— Elle va m'écrire évidemment pour se disculper; je lui renverrai sa lettre sans la lire. Je ne veux plus entendre parler d'elle.

— Non, ne fais pas cela, à quoi bon! Lis sa lettre si elle t'écrit, et elle t'écrira, et réponds-lui franchement. Il n'y a que les femmes qu'on aime encore qu'on a le droit d'insulter.

— C'est parfaitement juste. Allons déjeuner, je meurs de faim.

Jamais Francis n'avait été aussi tendre avec la comtesse que depuis deux jours. Elle rejetait naturellement sur la confidence que lui avait faite Gérard le progrès de cet amour. Aussi, devenait-elle de plus en plus expansive avec lui, et les projets d'avenir allaient leur train.

Cependant Grangette n'avait pas répondu à la lettre de Francis. Tout absorbé qu'il était par son amour complet pour Adeline, le baron avait remarqué ce silence; puis il s'en était étonné comme de toute chose qu'on ne s'explique pas. Il fit part de cet étonnement à Gérard.

— Tu sais, lui dit-il, que Grangette ne m'a rien répondu.

— Tant mieux, c'est plus court.

— Elle n'a peut-être pas reçu ma lettre?

— Si elle ne l'avait pas reçue, elle t'aurait écrit pour te demander la cause de ton silence.

— C'est vrai.

— Non. Ce qu'il faut croire, c'est que, voyant que tout est connu, elle n'a rien trouvé à répondre, ou a eu l'esprit de ne pas chercher à se disculper. Vas-tu pas maintenant te préoccuper de cela?

— Allons donc!

Deux ou trois jours après, le baron dit à son ami:

— Je suis inquiet.

— De quoi?

— De Grangette.

— Tu y reviens encore?

— Oui. Je ne l'aime plus, bien certainement; mais, après tout, je l'ai aimée. Je n'entends pas parler d'elle, peut-être est-elle malade, et si elle avait besoin de quelque chose, il serait, je crois, de mon devoir de le lui donner. Veux-tu me rendre le service d'aller la voir?

— C'est inutile. Elle se porte à merveille.

— Qui te l'a dit? fit le baron un peu désappointé.

— J'ai passé hier devant son magasin, et elle y était.

— Alors, n'en parlons plus. Ce que j'en faisais c'était par délicatesse...

— Pardieu!

Il y avait presque de l'ironie dans le : Pardieu ! de Gérard.

Francis s'en alla chez la comtesse : il y passait sa vie. Cependant, il n'avait pas tout dit à Gérard. C'est que, si franc que l'on soit, quelque habitude que l'on ait de communiquer toutes ses pensées à un ami, il y a des choses qu'on lui cache toujours, parce qu'on voudrait se les cacher à soi-même ; il est des petites lâchetés de cœur que tout homme a subies s'il a été amoureux. Ainsi Francis, tout en étant convaincu que sa vie était désormais attachée à la vie de la comtesse, et qu'il n'y avait plus place en lui pour un autre amour, en revenait de temps en temps à penser à Grangette, et son amour-propre s'humiliait de la parfaite indifférence avec laquelle elle avait accepté cette rupture. Il se donnait pour raison d'y penser que, quand une femme a dit pendant six mois à un homme qu'elle l'aimait, elle doit, ne l'aimât-elle plus, faire au moins au passé l'honneur de se disculper de la faute dont on l'accuse. Il eût voulu quelques mots de Grangette, un aveu même, quelque chose enfin qui lui prouvât qu'il jouait encore un rôle dans sa vie, ne fût-ce que le rôle de souvenir. Bref, elle ne paraissait pas assez souffrir de cette séparation, et l'homme qui rompt avec une femme veut toujours qu'elle en souffre, ou tout au moins qu'elle en ait l'air.

— Je m'étais donc complétement trompé sur elle ? se disait-il. Elle n'avait donc pas de cœur ? elle se moquait donc de moi ? car il est impossible qu'elle ait changé si brusquement. Une femme peut tromper un homme, cela se voit tous les jours, mais elle devrait faire tous ses efforts pour lui laisser pur le souvenir des jours qui se sont écoulés jusqu'au jour où elle l'a trompé. Ne rien me dire, c'est presque m'avouer qu'elle m'a trompé tout le temps de notre liaison.

Et à la suite de ces réflexions, Maucroix avait des moments de colère et d'impatience.

Un soir on lui remit une lettre. Son cœur battit, et il devint un peu pâle. Il courut à la lumière de l'escalier pour reconnaître l'écriture. La lettre était de sa mère. Pour la première fois de sa vie, il eût préféré une autre lettre à celle de la baronne. Avoir la raison de l'indifférence dédaigneuse de Grangette était devenu l'idée fixe de Maucroix.

— Elle croit peut-être, se disait-il encore, que je l'aime toujours et que je suis malheureux de notre séparation. Elle compte peut-être que je vais revenir à elle, et qui sait? — les femmes sont si étranges! — lui demander pardon de ce qu'elle a fait. Je veux au contraire qu'elle sache bien que je ne l'aime plus, que j'en aime une autre qui lui est mille fois préférable. Il ne sera pas dit que je me serai laissé duper comme un sot par cette fille. Je vais lui écrire tout cela pour qu'elle sache bien à quoi s'en tenir.

Francis s'assit, prit du papier, et commença :

— « Vous n'avez pas répondu à ma lettre; vous avez eu tort. Vous me deviez au moins une réponse; votre silence est un aveu. Mais maintenant que tout est fini, je tiens à vous faire connaître... »

A ce point de sa lettre, Maucroix se leva, rejeta sa plume sur la table, déchira ce qu'il venait d'écrire et dit :

— Si j'allais chez elle, au fait? Cela vaudrait mieux. De cette façon, il faudrait bien qu'elle me répondît, ce qu'elle ne ferait peut-être pas plus à ma seconde lettre qu'à ma première, et j'en aurais le cœur net.

Et, pour ne pas se donner le temps de revenir sur cette résolution qu'il ne voulait pas communiquer à Gérard, comme il était un peu plus de sept heures du soir et qu'à cette heure Grangette devait être rentrée, il prit son chapeau et partit pour Neuilly. Au moment de franchir la porte de la rue, il revint sur ses pas et dit au concierge :

— Vous n'avez pas de lettres pour moi?

— Non, monsieur.

— Vous êtes bien sûr qu'il n'en est pas venu depuis mon retour ?

— Non, monsieur, il n'en est pas venu.

Maucroix, qui avait voulu se donner cette dernière raison d'aller à Neuilly, sauta dans un cabriolet, et s'éloigna rapidement.

Il avait promis à la comtesse d'être chez elle à neuf heures et ne voulait pas être en retard de cinq minutes. Il n'avait donc qu'une heure et demie devant lui. Une demi-heure après, il était arrivé, mais il ne faisait pas arrêter sa voiture devant la maison de Grangette. Il voulait auparavant s'assurer qu'elle était seule chez elle et qu'il ne s'y trouverait pas avec M. d'Hérion ; car, avant tout, il craignait de se mettre dans une position ridicule. Il fit donc stationner sa voiture à une certaine distance de la cité Wallet, de l'autre côté de la route, et s'achemina à pied vers la maison de l'ouvrière.

Les deux fenêtres du rez-de-chaussée étaient éclairées, comme lorsqu'elle l'attendait autrefois. Une ombre allait et venait derrière les rideaux. Maucroix resta quelques instants à regarder ces fenêtres, puis il revint à son cocher, qui dormait dans son cabriolet, et lui dit :

— Cocher, il faut que vous me rendiez un service.

— Volontiers, monsieur.

— Vous voyez bien ces deux fenêtres du rez-de-chaussée?

Et il montrait les fenêtres de Grangette.

— Là où il y a de la lumière?

— Justement. Eh bien, vous allez entrer là.

— Oui, monsieur.

— Si la portière vous demande où vous allez, vous répondrez que vous allez chez mademoiselle Lagrange. Vous vous rappellerez bien ce nom ?

— Parfaitement.

— Vous sonnerez à la porte à droite, dans le corridor, et vous demanderez à la personne qui viendra vous ouvrir, si M. d'Hérion est chez mademoiselle Lagrange.

— M. d'Hérion ?

— Oui. N'oubliez pas.

— Soyez tranquille, monsieur.

— Si l'on vous répond qu'il n'y est point, vous vous en irez et viendrez me le dire. Si l'on vous répond qu'il y est, vous direz qu'on demande ce monsieur chez lui, et qu'il faut qu'il y aille tout de suite.

— Et si l'on me demande de la part de qui je viens?

— Vous direz que vous êtes envoyé par le portier de la rue Laffitte.

— Voilà tout ?

— Voilà tout.

— J'y vais, monsieur.

— Vous vous rappelez bien les noms?

— Mademoiselle Lagrange, M. d'Hérion, la rue Laffitte.

— C'est cela. Je vous attends ici.

Le cocher descendit de son cabriolet, et quelques secondes après, le baron, caché derrière un arbre, le voyait entrer dans la maison de Grangette, dont la grille se refermait avec ce grincement qui lui était si connu.

En face de la maison de Grangette, maison qui lui rappelait tant de gais souvenirs, Maucroix n'eût pas pu bien définir l'état de son âme. Il sentait en lui de la tristesse, de la jalousie, de la colère, de l'irrésolution même, et tous les sentiments qui tiraillent le cœur de l'homme quand il se met dans une position fausse. Or, amoureux de la comtesse, n'aimant plus Grangette, ayant rompu avec elle, n'ayant pas de comptes à lui demander de ses actions, que faisait le baron sur cette route, à attendre le moment de se présenter chez son ancienne maîtresse ? De quel droit venait-il la troubler ? Pourquoi faisait-il à M. d'Hérion, qu'il ne connaissait pas, la mauvais plaisanterie de le faire retourner à Paris ? mauvaise plaisanterie dont, le cas échéant, il serait forcé de lui rendre raison, ce qu'il eût peut-être souhaité, car il détestait cordialement cet inconnu. Voilà ce que nous nous demandons, voilà ce que le baron se demandait à lui-même.

Le cœur de l'homme est un abîme dont, ainsi que de tous les abîmes, on peut détailler la surface, mais dont le fond échappe.

Il y avait cinq minutes que Maucroix attendait, quand le cocher reparut. Il sembla alors au baron que le rideau d'une des fenêtres s'entr'ouvrait, et qu'une tête, posée à côté de la main qui entr'ouvrait le rideau, regardait où allait le cocher. Francis ne se montra donc pas. Quand le cocher eut disparu, le rideau s'abaissa ; alors le baron se dirigea vers le cabriolet.

Son cœur battait avec force.

— Quelle réponse ? demanda-t-il.

— Monsieur, répondit le cocher lentement, pour prouver qu'il était intelligent et qu'il avait bien fait sa commission, monsieur, j'ai sonné comme vous me l'avez dit, et une vieille femme est venue m'ouvrir. Je lui ai demandé si M. d'Hérion était chez mademoiselle Lagrange ; elle n'a pas eu l'air de me comprendre et elle est allée chercher mademoiselle Lagrange, une belle jeune personne, à qui j'ai fait la même question, et qui m'a demandé de la part de qui je venais. Je lui ai dit que je venais de la part du portier de la rue Laffitte, qui m'avait dit de venir voir si M. d'Hérion était chez elle, et, dans ce cas-là, de le prier de venir tout de suite chez lui, parce qu'on l'y attendait. C'était bien cela, n'est-ce pas, monsieur ?

— Parfaitement. Continuez.

— Alors, mademoiselle Lagrange m'a répondu qu'elle ne savait pas ce que je voulais dire, que M. d'Hérion ne venait jamais chez elle, et que c'était probablement une farce qu'on me faisait à moi ou à elle.

— Et quel air avait-elle en disant cela?

— Elle avait l'air un peu intrigué.

— Merci, mon ami. Attendez-moi.

Et Francis à son tour se dirigea vers la maison de Grangette en se disant :

— Comment se fait-il que M. d'Hérion ne vienne jamais chez elle? Elle se doute peut-être de quelque chose, et elle a peut-être menti. Nous allons bien voir !

Francis rentra donc dans cette maison, où il comptait ne jamais rentrer. Qui sait où devait le mener ce premier pas qu'il refaisait dans le passé? Il attendit un peu devant la porte de la jeune fille. Il assurait sa respiration afin de paraître calme. Il sonna; la mère Noël vint lui ouvrir.

— Ah ! c'est vous, monsieur ? fit la vieille femme avec un sourire de bienvenue. Vous avez fait un bon voyage?

— Oui, madame Noël, je vous remercie.

— Madame va être bien contente de vous voir ! Il y a si longtemps que vous n'êtes venu !

Et refermant la porte du carré, elle alla ouvrir celle de la chambre de Grangette, et lui dit tout haut, comme enchantée de lui faire une surprise agréable :

— Madame, c'est monsieur !

Maucroix parut alors. Grangette se leva sans rien dire et jeta sur Francis un regard plein de douceur et de tristesse. Elle ne savait avec quelles intentions il arrivait, et elle l'accueillait franchement, selon les dispositions de son âme.

Le baron, qui s'était promis de montrer la plus grande indifférence, et de prendre vis-à-vis de Grangette l'attitude d'un ami qui a pardonné, marcha vers elle et lui serra la main.

— *Tu* ne m'attendais pas? lui lui-il, car il n'eut pas le courage de lui dire *vous*. D'ailleurs, en ce moment, ce *vous* lui eût paru affecté et faux.

— Non.

— Ai-je eu tort de venir?

— Est-ce que tu ne seras pas toujours le bienvenu ici?

— Que faisais-tu?

— Tu le vois, je travaillais.

— Monsieur a-t-il dîné? demanda la mère Noël.

Grangette regarda le baron comme pour le supplier d'accepter le dîner, s'il n'avait pas dîné encore.

— Merci, fit-il, j'ai dîné.

— Alors, laissez-nous, madame Noël, dit Grangette; vous pouvez vous en aller. Je n'ai pas besoin de vous.

— Au revoir, monsieur et madame, fit la vieille femme, qui ne se doutait de rien de ce qui s'était passé, et qui se retira.

La conversation que Francis venait chercher était difficile à aborder. Aussi se fit-il un silence de quelques instants, silence pendant lequel il considéra tous les objets qui l'entouraient, et qu'il retrouva à la même place, empreints seulement de cette teinte mélancolique que donne, même aux objets inanimés, une situation comme celle où il se trouvait. Enfin, il déposa sa canne et son chapeau sur le canapé et s'apprêta à s'asseoir sur une chaise.

— Assieds-toi là, lui dit Grangette en lui montrant son fauteuil, tu seras mieux.

Adorables petites prévenances d'une âme qui a quelque chose à se faire pardonner et qui se fait humble et câline devant son juge.

Cependant, il fallait entrer dans la question, quand ce n'eût été que pour en sortir et secouer l'oppression que les souvenirs faisaient peser sur ces deux jeunes poitrines.

— Est-ce que tu as été malade? demanda Maucroix.

— Non.

— Pourquoi ne m'as-tu pas répondu, alors?

Grangette se tut; on eût dit qu'avec sa réponse des larmes eussent éclaté.

— Tu as reçu ma lettre, cependant?

Elle fit signe que oui.

Maucroix ne savait pas voir souffrir une femme, quoiqu'il fût un peu venu avec cette intention. Il prit la main de Grangette.

— Tu es toujours dans ton magasin? dit-il, pensant qu'il l'amènerait plus facilement où il voulait par des sentiers détournés.

— Toujours.

— A quelle heure es-tu rentrée aujourd'hui?

— A sept heures, après avoir dîné. Je dîne au magasin tous les jours.

— Pourquoi est-ce faire, ceci? fit Maucroix en prenant et en examinant la broderie que Grangette avait déposée sur la table en le voyant entrer.

— C'est pour faire un jupon.

Les fausses questions étaient épuisées, ils le comprirent tous deux et se regardèrent.

— Ce que je t'ai écrit est donc vrai? demanda résolument Francis.

— Oui, malheureusement, répondit Grangette; mais ne parlons pas de cela, veux-tu? Tu viens me voir en ami, et non pour me faire de la peine. Parlons de toi plutôt. Es-tu heureux?

— Oui, très-heureux, répliqua Francis d'un ton froid, car l'insistance que mettait Grangette à ne pas parler de

M. d'Hérion commençait à le blesser. Il lui semblait trop voir dans ce refus d'explications un consentement tacite à l'amitié qu'il lui avait offerte.

— Pourquoi me réponds-tu si froidement ?

— Comment veux-tu que je te réponde ? Tu me demandes si je suis heureux, je te réponds : Oui, très-heureux. Sur quel ton veux-tu que je te le dise ?

— Ne te fâche pas, mon ami. C'est que je ne suis pas encore habituée à te voir ainsi avec moi ; mais je m'y habituerai. C'est déjà bien aimable à toi d'être venu me faire une petite visite, et d'avoir supposé que je m'ennuyais de ne point te voir.

Avez-vous été trompé par une femme que vous aimiez ? Vous est-il arrivé, comme à Francis, de lui offrir votre amitié, ce sentiment qu'on offre toujours aux femmes dont on se sépare, sans l'éprouver jamais ? Et si, dans les mêmes conditions que notre héros, vous veniez voir cette femme et qu'elle vous reçût comme Grangette recevait Francis, c'est-à-dire simplement, avec des larmes prêtes à s'échapper, et cependant sans vouloir qu'il fût question du passé ; quand vous teniez ses deux mains dans les vôtres ; quand rien, ni en elle ni en vous, ni dans ce qui vous entourait, ne pouvait prouver qu'il y eût eu interruption de votre amour et de votre confiance ; quand le présent semblait se ressouder sans effort au passé, l'image de l'homme, vous fût-il inconnu, qui avait été votre rival heureux, ne se dressait-elle pas devant vos yeux, et une colère soudaine ne vous gonflait-elle pas le cœur ? Alors, vous deveniez lâche et vous cherchiez le moyen de faire tomber ces larmes que la pauvre femme retenait encore, et d'humilier ce cœur qui faisait son possible pour oublier.

— Et toi, es-tu heureuse ? reprit Francis avec cette pâleur qui indique que l'homme qui parle n'appartient plus à tous ses bons sentiments.

— Moi, non, répliqua tristement la jeune fille en secouant la tête, tu le sais bien.

— Comment le saurais-je?

— Puis-je être heureuse, ne te voyant plus?

— A qui la faute?

— A moi, je le sais bien.

— Alors, ne te plains pas.

— Je ne me plains pas, mon ami.

Cette douce humilité irritait de plus en plus Maucroix.

— M. d'Hérion ne vient donc plus te voir? reprit-il.

— M. d'Hérion ne vient jamais ici.

— Il y est venu cependant.

— C'est vrai.

— Vous ne vous voyez donc plus?

— Non.

— Alors, je comprends ta tristesse.

— Que c'est mal, ce que tu dis là, Francis! Je ne t'ai jamais vu si méchant que ce soir.

— Cependant, on est venu le demander ici, tout à l'heure.

— Oui. Je n'ai même rien compris à cela.

— C'est moi qui le faisais demander.

— Pourquoi?

— Pour m'assurer qu'il n'y était pas.

— Quand bien même il y eût été, cela n'eût pas dû t'empêcher de venir. Je l'aurais renvoyé.

— Cette préférence me flatte.

— Mais, je te le répète, il n'y vient pas, ajouta Grangette, qui ne voulut pas entendre cette dernière impertinence; et si tu veux bien revenir encore me voir, tu es sûr de ne jamais rencontrer personne.

— Et pourquoi M. d'Hérion ne vient-il plus?

— Parce que je ne l'aimais pas. Mais à quoi bon toutes ces questions, Francis? Tu m'as quittée, tu ne m'aimes plus. Ne me fais pas plus souffrir que je n'ai souffert. Tu viens chez une amie. Laissons donc de côté tout ce qui a rapport au passé. Est-ce que je te demande, moi, si tu as une autre maîtresse?

— Ce n'est pas la même chose.

— Si tu reviens, c'est que tu es sûr de ne plus m'aimer; c'est que tu aimes une autre femme.

— Quand cela serait?

— Je ne te le demande pas. Laisse-moi la consolation de douter.

Grangette était au bout de ses forces. Un mot de plus et elle fondait en larmes. Ce mot, Francis le dit. Les mauvais sentiments, ceux-là qui reparaissent de temps en temps à la surface des meilleures natures, étaient lancés, et rien ne pouvait plus les arrêter.

— C'est inutile que tu doutes. Je venais pour te rendre tout à fait ta liberté, si toutefois tu avais besoin de cela pour la reprendre, et pour te dire qu'effectivement j'ai une autre maîtresse et que je l'aime. Donc nous sommes quittes.

— Mon Dieu! mon Dieu! s'écria Grangette en retirant ses mains des mains de Maucroix, en cachant son visage dans son mouchoir et en allant se rouler au fond de son canapé pour pleurer à son aise.

Un tremblement convulsif agitait tout son corps, vaincu par son cœur. Elle ne pouvait même plus retenir ses sanglots, et pleurait comme les enfants dont le cœur gonflé monte avec bruit de leur poitrine à leurs lèvres, et fait jaillir les pleurs en même temps des yeux et de la bouche. La pauvre petite, toute résignée qu'elle paraissait être à l'abandon de Francis, eût supporté ses ironies, ses insultes même, mais elle était sans force devant la certitude qu'il aimait une autre femme.

Maucroix se leva avec un mouvement d'impatience qui

n'était pas réelle et qui lui servait à masquer le premier regret de ce qu'il venait de faire, car devant la faiblesse de Grangette, il commençait à avoir honte de sa cruauté. Cependant elle se trompa à ce mouvement. Elle crut qu'il s'en allait, et comme elle aimait encore mieux qu'il la fît souffrir que de le voir s'éloigner si tôt, elle se leva, sécha ses larmes avec son mouchoir, essaya d'éteindre ses sanglots, et s'apprêta à le retenir, s'il persistait à s'en aller.

Francis n'osait pas la regarder.

— Adieu, fit-il en faisant le geste de reprendre son chapeau.

— Vous partez?

— Oui. On m'attend.

— Je ne vous retiens pas, mon ami.

— Et puis, ce n'est pas amusant de vous voir pleurer, reprit le baron qui, malgré lui, ne demandait pas mieux que d'être retenu.

— Je ne pleurerai plus, si vous voulez.

— Non, il faut que je m'en aille. Adieu.

— Embrassez-moi, Francis.

Maucroix revint sur ses pas et embrassa Grangette au front.

— Vous reverrai-je? demanda-t-elle.

— Je n'en sais rien... Peut-être.

Et il se dirigea vers la porte, tandis que Grangette, qui comprimait d'une main son front brûlant, de l'autre essayait de retenir encore Francis.

Ses larmes redoublaient, mais elle s'efforçait de les rendre silencieuses.

— Attendez, je vais vous éclairer, dit-elle, convaincue qu'il voulait réellement s'en aller.

— Ainsi, tu ne veux pas m'expliquer ta conduite? reprit brusquement Francis au moment où Grangette croyait qu'il allait franchir la porte. Ainsi tu ne veux rien dire pour t'excuser ?

— Je le veux bien. Mais à quoi bon, puisque le résultat est le même? répondit-elle d'une voix vacillante et entrecoupée.

— Alors, tu as agi sans raison? Tu n'avais donc rien dans le cœur?

— Tu veux savoir ce qui s'est passé ?

— Oui, je le veux!

— Et tu me croiras ?

— Nous verrons.

Francis et Grangette étaient tout debout près de la porte.

— Je te jure, Francis, sur la tombe de ma mère, continua Grangette, dont les larmes augmentèrent à ce mot, car elle avait eu sa mère en adoration ; je te jure que ce que je vais te dire est la pure vérité. Quand je suis venue à Paris, il y a deux ans, j'étais à la charge de mon oncle et de ma tante, qui sont ou plutôt qui étaient fermiers. Ils n'étaient pas riches, et cependant, confiants dans ma bonne volonté, ils m'ont prêté trois mille francs pour m'acheter ici ce dont j'aurais besoin et me donner le temps de trouver un emploi. C'est avec cet argent que j'ai acheté les meubles que j'ai, du linge et tout ce qu'il me fallait. J'ai trouvé l'emploi que j'ai, mais tu sais que cet emploi ne me rapporte pas grand'chose. Je ne prévoyais pas ce qui devait arriver. J'ai fait ce que font toutes les femmes qui sont dans la même position que moi. Tu connais mon passé, je n'ai pas besoin d'y revenir. Bref, je ne me suis pas occupée à mettre de côté les mille écus que je devais à mon oncle et à ma tante; et, d'ailleurs, gagnant huit cents francs par an, ce n'est pas en deux ans que j'eusse pu amasser cette somme. Je t'ai connu, je t'ai aimé, je t'aime encore. Tu n'étais pas riche, et l'eusses-tu été, je ne t'aurais pas demandé cet argent, ni pour cela ni pour autre chose. J'eusse mieux aimé mourir de faim. Deux jours après que tu étais parti, mon oncle et ma tante sont arrivés ici ruinés complétement et me redemandant leurs mille écus, leur seule fortune désormais. Je les devais, il fallait les rendre. Je les demandai à la maîtresse de mon magasin; les affaires vont mal, elle me les refusa. Je vis venir un marchand de meubles : en vendant toutes mes affaires, je n'en aurais pas tiré six cents francs. Pouvais-je te demander ces trois mille francs, à toi qui ne les avais pas, qui n'aurais pas pu me les donner, et qui m'en aurais voulu de faire intervenir une question d'argent dans nos relations? Rappelle-toi, Francis, combien de fois, quand nous étions assis là tous deux, tu m'as parlé à cœur ouvert de ta position. Tu m'aimais alors, tu me disais toutes tes pensées. Tu me parlais de ta mère, tu me disais comment tu avais réglé ta vie sur votre revenu, et les recommandations qu'elle t'avait faites de ne pas te laisser entraîner à des dépenses au-dessus de tes moyens et des siens. Vingt fois tu m'as dit que tu aimerais mieux mourir que de faire un chagrin à ta mère. Pour me procurer cet argent, il t'eût fallu l'emprunter, contracter une dette, te créer des embarras, te brouiller avec ta mère, peut-être. Pouvais-je consentir à tout cela, moi qui t'aimais? Cependant, il fallait payer; mes parents ne sortaient pas d'ici.

Le besoin chasse toute générosité d'âme. Autant ils avaient été bons autrefois, autant ils devenaient exigeants. Je ne savais où donner de la tête. Je pleurais toute la journée. M. d'Hérion est un client de notre maison, il m'avait fait la cour, je l'avais toujours repoussé. Un jour, il vit que j'avais pleuré. Le soir il se présenta ici et me demanda ce que j'avais. Je ne voulus pas d'abord le lui dire. Il insista, me prit amicalement les mains, parut ému de mon chagrin, me dit enfin ce que tout autre homme eût dit à sa place. Sans soupçonner le résultat que cela devait avoir, je lui racontai la cause de ma tristesse; il ne me répondit rien et se retira. Le lendemain, qui était le dernier délai que m'avaient accordé mes parents, un commissionnaire déposa ici, en mon absence, un petit paquet cacheté. Je l'ouvris à mon retour. Ce paquet contenait trois billets de mille francs et pas un mot. Je regardai l'adresse, elle portait bien mon nom. Il était évident que ces mille écus venaient de M. d'Hérion, qui me les envoyait, n'est-ce pas, avec une grande délicatesse, puisqu'il employait tous les moyens pour que je ne pusse pas faire autrement que de les accepter? Il n'y joignait même pas son nom, afin de me laisser libre de ne pas lui en être reconnaissante dans le cas où je voudrais avoir l'air d'ignorer d'où me venait cette somme. Cependant, je ne voulais pas accepter une chose que je ne pouvais rendre. J'écrivis à M. d'Hérion que je croyais avoir tout deviné, que je le remerciais de ce qu'il avait voulu faire pour moi, mais qu'en tous cas, je le priais, au reçu de ma lettre, d'envoyer reprendre son argent.

Cette fois, je serrai les billets dans mon tiroir. Mon oncle arriva. Ce ne fut plus une demande, ce fut une scène qu'il me fit, sur ma réponse que je n'avais encore rien à lui donner. Il cria, il me reprocha de m'avoir nourrie. Il insulta même la mémoire de ma mère, qui, disait-il, m'avait laissée à leur charge. Alors, comme une folle, je courus au tiroir, je pris les trois mille francs et je les lui donnai. A partir de ce moment j'appartenais à M. d'Hérion, puisque je ne pouvais lui rendre son argent après lui avoir écrit de le venir reprendre. Lui dire la vérité, c'était mentir, car il était impossible qu'il la crût. Il ne m'avait envoyé cet argent que pour arriver plus vite à moi. Les hommes ne donnent rien pour rien. Je résolus de subir la conséquence de ma position. Je pleurai beaucoup cependant, car je t'aimais bien. M. d'Hérion arriva. L'homme le plus généreux, et celui-là l'est, a ses moments d'égoïsme. Quand M. d'Hérion vit qu'il y avait moyen d'arriver à ses fins, il feignit de ne pas voir ma tristesse et ma résignation difficile, d'autant plus que, comme je ne lui rendais pas son argent et ne savais que lui dire, il restait convaincu que j'avais disposé de la somme et ne cherchais que le moyen de ne plus la lui devoir sans la lui payer. Il me donna rendez-vous pour le soir, tu sais le reste. Cependant mon courage n'avait pas été jusqu'à accepter gaiement le sacrifice que je faisais. Je pleurai une partie de la nuit. Le lendemain, je reçus une lettre qui contenait ces simples mots :

« Mademoiselle, je voulais votre amour et non pas votre reconnaissance. Pardonnez-moi d'avoir osé espérer un instant de me faire aimer de vous, et oubliez tout de moi, excepté que je serai toujours votre ami dévoué. »

J'avais d'abord voulu tout t'écrire, comme je te l'ai dit; mais, redevenue libre, je n'ai pas eu le courage de la franchise, j'ai espéré que tu ne saurais rien, et que je pourrais renouer le présent avec le passé. D'ailleurs, tu ne m'écrivais plus, peut-être ne voulais-tu plus me voir. J'attendis. Tu es revenu. Tu as tout appris. Tu m'as écrit que tu me quittais : c'était ton droit, tu en as usé, tu as bien fait; je ne t'ai rien répondu, je n'avais rien à te répondre. Voilà toute la vérité, ajouta Grangette; et elle se tut.

Cet aveu sécha ses larmes, comme une justification. Francis avait des larmes dans les yeux. Il regarda autour de lui. Tous ces objets qui l'entouraient, objets familiers à sa vue, amis inanimés, semblaient lui dire : Allons, reste avec nous! Qu'importe, puisqu'on t'aime? Tu as été si heureux ici! Et le souvenir l'appelait dans tous les coins, le souvenir, ce fil nuisible qui rattache tout à coup le cœur aux choses dont il se croyait pour jamais séparé.

— Trois mille francs, murmura Francis : juste la somme que pendant ce temps Adeline mettait à un cachemire.

— Que dis-tu, ami?

— Rien, mon enfant, fit Maucroix en l'embrassant sur le front. Tu me jures que ce que tu m'as dit est vrai?

— Je te le jure.

— C'est bien. Adieu.

— Je ne te verrai plus? demanda Grangette avec effroi.

— Si, tu me reverras.

Maucroix alla retrouver son cocher; mais, au lieu de se faire conduire rue Castiglione, où on l'attendait, il se fit conduire chez Gérard.

— Il faut que tu me rendes un service, lui dit-il.

— Lequel?

— Il faut que tu me prêtes trois mille francs.

— Quand?

— Tout de suite.

— Diable! Je vais voir si mon père les a; moi, je n'ai que sept ou huit cents francs ici, et encore pour faire un payement dans deux ou trois jours.

— Je te préviens que je ne pourrai pas te rendre cet argent tout de suite.

— Qu'est-ce que cela fait? Tu me le rendras quand tu voudras.

Et Gérard descendit chez son père.

Francis, resté seul, laissa tomber sa tête dans ses mains et songea profondément. Cinq minutes après, Gérard remonta.

— Voici la chose, dit-il.

— Maintenant, donne-moi du papier et de l'encre.

Maucroix écrivit :

« Monsieur,

» Vous avez eu la bonté de prêter trois mille francs à

mademoiselle Lagrange. Je l'apprends à l'instant, et m'empresse de vous les renvoyer.

» Recevez, monsieur, l'assurance de ma reconnaissance personnelle et de mes sentiments les plus distingués.

» Baron DE MAUCROIX. »

Il joignit à cette lettre les trois billets que venait de lui monter Gérard, la cacheta et mit l'adresse :

« A Monsieur d'Hérion, 34, rue Laffitte. »

— Fais porter cette lettre tout de suite, dit-il à Gérard.

— Qu'est-ce que cela signifie ? demanda celui-ci.

— Tu le sauras plus tard. Va.

Alors, Francis prit une seconde feuille de papier et écrivit une seconde lettre; mais celle-là contenait quatre pages pleines, et il mit sur l'adresse le nom de la comtesse Adeline. Puis il embrassa son ami, mit cette lettre dans sa poche et se sauva en disant :

— A demain.

Il remonta dans son cabriolet et se fit conduire rue Castiglione. Seulement, au lieu de monter chez Adeline, il déposa chez le concierge la lettre qu'il venait d'écrire pour elle, en recommandant qu'on la fît remettre tout de suite.

— Où allons-nous, notre maître, maintenant ? dit le cocher au baron.

— Nous retournons à Neuilly, mon ami, et ventre à terre !

Vingt minutes après, Francis frappait à la porte de Grangette, qui depuis son départ avait gardé la même position. Elle tressaillit en entendant frapper.

— Qui est là? demanda-t-elle avant d'ouvrir.

— Moi, fit Maucroix.

Grangette reconnut la voix dans ce seul mot. Elle ouvrit.

— Toi ! s'écria-t-elle.

— Oui, moi !

Et dans cette réponse il y avait :
— N'ai-je plus le droit de venir comme je venais ?
— Tu me pardonnes donc ? s'écria Grangette.
— Je n'ai rien à te pardonner.
— M. d'Hérion ?
— M. d'Hérion ? Tu lui devais trois mille francs, je viens de les lui envoyer. Tu ne lui dois plus rien.

Grangette poussa un cri et se jeta dans les bras de Francis.

Le lendemain, Adeline montait dans une chaise de poste et quittait Paris. Avons-nous besoin de dire ce que le baron lui avait écrit, puisque nous avons déjà dit qu'il ne mentait jamais ?

Il y a un mois environ, Francis et Grangette descendaient bras dessus bras dessous à huit heures du matin la longue avenue de Neuilly. Le baron était un peu soucieux, et Grangette, qui s'en était aperçue, l'étudiait du coin de l'œil avec une une sorte d'inquiétude. Il est vrai que Gérard avait dit la veille à son ami, en causant de choses et d'autres :

— A propos ! la comtesse est revenue. Je l'ai vue hier aux Italiens.

Nous demanderons à Francis ce qu'il alla faire rue Castiglione, le jour où il avait accompagné Grangette à Paris. Pourquoi se promena-t-il au moins une bonne heure devant le n° 10 ? Pourquoi hésita-t-il plusieurs fois s'il entrerait ? Pourquoi alla-t-il même demander au portier si la comtesse était revenue, quoiqu'il sût parfaitement à quoi s'en tenir à ce sujet ? Pourquoi reprit-il, tête baissée, le chemin de la maison de sa mère, après toutes sortes d'hésitations ? Pourquoi ce soir à Neuilly, était-il triste encore ? Et pourquoi enfin, quand Grangette lui demanda timidement ce qu'il avait, lui, l'homme doux et bien élevé, lui répondit-il brusquement, et n'eut-il que le temps d'avaler le nom de M. d'Hérion, accouru tout à coup au bord de ses lèvres, pendant cette soirée de mauvaise humeur?

Est-il vrai, en outre, que le lendemain il vint faire, muni d'un grand battement de cœur, une visite à la comtesse, et que celle-ci, au milieu de trois ou quatre personnes qui se trouvaient là, le reçut avec son plus gracieux, mais en même temps son plus ironique sourire, qu'il pâlit, ne sut que dire, se sentit ridicule, et partit de chez Adeline, qui depuis dix minutes au moins, sans la moindre affectation, semblait avoir oublié qu'il était auprès d'elle, et qu'il jura, ce qu'il ne fit pas, de se venger de cette femme à laquelle il n'avait rien à reprocher, que de lui avoir fait une infamie? car c'en est une que d'être aussi brutalement franc avec une femme qui aime. Heureusement pour la femme, et surtout pour la femme du rang, du caractère et de l'âge d'Adeline, une pareille franchise tue d'un seul coup l'amour. Allez donc faire comprendre à une femme du monde qu'elle peut être mise en parallèle avec une fille comme Grangette, c'est impossible.

— Aussi elle arrive à l'indifférence sans même passer par la colère. Le quart d'heure où elle apprend une aussi étrange nouvelle emporte de son cœur l'amour mort et déjà oublié sans y laisser plus de trace que n'en gardent d'un homme mort d'apoplexie les murs de la chambre où il est tombé. L'amour tué ainsi ne fait pas un vide dans le cœur, il y laisse une place. Aussi nous pouvons croire ce que nous a dit dernièrement Gérard, que Francis est souvent maussade, et que Grangette pleure quelquefois, surtout depuis le jour où le baron, étant aux Italiens, vous devinez pourquoi, a vu entrer dans la loge de la comtesse le jeune marquis qu'elle devait épouser, qu'elle avait, par hasard sans doute, rencontré dans le voyage qu'elle venait de faire, et qui était revenu à Paris deux heures après elle.

On dit que le cœur bat, ce n'est pas vrai, il tourne.

Quant à Grangette, à qui, dans le premier mouvement de la réconciliation, Francis avoua que, lui aussi, il l'avait trompée, se faisant ainsi coupable pour qu'elle le parût moins; quant à Grangette, disons-nous, qui, avec cet instinct merveilleux que la nature a mis dans toutes les femmes, grisettes ou comtesses, sait parfaitement ce qui rend maintenant son amant injuste pour elle, et ne se reconnaît pas le droit de s'en plaindre, elle disait l'autre jour avec un hochement de tête mélancolique et d'un ton plein de philosophie triste :

— Il n'y a qu'une chose qu'un homme ne pardonne jamais à une femme, c'est de lui avoir pardonné.

Elle a raison.

Cette liaison de Grangette et de Francis durera-t-elle longtemps? je ne le crois pas, moi, ni vous, — ni eux.

Heureusement Grangette est devenue première demoiselle dans son magasin, elle gagne quinze cents francs, et ne doit plus rien à personne.

— Sais-tu ce que tu devrais faire? disait hier Gérard au baron; tu devrais te marier.

Francis autrefois eût éclaté de rire à un pareil mot. Hier il n'a rien répondu.

Au fait, c'est une issue.

FIN DE GRANGETTE.

UNE LOGE A CAMILLE

Il y a à Paris un abus épouvantable et qu'il sera cependant impossible de détruire. Que les conservateurs se tranquillisent, il ne sera pas question de gouvernement. Cet abus dont je veux parler, c'est l'abus du billet de spectacle. Je vais m'expliquer.

Il y a des gens à qui leur modique fortune ne permet pas de payer tous les jours les six ou huit francs qu'il faut donner pour avoir deux places à peu près convenables dans un théâtre. Ces gens-là se contentent des billets avec droits que les théâtres qui vont faire faillite répandent chez les coiffeurs et les mercières, ou se cotisent quatre fois l'an, et vont voir le Théâtre-Français, l'Opéra, l'Opéra-Comique et la Porte-Saint-Martin. Ces gens-là composent ce bon public qui a payé, qui veut s'amuser pour son argent, parce qu'il n'a pas, comme son voisin, des rentes qui lui permettent de louer des places le lendemain, ou un ami qui lui en donne gratis. C'est le public intelligent, naïf, consciencieux, qui ne juge une œuvre qu'à la fin, convaincu que pour comprendre une chose, il faut la voir tout entière, ce qui est, vous en conviendrez, un principe assez raisonnable. Ce public-là, je le connais, je le vénère, je l'aime.

J'ai assisté avec émotion aux quarante premières représentations que mon père a déjà données, et, au milieu des bruits différents qui accueillaient l'œuvre nouvelle, je l'ai retrouvé, toujours le même, à sa place, et sentinelle de son droit.

D'où sort ce public-là? Je n'en sais rien. Comme toutes les choses providentielles, son origine se perd dans l'inconnu.

A côté de ce public, il y en a un autre, c'est le public qui ne paye pas, qui ne paye jamais, mais qui, en revanche, critique presque toujours. Ce public se compose des amis, des amis des amis, des connaissances, des connaissances des connaissances, des créanciers et des amis et connaissances des créanciers de ceux qui ont le malheur de toucher par un point quelconque à un théâtre de Paris, et qui ont, sinon le droit, du moins la liberté de demander de temps en temps des billets soit aux directeurs, soit aux auteurs, soit aux acteurs, soit aux amis de ces messieurs. On ne peut pas se figurer par combien de mains passe le plus souvent un billet de spectacle avant d'arriver à celui qui l'a demandé.

Ce public, auquel il faut joindre les confrères qui ont leurs entrées de droit, est le plus détestable et le plus dangereux public qu'un théâtre puisse réchauffer dans son sein. Il suffit d'un dixième de ce public-là pour ébranler les neuf dixièmes de l'autre. Il entre par toutes les portes, avec la claque, avec les musiciens, avec les comparses, avec les allumeurs, avec les ouvreuses : il s'introduit par tous les moyens. Enfin, comme les épidémies, il passe partout. Pourvu qu'il ne paye pas, il est content.

Tout le monde connaît l'histoire de ces deux messieurs qui se présentèrent sans billet au contrôle de l'Opéra, à la suite l'un de l'autre.

— Feu Lafont, dit le premier, et il passa.

— Et vous? dit le contrôleur au second.

— Moi aussi, répondit ce dernier, et il passa de même.

Un de nos plus spirituels conteurs entrait à Tivoli en disant au bureau :

— Tivoli fils!

M. P***, qui vient de mourir, avant d'avoir aux Beaux-Arts la position qui lui donnait ses entrées dans toutes les salles de Paris, se faisait accompagner d'un ami, inconnu comme lui aux contrôleurs, et disait gravement en passant devant eux :

— Monsieur est avec moi.

Et jamais on ne lui avait demandé non-seulement de quel droit il amenait quelqu'un, mais de quel droit il se présentait lui-même.

Ceux-là sont des élus, et c'est toute justice qu'ils ne payent pas. Mais tout le monde n'a pas leur esprit, et bien peu de gens ont leur aplomb. Il en résulte que les timides préfèrent être en règle et demandent des billets. Or, excepté les auteurs et les directeurs dont c'est l'intérêt, du moins on le croit, de donner des billets, l'homme de Paris auquel on en demande le plus, c'est moi ; et vous comprendrez bientôt par suite de quel raisonnement.

Par mon père, à qui ils doivent trente ou quarante succès, je me trouve en excellentes relations avec les directeurs, car les directeurs sont reconnaissants, quoi qu'on dise. Ces relations sont d'autant meilleures que jamais je n'ai fait une pièce, et qu'ils n'entrevoient pas que j'en ferai. Il en résulte que lorsque je leur demande des billets, ils ne m'en refusent que si la salle entière est louée ; mais si la salle est louée, c'est qu'ils ont un succès, et s'ils ont un succès, je ne commets pas l'indiscrétion de leur demander même une stalle, je la loue. Donc ils ne me refusent jamais les billets que je leur demande.

C'est ce consentement continuel qui a fait mon malheur.

Tout le monde a un malheur qui poursuit sa vie : les uns sont malades, les autres sont orphelins, ceux-ci ont des parents, ceux-là ont des dettes ; mon malheur à moi, mon épée de Damoclès, ma robe de Nessus, mon remords, mon créancier, c'est le billet de spectacle.

Tous les jours je reçois des lettres comme celles-ci; je copie textuellement :

« Mon cher Alexandre,

» Vous ne venez plus nous voir. Pourquoi ne nous demandez-vous jamais à dîner? Vous savez que nous sommes toujours heureux de votre visite. Ne nous oubliez donc pas. Ma femme vient d'être un peu malade, mais elle va beaucoup mieux. Nous serions bien enchantés d'assister au beau succès que votre illustre père vient d'obtenir encore. Que vous êtes heureux, mon jeune ami, d'être le fils d'un homme si universel! Marchez sur ses traces. Pour en revenir à ma femme, serait-ce indiscret de vous demander une petite loge pour demain? vous lui feriez bien plaisir et à moi aussi. Nous emmènerions un de nos amis, un jeune avocat fort distingué, grand admirateur de votre père. Puis-je compter sur vous, cher Alexandre? Écrivez-moi un mot de réponse. M'enverrez-vous la loge, ou faudra-t-il que je la fasse chercher?

» Tout à vous de cœur, votre affectionné, **. »

« Mon cher ami,

» Je viens enfin de trouver ton adresse, que je cherchais depuis bien longtemps. Te souviens-tu de moi? Nous avons été au collège ensemble. Je suis allé hier chez toi, je ne t'ai pas trouvé. Je voulais te demander deux places pour le théâtre que tu voudras. Le peux-tu? Tu me rendrais bien heureux, attendu que les fonds sont bas. Envoie-les moi rue ***. » Ton ami, **. »

« Monsieur,

» Monsieur votre père, que j'ai vu l'autre jour, m'a dit que vous seriez assez bon pour m'avoir une loge demain. Il travaille beaucoup et il craint de l'oublier. C'est pour moi une chose très-importante, la personne à qui cette loge est destinée pouvant m'être très-utile.

» Je compte, Monsieur, sur votre obligeance, et vous prie de me croire votre très-humble et très-dévoué serviteur.

» *P. S.* J'enverrai prendre la réponse demain à deux heures. »

« Mon cher Alexandre,

» Deux charmantes femmes me tourmentent pour que je les mène au spectacle. Cela m'ennuie beaucoup de dépenser trente francs pour les y conduire. Pouvez-vous m'avoir une bonne loge pour la Porte-Saint-Martin ou le Vaudeville? Surtout ne m'en envoyez pas de l'Odéon.

» A vous, **.

« *P. S.* Quand donc viendrez-vous déjeuner avec moi? J'y suis toujours jusqu'à onze heures. »

« Monsieur,

« Vous avez eu la bonté de m'offrir des billets de spectacle quand je vous ai porté ma petite note; je n'en ai pas profité alors. Mais mon frère, qui arrive de province, voudrait bien aller au théâtre. Pouvez-vous me donner deux places pour lui et ma femme?

« J'ai bien l'honneur de vous saluer.   **, Chapelier. »

« Mon cher enfant,

« J'aurais bien voulu te remercier moi-même, hier, du plaisir que tu nous as fait. Ma femme a pleuré tout le temps de la pièce. C'est un grand succès. Je viens de promettre à mon chef de bureau que je le lui ferais voir. Sois donc assez aimable pour me donner une bonne loge aujourd'hui. Fais bien mes compliments à ton excellent père.

» Ton vieil ami, ***. »

Je pourrais vous copier encore cent demandes du même genre, mais je préfère m'en tenir à cet échantillon.

Que feriez-vous si vous receviez tous les jours des lettres comme celles que vous venez de lire? Vous feriez ce que je fais, vous crieriez qu'il n'y a pas moyen de vivre avec une pareille persécution, et vous finiriez par envoyer ce qu'on vous demande. Mais envoyer, ce n'est rien.

S'il ne s'agissait que d'écrire sur un morceau de papier le nom du théâtre, le nombre des places, et signer, ce serait un passe-temps agréable ; malheureusement il n'en est pas ainsi, il faut qu'à mon tour je m'adresse au directeur.

Quand l'inflexible lettre arrive, j'ai trois moyens d'y répondre. Le premier c'est de dire que je ne peux pas donner de billets. Alors je me brouille avec celui qui m'a écrit, et j'ai la sottise de vouloir être bien avec tout le monde. Le second, c'est d'écrire au directeur pour lui demander ce qu'on me demande à moi et lui causer le désagrément qu'on me cause. Le troisième, c'est de m'habiller, de prendre un cabriolet et d'aller moi-même chercher le malheureux coupon.

C'est toujours ce troisième moyen que j'emploie. Il y a un proverbe italien que je ne sais qu'en français, et qui dit : *Qui veut va, qui ne veut pas envoie.*

Je suis l'esclave de ce proverbe, et voici pourquoi.

L'individu qui m'envoie son domestique ou un commissionnaire pour me demander un billet, attend impatiemment son retour. Je ne peux donc pas me servir de son messager, qui, le plus souvent, du reste, est stupide et ferait très-mal la commission dont je le chargerais. Je suis libre alors d'envoyer mon domestique à moi ; mais, mon domestique parti, qui est-ce qui ira ouvrir la porte aux gens qui sonneront ? et il viendra au moins vingt personnes pendant son absence. C'est toujours ainsi. Ou il faudra que j'entende la sonnette me répéter trois ou quatre fois de suite qu'il y a à ma porte quelqu'un qui s'impatiente, qui va redescendre, à qui mon portier va dire que je suis bien certainement chez moi, et qui va remonter carillonner d'une main pendant qu'il frappera de l'autre; ou il faudra que j'aille ouvrir moi-même la porte, et je serai forcé de recevoir vingt individus, sur lesquels dix-huit m'ennuieront indubitablement. Tout ceci est le résultat de l'expérience. Car lorsque cette maladie du billet, dont je suis affecté à l'état chronique, n'était encore qu'à l'état primitif, j'ai essayé, non pas de lui échapper, ce qui était impossible, mais de l'adoucir, et j'ai passé par toutes les épreuves que je viens de vous raconter et par d'autres encore dont je vais vous faire part.

J'écrivais au directeur :

« Mon cher ami,

» Voulez-vous me donner une loge pour ce soir? Vous me rendrez un grand service; remettez-la, je vous prie, au porteur. »

Une pareille lettre était d'une naïveté incroyable.

Je faisais venir mon domestique, quand j'en avais; quand je n'en avais pas, j'appelais un commissionnaire.

— Vous allez porter cela, lui disais-je, à monsieur tel, à tel théâtre; vous entrerez par le côté des acteurs, et vous direz qu'il y a une réponse.

Au bout d'une demi-heure le commissionnaire revenait.

— Monsieur, me disait-il, le directeur est à la répétition, ou n'était pas arrivé; un monsieur m'a dit de venir chercher la réponse à trois heures. Faudra-t-il y aller?

— Oui, et vous me l'apporterez ici.

A deux heures on sonnait.

C'était le messager du demandeur qui venait savoir si j'avais le billet.

— Dites à votre maître que je ne l'aurai qu'à quatre heures, répondais-je, et que je le lui enverrai aussitôt.

A trois heures et demie, mon commissionnaire revenait. Le plus souvent il apportait la loge, quelquefois il n'apportait rien. Quand il apportait, je lui donnais l'adresse de celui qui attendait, en lui disant de courir vite lui remettre ce qu'il venait de chercher.

— Est-ce ce monsieur qui me payera mes trois courses? me demandait cet homme.

— Du tout, lui disai-je; revenez, je vous payerai.

Le commissionnaire revenait une troisième fois.

— Ce monsieur vous remercie bien, me disait-il; et je lui payais ses trois courses.

Quand il n'apportait rien, soit que le directeur ne fût pas rentré, soit qu'il n'eût pu faire droit à ma demande, je me trouvais dans un embarras extrême. Dans ces cas-là, il m'est arrivé souvent de courir au bureau de location et de louer les places que j'avais promises.

Mais ce n'était pas tout. Quand j'avais obtenu la loge, que je l'avais envoyée, que j'avais payé le commissionnaire, je me croyais tranquille. Le lendemain, je recevais quelquefois de celui à qui je l'avais donnée une lettre conçue à peu près en ces termes :

« Mon cher Alexandre,

» Je vous remercie beaucoup de la loge que vous m'avez envoyée, mais elle n'était pas numérotée, de sorte qu'au lieu de nous placer aux premières, on nous a mis aux secondes de côté ; vous comprenez combien ça été désagréable pour moi qui avais invité la femme et la sœur du médecin qui a soigné dernièrement ma fille. Je vous avais prévenu que c'était pour lui. Une autre fois j'aime mieux que vous me disiez franchement que je suis indiscret, que de me mettre dans cette position ridicule : ou je m'en passerai ou je louerai une loge.

» A vous, ***. »

Il arrive encore que l'on reçoit un mot dans le genre de celui-ci :

« Mon cher ami,

» Vous m'avez demandé hier une loge que vous avez donnée à deux jeunes gens et à deux femmes qui n'ont fait que manger, boire et rire tout le temps qu'a duré le spectacle. Ils ouvraient à chaque instant les portes, et faisaient un tel bruit que plusieurs fois le parterre leur a imposé silence. Ils ont trouvé la pièce détestable, et sont partis au beau milieu du dernier acte. A l'avenir, choisissez vos élus ; je ne vous refuse pas de billets, mais je tiens à ce qu'ils soient bien placés.

» Mille amitiés. »

Vous croyez qu'au moins les gens à qui l'on donne des billets en sont reconnaissants ? En aucune façon.

A une première représentation regardez dans les loges ; celles où l'on arrive le plus tard sont celles qui ont été données. Regardez aux stalles : ceux qui causent sont ceux qui ont des billets d'auteur ; regardez partout enfin, et si la contenance d'un spectateur vous choque, vous pouvez parier hardiment qu'il n'a pas payé sa place. Les gens qui font tomber les pièces, ce sont les amis. Ils connaissent le sujet, ils ont vu les répétitions, ils se mettent à côté les uns des autres, ils causent, ils n'applaudiraient pas pour un empire. Si le succès devient douteux, au lieu de rester pour le soutenir, ils s'en vont ; si on leur demande pourquoi ils quittent la place, ils vous répondent :

— La pièce va tomber, je l'avais prévu, je ne veux pas voir cela ! cela me ferait trop de peine.

A la première représentation de la *Reine Margot*, la loge de mon père était pleine d'amis ; ils faisaient tant de bruit que deux fois le parterre leur a crié : Silence !

La position de l'homme qui a promis des billets de spectacle est donc à la fois pénible, fatigante et dangereuse, comme vous le voyez. Le billet de spectacle n'est pas regardé comme une valeur commerciale. Il y a des gens, et beaucoup, pour lesquels ce morceau de papier qui les fait assister pour rien, dans une bonne loge, à une œuvre littéraire, ne représente pas dix sous. Ces gens-là ne savent pas que lorsqu'ils demandent une loge pour aller voir une pièce qui a du succès, ils demandent trente, quarante ou cinquante francs au directeur, selon l'importance de la loge.

Je me rappellerai toujours ce qui m'est arrivé avec un bijoutier du Palais-Royal. Il m'avait vendu quelques bijoux, et il vient un matin chez moi :

— Monsieur, me dit-il avec un air onctueux qu'il n'avait jamais eu quand il était venu me demander de l'argent, je viens vous réclamer un service que vous pourrez me rendre.

Il faut vous dire que ce bijoutier est millionnaire.

— Voyons, lui dis-je.

— Voici ce qui arrive. Un de mes parents est à Paris avec sa femme, et il voudrait bien aller au spectacle. Pouvez-vous me donner une loge pour ce soir ?

— Pour quel théâtre ?

— Pour les Variétés.

— Mais pourquoi ne louez-vous pas cette loge ?

— Parce que nous autres nous n'avons pas le moyen, étant dans le commerce, de payer vingt ou vingt-cinq francs pour aller au spectacle ; tandis que vous, qui êtes lié avec les directeurs...

— Vous êtes bijoutier, n'est-ce pas ?

— Oui, monsieur.

— Eh bien, quand un de vos clients vient chez vous et veut vous faire perdre dix francs sur un objet qu'il vous marchande, lui donnez-vous cet objet ?

— Non, monsieur.

— Jamais ?

— Jamais.

— Mais s'il vous en offre le prix coûtant, lui donnez-vous l'objet ?

— Du tout. Il faut au moins que je gagne quinze ou vingt du cent, sans quoi autant ne pas faire de commerce.

— Ainsi, vous lui refusez net ?

— Net.

— Eh bien, alors, pourquoi voulez-vous que le directeur des Variétés, qui ne vous connaît pas, vous donne une loge ? S'il vous la donne, et que demain il vous demande un bijou d'une valeur équivalente, lui en ferez-vous cadeau ?

— Oh ! monsieur, ce n'est pas la même chose.

— Exactement.

Le bijoutier haussa les épaules.

— Tous vos bijoux sont cotés ? lui dis-je.

— Oui.

— Ils ne peuvent sortir qu'en échange du prix non pas qu'ils valent, mais que vous leur avez donné ?

— Certes.

— Eh bien, le théâtre des Variétés est comble tous les soirs. Chaque loge est un bijou coté vingt-cinq francs, et si je demande une loge et qu'on me la donne, c'est vingt-cinq francs que je prends au théâtre.

— Oh ! on ne loue pas toutes les loges.

— Je vous répète que Déjazet joue et que tous les soirs elle fait salle pleine.

— Mais, monsieur, pour une loge, le directeur n'en mourra pas.

— Mais pour vingt-cinq francs vous ne serez pas ruiné.

— Mais, monsieur, nous avons bien de la peine à gagner vingt-cinq francs.

— Le directeur aussi.

— Nous avons bien des frais.

— Le directeur aussi.

— Enfin ! j'aurais pourtant bien voulu que ma belle-sœur vît Déjazet, qu'elle n'a jamais vue.

— Louez une loge. Vous pouvez bien faire ce sacrifice pour votre belle-sœur.

— Ma foi, non. Pouvez-vous m'avoir une loge pour un autre théâtre, alors? celui que vous voudrez, cela m'est égal.

— Non, c'est impossible dans ce moment.

— Ma belle-sœur va être bien contrariée. Ainsi c'est impossible?

— Impossible.

— Adieu, monsieur, excusez-moi de vous avoir dérangé.

— Adieu.

Il y a encore les gens qui viennent et qui disent :

— Bonjour, cher ami.

— Bonjour.

— Vous allez bien?

— Et vous?

— A merveille. Dites-moi donc, j'avais quelque chose à vous demander.

— Parlez.

— Êtes-vous homme à me donner une loge, mais pas pour aujourd'hui?

— Pour quand?

— Pour dans dix jours. Mais une bonne loge, vous comprenez; c'est pour...

— C'est bon, je connais cela.

— Eh bien, pourrez-vous l'avoir?

— Parfaitement.

— Une loge de six places, hein?

— Oui.

— De la galerie?

— J'y tâcherai.

— De face?

— Bien.

— Vous me la promettez?

— Comptez dessus.

— C'est que si vous ne pouviez pas, j'aimerais mieux le savoir.

— Je vous dis que vous l'aurez.

— Très-bien. Et votre cher père, comment va-t-il?

— Toujours très-bien.

— Tant mieux! tant mieux! Ainsi, c'est convenu. C'est aujourd'hui jeudi, ce sera pour de samedi en huit. Samedi en huit, ce sera le... le... le combien sommes-nous aujourd'hui?

— Le 3.

— Vendredi 4.

Il compte sur ses doigts.

— Ce sera pour le 12, pour le samedi 12, ne l'oubliez pas. Je vais vous l'écrire, tenez, ce sera plus sûr. Avez-vous du papier?

— Prenez celui-là.

Il dit tout haut ce qu'il écrit :

— Une bonne loge de galerie, de face, de six personnes, pour M***, le samedi 12.

— Tenez, vieux, je vous mets cela à votre glace, de cette façon vous l'aurez toujours sous les yeux. Vous ne pourrez pas vous faire la barbe sans penser à moi. Je compte sur vous. Maintenant je m'en vais, parce que je ne veux pas vous ennuyer plus longtemps. A samedi.

— A samedi.

Le lendemain, on reçoit une lettre qui contient ces mots :

« Mon cher bon,

» J'ai vu la personne qui m'avait demandé la loge que vous avez bien voulu me promettre hier. Elle vous remercie de votre bonté, et nous comptons toujours sur vous. »

On rencontre l'individu.

— Vous n'oubliez pas ma loge, n'est-ce pas? vous dit-il.

— Soyez tranquille.

— C'est que vous me mettriez dans un fier embarras. Je dîne ce jour-là chez la personne en question. Me l'enverrez-vous?

— Je vous l'enverrai.

— La veille?

— La veille.

— Bien. C'est que, vous comprenez, quand on a les billets la veille, on est sûr de son affaire.

— Vous les aurez.

— Adieu, cher ami.

La veille, au matin, on reçoit un mot par la poste :

« Vous savez que c'est pour aujourd'hui, n'oubliez pas. Loge de la galerie de face, pour six personnes.

» Bien à vous. »

On va chercher la loge, on l'envoie. On rentre chez soi. On trouve l'individu.

— La loge est chez vous, lui dit-on.

— Ah! très-bien. Je craignais que cela ne vous dérangeât de me l'envoyer, alors j'étais venu. Mais, puisqu'elle est chez moi, c'est tout ce qu'il me faut. Par qui l'avez-vous envoyée?

— Par un commissionnaire.

— L'avez-vous payé?

— Non, parce que je craignais qu'une fois payé, il ne portât pas ma lettre.

— Vous avez bien fait. Combien faudra-t-il donner à cet homme?

— Ce que vous voudrez.

— Dix sous, c'est bien assez, n'est-ce pas?

— Certes.

— Allons, merci, et sans adieu.

Ce que je viens de vous raconter m'est arrivé textuellement.

Qu'ajouter à cela?

Une simple histoire, vraie comme le reste, et qui achèvera, je l'espère, de guérir ceux qui la liront de l'habitude de demander des billets de spectacle.

Un matin, un de mes camarades de collége, que je ne voyais que très-rarement, entra chez moi. C'était un de ces excellents garçons qui n'ont d'autre défaut qu'une grande apathie, dont ne les a jamais tirés ni une passion ni une douleur. La vie passait devant lui sans jeter d'ombre sur ce qui l'entourait; on eût dit un spectateur indifférent, capable de s'amuser, mais surtout disposé à s'endormir au spectacle qu'il avait devant les yeux. Tout pour lui avait le même aspect et la même teinte. Il était entré dans le monde sans avoir sur les choses les théories absurdes qu'adoptent la plupart des jeunes gens. A vingt ans, il avait senti un vague besoin d'aimer autre chose que ses parents, et il avait aimé, mais sans enthousiasme et par conséquent sans déception; de sorte que le respect et l'amour de la famille s'étaient conservés intacts en lui, et que, quelle que fût sa maîtresse en ce moment, il n'avait jamais retardé son départ de vingt-quatre heures, lorsque son père et sa mère, qui habitaient la province, l'avaient prié de venir passer quelques semaines auprès d'eux. Enfin, c'était une nature accessible à tous les sentiments et qui semblait fermée à la moindre passion. Il était semblable à ces lacs bleus entourés de montagnes qui les protégent contre les vents trop froids et contre les orages, qui reflètent un azur éternel, et qui ne gardent aucune trace des petits nuages qui passent parfois au-dessus de leur miroir et qui vont se charger plus loin de tempête et de pluie.

On était toujours heureux de voir arriver Camille, c'est ainsi qu'il s'appelait. On était toujours sûr que sa visite ne laisserait qu'un bon souvenir. Il avait de l'esprit, avec lequel il n'attaquait jamais personne, et qui ne lui servait même pas à se défendre, personne ne l'ayant jamais attaqué. Sa conversation était douce, affable, bienveillante. Bref, c'était un excellent camarade, auquel, en raison de sa nature léthargique, il eût peut-être été indiscret de demander d'être un ami sérieux.

Cependant cette paresse des impressions ne s'était pas étendue jusqu'à l'intelligence, et il eût même été difficile de trouver un homme de son âge aussi instruit que l'était Camille. Tout ce que la sagesse et la philosophie de ceux qui ne sont plus peut apprendre à ceux qui sont, Camille le savait. Les sciences abstraites étaient les seuls enthousiasmes un peu violents qu'il eût eus, et personne n'était capable comme lui d'analyser les grandes choses de la nature et du monde. Il avait lu Lavater et le savait par cœur. Après dix minutes d'examen il vous disait le caractère d'un homme, et le mettait à nu devant vous. Il savait parfaitement que telle ligne du visage correspond à telle sensation de l'âme; il connaissait l'origine, la religion, la politique, les tendances des peuples; il avait enfin au suprême degré cette science géométrique des effets et des causes qui peut s'acquérir par une recherche obstinée du passé et par la lecture des grands philosophes; mais j'étais convaincu que ces grandes et belles théories, amassées patiemment et une à une, se fussent trouvées fort impuissantes devant le simple regard d'une femme aimée, si Camille eût pu aimer sérieusement une femme.

Nous savons que cela ne lui était pas encore arrivé, et je sais, moi, qu'il résultait pour lui, de l'étude des grandes questions morales et philosophiques qu'il faisait, un certain mépris de cette distraction vulgaire qu'on nomme l'amour. Il lui semblait que la science va toujours agrandissant son cercle, et dans aucun cas ne le rétrécit assez pour faire que ses élus s'occupent des points infimes et terrestres autour desquels gravitent ceux qui se préoccupent follement des étroites questions du cœur, et qui croient qu'ils ont autant fait en découvrant un petit coin de ce monde inconnu qu'on appelle la femme, qu'en découvrant un monde entier comme Colomb ou un astre comme Herschell.

J'avais quelquefois agité cette question avec Camille, et voici à peu près dans quels termes il m'avait répondu :

— Qu'est-ce que la femme pour ceux dont le regard embrasse des immensités et sonde les profondeurs incalculables qu'il y a derrière tous les horizons ? Un point à peu près invisible dans les étendues qu'ils contemplent. Un moule à reproduction, un mammifère un peu plus intelligent que les autres ; un être destiné par la Providence à la procréation d'autres êtres jusqu'à ce qu'il en arrive un assez grand, assez fort, assez éclairé pour déchirer définitivement le voile qui cache le Vrai, et dispenser le monde des moyens humains auxquels Dieu le condamne jusqu'au jour où, à l'aide de ces moyens, il aura acquis la science éternelle.

Comme vous le voyez, Paul, Werther et des Grieux n'étaient pas les héros de Camille.

Quelques-uns, cependant, de ces élus dont il me parlait, veulent bien faire de la femme une compagne pour l'homme, une sorte de banc de mousse qui le repose de temps en temps de la route pénible qu'il a entreprise ; mais ce qui se passe dans le cœur de ce mammifère, peu leur importe ! Ils savent dans quel but la nature l'a créé, par quels moyens il produit, c'est tout ce qu'il leur faut. Ils écrivent des livres fort longs, fort savants, fort diffus, et ajoutent péniblement une lettre au mot de l'avenir. Ils laissent à d'autres l'étude de ce monde intéressant, éternel, infini, qui vit dans la femme, et cette science de la passion qui, ils ne le savent pas, le ramène à Dieu aussi vite et plus vite même que leur science universelle et douteuse.

Camille était encore trop jeune pour en être tout à fait à ce point d'indifférence, et ne pratiquait pas à la lettre les théories qu'il développait. Il ne reconnaissait pas à la femme qu'un but d'utilité, et voulait bien voir en elle une distraction ; mais l'idée ne lui était pas encore venue que l'on pouvait oublier tout pour un de ces fantômes dont deux ou trois à peine avaient peuplé ses nuits.

Voilà donc l'homme qu'était Camille quand il entra chez moi.

Je lui tendis affectueusement la main, car j'étais réellement enchanté de le voir. Camille était pour moi un livre intéressant, que j'eusse évidemment fermé si je l'avais toujours eu à mes côtés, mais dont je lisais avidement quelques pages quand le hasard me le mettait sous les yeux. Je lui demandai s'il voulait déjeuner avec moi, ce qu'il accepta en me répondant qu'il n'avait rien à faire. Je le remerciai de la préférence qu'il me donnait, et pendant qu'il s'accoudait nonchalamment dans un fauteuil, en allumant un cigare qu'il fuma lentement, je lui fis, sur sa santé et sur sa vie, les questions d'usage, auxquelles il répondit avec cette indifférence qui le caractérisait.

Si je n'eusse pas parlé, il eût fini par s'absorber dans l'action de fumer, et, oubliant que nous ne nous étions pas vus depuis longtemps et qu'il me faisait visite, il eût resté deux ou trois heures dans la même position et le même silence, après quoi il s'en fût allé en rallumant un autre cigare et en se contentant de me dire adieu. Dix fois il m'avait rendu visite ainsi, et si j'avais à travailler, j'avais pu continuer mon travail sans m'apercevoir que quelqu'un était auprès de moi. Mais ce jour-là, j'étais comme lui, je n'avais rien à faire, et j'étais tout disposé à parler. Il fallut donc que Camille en passât par ma fantaisie.

— Eh bien, mon cher Camille, quoi de nouveau, lui dis-je.

— Rien.

— Qu'est-ce que tu as fait depuis que je ne t'ai vu?

— Pas grand'chose.

— Ton père et ta mère vont bien?

— Oui.

— Et la science?

— Pas mal. Ah! à propos, je venais te demander quelque chose.

— Quoi donc?

— Un billet de spectacle.

— Pour où?

— Pour où tu voudras, cela m'est bien égal. Peux-tu m'en donner un?

— Une loge?

— Oui.

— C'est pour toi?

— Pour moi et pour une femme, me répondit négligemment Camille. Elle m'a demandé de la mener au spectacle, et j'ai pensé que tu m'économiserais cette dépense.

— Bien volontiers. Tu mènes donc les femmes au spectacle maintenant?

— Ce sera la première fois.

— Tu y vas seul ordinairement?

— Jamais je n'y vais.

— Où passes-tu tes soirées?

— Chez moi, à lire, ou chez un de mes amis.

— Et chez cette femme?

— Ah! c'est bien rare.

— Elle n'est donc pas jolie?

— Si.
— Elle n'est donc pas libre?
— Parfaitement libre.
— Pourquoi n'y vas-tu pas plus souvent alors?
— Parce que cela m'ennuie.
— Qu'est-ce qu'elle fait alors?
— Je n'en sais rien.
— Elle ne doit pas mener une existence fort agréable.
— Oh! je vais la voir une une deux fois par semaine.

Je ne pus m'empêcher de rire de l'intonation que Camille donna à cette phrase; on eût dit que ces deux visites étaient de sa part le comble de la déférence.

— Je te donnerai ta loge, lui dis-je.

Et il continua de fumer silencieusement.

Cependant j'eusse été curieux d'avoir des détails sur cette liaison, et de savoir définitivement comment, à vingt-quatre ans, Camille envisageait l'amour.

— Où as-tu fait la connaissance de cette femme? lui demandai-je.
— Dans le monde.
— Il y a longtemps?
— Il y a un an, je crois.
— Et tu es son amant depuis?
— Depuis onze mois.
— Ainsi, tu ne lui as fait la cour qu'un mois?
— Je ne lui ai jamais fait la cour, je ne lui ai fait que des visites qu'elle a interprétées à sa manière, et un jour elle m'a persuadé que j'étais amoureux d'elle, qu'elle était folle de moi, et je suis son amant depuis ce jour-là.
— Et tu l'aimes?
— Oui; c'est une très-bonne femme.
— Et elle t'aime?
— Il paraît.
— Tu es un heureux gaillard.

— Peuh!

— Elle est mariée?

— Oui, mais séparée de son mari.

— Elle est riche?

— Oui.

— Brune ou blonde?

— Ah! cela, je ne le sais pas, par exemple. Cependant, je crois qu'elle est brune. Ah ça, pourquoi me demandes-tu tous ces détails?

— Parce que je voulais savoir si tu étais amoureux.

— Ah! mon cher, le jour où je serai amoureux n'est pas près de se lever.

— N'en jure pas.

— Ah! j'en jurerais, au contraire.

En ce moment, on nous apporta à déjeuner, et nous nous mîmes à table.

— Je crois que je vais partir, me dit Camille en déposant son cigare sur la cheminée et en dépliant sa serviette.

— Et où vas-tu?

— Chez mon père et ma mère. Il paraît qu'ils veulent me marier.

— Sais-tu avec qui?

— Non.

— Et tu te marieras?

— Pourquoi pas?

— Eh bien, et ta maîtresse? Si cette malheureuse femme t'aime, elle va avoir un chagrin horrible.

— Elle est bien mariée, elle!

— Mais elle l'était avant de te connaître.

— Qu'est-ce que cela fait? Elle doit bien penser que je me marierai un jour.

— Tu ne lui en as rien dit?

— Je n'y ai pas pensé. Faut-il le lui dire?

— Oui; mais attends au dernier moment.
— Tu me le conseilles, n'est-ce pas?
— Certainement.
— C'était mon avis aussi.
— Ainsi, tu te marieras sans regret?
— Oui.
— Sans crainte?
— Quelle crainte veux-tu que j'aie?
— Que ta femme ne t'aime pas.
— Que m'importe?
— Qu'elle te trompe?
— Qu'est-ce que cela me fait? Ah! mon cher, pourvu que j'aie une bibliothèque et des cigares, je m'inquiète peu du reste.

Je n'ai pas besoin de vous raconter plus longuement la conversation que j'eus avec Camille, pour que vous sachiez à quoi vous en tenir sur son caractère. Après le déjeuner, nous montâmes ensemble en cabriolet, et j'allai au théâtre de... demander une loge que l'on me donna, et que je remis à Camille, lequel promit de venir me voir avant son départ. Je le reconduisis jusqu'à la porte de sa maîtresse, et je rentrai chez moi bien décidé à aller le soir au théâtre voir comment était la pauvre femme qui avait peut-être la folie d'aimer mon ami.

C'était une charmante créature, je dois le dire. Voici les renseignements que me donna ma lorgnette.

Elle était brune, elle avait les yeux bleus, pleins de douceur; le nez légèrement retroussé, la bouche moyenne, gracieuse et ornée de dents magnifiques. Elle était mince, mise avec une très-élégante simplicité; et elle posait à chaque instant sa main sur la main de Camille, lequel, assis dans le fond de la loge, paraissait fort disposé à s'endormir, et se fût déjà endormi depuis longtemps, si sa maî tresse en se retournant de son côté ne l'eût réveillé chaque fois avec un regard suppliant.

Il sembla prendre définitivement son parti, s'assit sur le devant de la loge, et écouta la pièce, qui était une féerie assez amusante. Il arriva même un moment où il parut prendre plaisir à ce qu'il voyait, car plusieurs fois il prit la lorgnette des mains de sa voisine et lorgna attentivement les acteurs et les actrices, ce qui évidemment ne lui était jamais arrivé.

Satisfait de mon examen, je rentrai me coucher. Le lendemain je reçus de nouveau la visite de Camille. Il venait me remercier de la loge que je lui avais donnée la veille. Il me sembla qu'il n'était pas tel que je l'avais toujours vu. Il avait l'air préoccupé d'une chose qu'à chaque instant il était prêt à me dire et que ses lèvres retenaient toujours. Certainement il se passait du nouveau dans l'esprit de mon ami, et j'allais le savoir sans aucun doute, car le brave garçon n'était pas habitué à feindre.

— Qu'est-ce que tu fais ce soir? finit-il par me dire.

— Rien.

— Veux-tu venir au théâtre avec moi?

— Volontiers. A quel théâtre?

— A celui où je suis allé hier.

En disant cela, Camille ne me regardait pas.

— La pièce t'a donc amusé? lui demandai-je.

— Oui.

— Cependant, j'avais cru voir que tu dormais.

— Tu y es donc venu?

— Un instant.

— En effet, j'ai fait peu attention dans le commencement, mais la fin m'a intéressé. Sais-tu que cette pièce est montée avec un grand luxe?

— C'est vrai.

— Moi qui ne suis pas habitué à aller au spectacle, celui-là m'a enchanté.

— Je ne t'ai jamais vu si enthousiaste ; c'est une conversion complète.

— Enfin, m'accompagneras-tu ce soir?

— Avec grand plaisir.

— Je devais aller au cours de l'Athénée, mais, ma foi, je n'irai pas. Ainsi c'est convenu?

— Oui.

— Je t'attendrai à la porte du théâtre à sept heures.

— J'y serai.

— Je compte sur toi.

Je restai fort intrigué. Jusque-là Camille avait méprisé tout ce qui était littérature dramatique, et la première chose pour laquelle il se passionnait était justement une de ces pièces dont le mérite n'est pas d'être littéraires. Il y avait évidemment une autre cause à cette récidive théâtrale. Je me promis d'étudier Camille, et de deviner son secret, si toutefois il ne me l'avouait pas.

A l'heure indiquée j'étais au rendez-vous. Mon ami attendait déjà depuis longtemps. Il y avait une certaine recherche dans sa mise. Qu'est-ce que tout cela voulait dire? Il prit un billet au bureau, et nous entrâmes.

J'avais mes entrées, et je me plaçai à côté de lui. On levait le rideau. Pendant les premiers tableaux, Camille fut assez distrait; mais il arriva une scène où son attention tout entière se fixa sur le théâtre, au point qu'il n'entendit pas, quelques paroles que je lui disse.

Penché sur le dos de la stalle qui était devant la sienne, il y appuyait ses deux coudes, et tenant sa lorgnette avec les deux mains, il lorgnait attentivement les personnages qui jouaient en ce moment. Or, ces personnages étaient au nombre de deux : un homme et une femme. L'homme était grimé de façon à faire peur; la femme était merveilleusement jolie. Camille lorgnait la femme, il ne pouvait y avoir aucun doute là-dessus.

— Qui donc regardes-tu, ami? lui dis-je en lui poussant le coude, sans quoi il ne m'eût pas entendu.

— Cette femme qui est en scène.

— Est-ce que ce mammifère te plaît?

Camille vit que je faisais allusion à ses théories sur les femmes, et il continua en soupirant :

— Cette femme est bien belle.

Il faut vous dire que le costume que portait cette actrice ne pouvait laisser aucun doute sur la beauté et l'élégance de ses formes. Elle jouait un rôle de nymphe quelconque, de sorte que sa jupe venait à peine à ses genoux, et qu'au moindre mouvement qu'elle faisait cette jupe devenait presque inutile et découvrait ce qu'elle était destinée à cacher.

La jambe était ferme, arrondie, le pied étroit, court et cambré. Un maillot couleur de chair couvrait le haut du corps, en laissant, comme la jupe, à découvert tout ce qu'il était possible de ne pas voiler. Ce maillot dessinait une taille souple et comprimait des formes qui semblaient comme un double bloc de marbre, prêtes à faire éclater le fragile rempart qu'on leur opposait. Les bras étaient modelés sur ceux de la Junon antique, et les mains étaient d'une finesse royale. Surmontez ce corps d'une tête charmante, couronnée de cheveux noirs dans lesquels s'enlaçaient des fleurs et des feuilles vertes; donnez à cette tête un ovale gracieux, étoilé de regards ardents, des sourcils noirs qui ajoutaient encore à l'éclat des yeux, un nez fin et droit, une bouche humide et provocante s'entr'ouvrant comme l'écrin d'un collier de perles, et vous aurez le portrait de la nymphe que lorgnait si attentivement Camille. Elle jouait fort gracieusement son rôle, et ne semblait pas honteuse de son costume.

— Quelle belle fille! répéta mon ami quand elle fut sortie de scène.

— Cela vaut bien le cours de l'Athénée ou de l'Observatoire, n'est-ce pas? et si la première fois que tu as regardé dans un télescope, tu avais vu ce que vient de te montrer ta lorgnette, tu serais peut-être allé plus souvent au spectacle et moins souvent au cours.

— Quelle incroyable créature! quelle pureté de lignes! quelle finesse de contours! ne cessait de dire Camille.

— Dis-moi donc, est-ce que c'est pour cette femme que tu es venu ici ce soir? En serais-tu amoureux? m'écriai-je avec une telle intonation que quelques-uns de mes voisins se retournèrent.

— Certes, non, fit Camille en rougissant; tu sais bien que je ne suis pas d'une nature à devenir amoureux ainsi; mais j'avoue que j'avais du plaisir à revoir cette fille-là. Je n'ai rien trouvé d'aussi beau; c'est de l'admiration et non de l'amour. Je viens en artiste et non en amant. On va bien voir une belle statue, on peut bien aller voir une belle femme.

— Quel changement depuis hier! Ainsi, voilà comme tu envisages les femmes que tu appelais, il n'y a pas longtemps, des moules à reproduction, des êtres destinés à créer d'autres êtres dans un but providentiel.

Camille ne répondait pas.

— Tu n'es venu que pour la voir? lui demandai-je.

— Oui.

— Maintenant qu'elle est sortie de scène, nous pouvons nous en aller, alors.

— Non, elle reparaît dans le dernier acte.

— Sais-tu ce qui va arriver, mon cher Camille?

— Dis-le.

— Tu vas te passionner pour cette femme.

— Pour Armande!

— Tu sais donc son nom?
— Oui, je l'ai vu sur le journal.
— Ah! Et sais-tu son adresse?
— A quoi bon?
— Pour aller la voir ou lui écrire.
— Tu es fou. Si tu me connaissais mieux, tu ne supposerais pas cela une minute.
— Moi qui croyais que tu avais dormi hier!
— On m'a justement réveillé pour la scène d'Armande.
— C'est adroit.
— Enfin, où veux-tu en venir?
— A rien. Je veux voir cette fille d'ici, parce que cela m'amuse de la voir, voilà tout.

Camille resta jusqu'à ce qu'Armande eût dit son dernier mot; puis, le spectacle n'ayant plus aucun attrait pour lui, nous nous en allâmes. Il me reconduisit jusqu'à ma porte, sans me dire quand je le reverrais, et en s'efforçant de ne pas me parler de la chose qui évidemment occupait toute sa pensée.

Le lendemain, je comptais presque sur sa visite. Il ne vint pas. Le soir, j'allai au théâtre et j'aperçus mon Camille sournoisement venu à l'orchestre et lorgnant sa nymphe avec un sentiment de béatitude que je ne puis décrire. Sans aucun doute, il était amoureux, car il fallait en lui un bouleversement complet pour le faire venir ainsi trois jours de suite au spectacle. Puis, le secret qu'il m'avait gardé de cette troisième visite m'était une preuve suffisante qu'il se passait en lui quelque chose qu'il n'osait avouer.

Je ne connaissais pas Armande, mais j'étais curieux de voir de près celle qui la première faisait battre le cœur de mon froid ami. Sans dire à Camille que je l'avais vu, je passai dans les coulisses, et j'entrai dans le foyer des acteurs. C'était justement pendant les scènes qui se jouaient entre les deux tableaux où paraissait Armande, de sorte qu'elle était assise au foyer.

Elle tenait à la main un fort beau bouquet dont elle distribuait quelques fleurs à chacun de ses camarades. Quoiqu'elle ne me connût pas, en me voyant entrer, elle vint à moi, et me donna comme aux autres ma part de son bouquet.

— D'où diable te viennent ces fleurs? lui dit un gros gaillard qui jouait le rôle d'Atlas et se dandinait sur un banc en faisant sauter au plafond sa barbe blanche en filasse.

— Je n'en sais rien, répondit Armande, qui, posée devant la glace, mettait entre sa poitrine et son maillot une rose dont elle laissait sortir quelques feuilles.

— Tu n'en sais rien! répliqua un Fleuve qui s'était momentanément assis sur son urne.

— Absolument rien, je te le répète. On m'a apporté aujourd'hui ce bouquet, et je l'ai reçu.

— Il n'y avait pas quelque chose avec le bouquet?

— Si fait. Il y avait une lettre.

— Montre-la-nous.

— Non.

— Pourquoi non?

— Parce qu'elle ne te regarde pas. Je ne te demande pas à voir les lettres que t'écrivent les femmes en t'envoyant des bouquets.

— Ainsi, c'est un secret, reprit Atlas en riant comme ses camarades de cette saillie qui lui était adressée.

— C'est un secret pour tout le monde, et même pour moi.

— Comment cela?

— La lettre n'était pas signée.

— Raison de plus pour nous dire ce qu'elle contenait.

— Eh bien, elle contenait ceci :

« Madame... »

— Il te croit mariée, interrompit Atlas.

— Il ne me croit pas demoiselle ; voilà tout.

— Et il a raison, dit d'une voix enrouée un Apollon, maigre comme une canne, et qui paraissait avoir six pieds.

— Oh ! cette voix ! s'écrièrent tous les acteurs. Où donc t'es-tu enrhumé ainsi ?

— Il aura eu les pieds mouillés l'année dernière, s'écria Armande en riant et en découvrant toutes les perles de sa bouche.

Le mot eut du succès ; mais Atlas en revint à son idée première et demanda sa lettre.

— Vous m'interrompez, fit Armande.

— Silence !

« — Madame, reprit Armande, un de vos admirateurs vous envoie ce bouquet. Vous pouvez l'accepter sans crainte ; celui de qui vous le recevrez ne se croira pas pour cela autorisé à aucune démarche qui puisse vous déplaire. Tout ce qu'il vous demande, c'est que vous teniez à la main une de ces fleurs, ce soir en entrant en scène : ce sera pour lui la preuve que vous lui pardonnez cet envoi et que vous l'autorisez à le renouveler. »

— Bien tourné, gronda Atlas.

— Et as-tu pris la fleur ? demanda une Danaé qui n'avait encore rien dit.

— La voici, fit Armande en montrant la rose qu'elle venait de mettre sur son sein.

— Mais, chère amie, ce n'est pas là qu'on t'a dit de la mettre.

— C'est vrai, mais mon inconnu ne s'en plaindra pas, et s'il se connaît en réponses, il aimera mieux celle-ci. D'ailleurs le régisseur crierait si j'avais quelque chose à la main. N'est-ce pas, vieux, que tu crierais si je tenais en scène un accessoire qui ne fût pas dans mon rôle ?

Et la folle nymphe sauta sur le dos du régisseur, qui avait ouvert la porte aux premiers mots de la phrase.

— Le rideau est levé, cria le régisseur pour toute réponse. Allons, mesdames, sur le théâtre !

— Bon, j'allais manquer mon entrée, dit Armande, et elle disparut en chantant cet air de chasse bien connu :

> J'aime et je suis aimé d'une belle,
> Je l'aime sans être jaloux.

Et elle entra en scène au milieu de sa chanson. Quant à moi, je savais ce que je voulais savoir, et bien convaincu que Camille allait sortir après le tableau que l'on jouait, j'allai l'attendre à la porte du théâtre.

Il ne tarda pas à quitter le théâtre. Il vint se promener devant la porte par où sortent les acteurs, dans l'espérance, sans doute, de rencontrer Armande. C'est là que je l'abordai. Il sembla contrarié de me voir.

— D'où viens-tu ? lui dis-je.

— De chez moi.

— Ah ! et que faisais-tu là ?

— Je me promenais.

— Moi, je viens des coulisses de ce théâtre.

Camille me regarda.

— Et, continuai-je, je m'y suis beaucoup amusé.

— Pourquoi ?

— Parce qu'Armande, celle-là même qui a fait ta conquête un instant, a été fort drôle.

Je sentais que Camille ne respirait plus que difficilement.

— Qu'a-t-elle donc fait ? balbutia-t-il.

— Figure-toi, dis-je en entraînant mon ami, qui n'osa pas résister, figure-toi qu'un monsieur lui a écrit en lui envoyant des fleurs, qu'elle a distribuées dans le foyer, et dont voici un échantillon.

Je montrais la fleur qu'Armande m'avait donnée.

— Ah! articula avec peine Camille. Et elle s'est moquée de ce monsieur, sans doute?

— Nullement, puisqu'elle a mis à son corsage une fleur, comme il lui avait demandé de le faire.

— C'est vrai, dit Camille.

— Comment, c'est vrai! m'écriai-je; tu es donc au courant de l'histoire, toi aussi?

Camille rougit, mais ne répondit pas.

— Enfin, tu as un concurrent, mon cher, lui dis-je enfin pour lui faire avouer la vérité, et un concurrent qui est en bon chemin, car Armande est fort intriguée par ce bouquet, et désire beaucoup connaître celui qui le lui a envoyé.

Interrogez la vanité des hommes, elle répondra toujours. Camille m'avoua tout ce que je savais déjà, mais il me recommanda la plus grande discrétion. Je le félicitai alors sur le style de la lettre qu'il avait écrite, et il m'avoua encore qu'il en avait recommencé vingt avant d'arriver à celle-là.

Je rentrai chez moi, et je ne m'occupai plus de cette aventure, qui n'avait pour moi qu'une originalité prévue. J'avais vu souvent des jeunes gens affecter et même avoir un profond mépris pour les femmes, et devenir, un jour, amoureux fous de la première venue. Camille cependant venait me voir, et me tenait au courant de ce qui se passait. Il avait écrit à Armande pour lui demander la permission de lui faire une visite; elle l'avait accordée, et il revenait de chez elle enthousiasmé de sa beauté, de sa grâce et de son esprit.

Enfin arriva une chose que, comme les autres, j'avais facilement pressentie : Camille devint l'amant d'Armande, et accourut tout triomphant m'annoncer cette nouvelle, et me consulter sur les premiers cadeaux qu'il comptait envoyer à sa maîtresse. Nous allâmes chez Janisset, et il fit ses emplettes. A en juger par ce qu'il dépensa, il devait être fort amoureux.

Il y avait quinze jours environ que cette nouvelle liaison durait, quand, un matin, on vint m'annoncer qu'une dame voilée désirait me parler; je demandai le nom de cette dame; elle n'avait pas voulu le dire, elle avait seulement répondu qu'elle venait de la part de M. Camille. Je passai dans le salon, et je trouvai en effet une dame voilée, que je reconnus tout de suite, malgré son voile, pour la femme avec qui Camille était dans la loge que je lui avais donnée quelque temps auparavant. Je fis asseoir ma visiteuse, et sans lui laisser comprendre que je la connaissais, je lui demandai à quoi je devais l'honneur de sa visite.

Au lieu de me répondre, cette femme porta son mouchoir à ses yeux et fondit en larmes. J'étais fort embarrassé. Une des choses difficiles de la vie, c'est de consoler. Je préférai donc ne pas user de la consolation, et j'attendis que les larmes eussent cessé.

— Monsieur, me dit alors la maîtresse de Camille quand elle fut un peu remise, vous êtes la cause bien involontaire d'un grand malheur que vous seul pouvez réparer.

— Moi, madame! m'écriai-je.

— Oui, monsieur. C'est vous qui avez donné à Camille une loge, il y a un mois environ.

— En effet.

— Oh! monsieur, pourquoi avez-vous donné cette loge!

Et la pauvre femme se mit de nouveau à pleurer.

— Madame, j'ai donné cette loge parce que Camille est venu me la demander, et si je ne me trompe, je crois même que c'était pour vous qu'il la demandait.

— Hélas! oui, monsieur; mais si j'avais pu prévoir ce qui arrive, je n'eusse jamais exprimé ce désir.

— Mais qu'arrive-t-il donc, madame?

— Il arrive, monsieur, que Camille s'est passionné ce jour-là pour une actrice du théâtre où nous étions, pour une demoiselle Armande, et que depuis ce jour-là, c'est-à-dire depuis un grand mois, je ne l'ai pas revu. Je lui ai écrit, il ne m'a même pas répondu; je suis allée chez lui, je ne l'ai jamais trouvé; enfin, monsieur, Camille ne m'aime plus, et c'était le plus grand malheur qui pouvait m'arriver.

— Vous vous exagérez la situation, madame. Qui vous a dit que Camille, dont la nature est incompatible avec ces sortes d'amours que vous lui reprochez, fût amoureux de cette fille?

— Je le sais, monsieur; une femme, quand elle est encore jeune et qu'elle n'est pas laide, a toujours autour d'elle des gens qui l'informent de ce que son amant fait, et qui comptent gagner quelque chose à cette dénonciation. Je sais tout, monsieur, je vous le répète, et j'ai compté sur vous pour ramener Camille à moi. Vous le connaissez, vous avez une grande influence sur lui : au nom du ciel, monsieur, voyez-le, et faites-lui comprendre que s'il m'abandonne, j'en mourrai.

Et de nouvelles larmes gonflaient les paupières de la belle éplorée.

— J'avais si bien arrangé ma vie, reprit-elle, pour que Camille fût heureux! J'avais renoncé au monde, j'avais isolé mon existence pour la lui donner tout entière, j'avais plié mon caractère à ses habitudes indolentes, et j'avais compté même sur cette indolence pour le conserver, et voilà que tout à coup il se passionne pour je ne sais quelle fille, et me laisse à mon chagrin et à mon double isolement. — Quand le verrez-vous, monsieur?

— Aujourd'hui même, madame.

— Vous irez le voir?

— Oui.

— Vous lui direz que je suis venue?

— Certainement.

— Vous lui ferez comprendre tout ce que je souffre, et vous viendrez me dire ce qu'il vous aura répondu?

— A l'instant même.

— Oh! merci, monsieur, mille fois merci! croyez à ma reconnaissance bien sincère. Voici mon adresse : Madame d'Harville, rue...... Je vous attends avant cinq heures.

— Comptez sur moi, madame.

Madame d'Harville se leva, s'essuya une dernière fois les yeux, baissa son voile, et me dit en me tendant la main :

— Mon Dieu! quand je pense que nous serions si heureux, si vous n'aviez pas donné cette loge!

Madame d'Harville sortit, et je me rendis chez Camille.

Je ne reconnus pas l'appartement, pas plus que je ne reconnus mon ami. La bibliothèque était devenue un cabinet de toilette, le salon était plein de fleurs, les simples tentures de damas de laine étaient remplacées par des rideaux de velours, et Camille, enveloppé d'une robe de chambre en soie, nonchalamment étendu sur une causeuse, fumait son cigare, lisait *le Charivari*, et se faisait coiffer.

Un moment je crus que je m'étais trompé de porte. Camille tourna la tête de mon côté, et me dit nonchalamment :

— Ah! c'est toi? Bonjour; assieds-toi donc.

Je m'assis.

— Tu es bien aimable d'être venu me voir.

— Je suis chargé d'une commission auprès de toi.

— Ah! de la part de qui?

— Je te dirai cela quand tu seras seul.

Le coiffeur s'en alla quelques instants après. Camille

passa les doigts dans ses cheveux, se mira, et, s'appuyant à la cheminée, me dit :

— Parle, cher ami, je t'écoute.

— Je lui racontai alors la visite que j'avais reçue le matin.

— Ah! mon cher, me dit-il, madame d'Harville m'ennuie beaucoup, elle ne fait que m'écrire lettres sur lettres. Qu'est-ce qu'elle veut que je lui réponde? Que je suis l'amant d'une autre femme? Je ne le puis pas, et cependant je ne quitterai pas Armande pour elle, c'est bien certain.

— Tu es donc décidément amoureux d'Armande?

— Amoureux fou, et elle m'adore.

— Tu le crois?

— J'en suis convaincu.

Mon ami commençait à me faire de la peine.

— Quel changement! lui dis-je. Je n'aurais jamais cru que tu deviendrais ce que tu es.

— C'était ma nature pourtant. Il s'agissait de trouver la femme qui devait me réveiller. Cette femme, je l'ai, cher ami, et je suis l'homme le plus heureux de la terre. Ah! que je te remercie de m'avoir donné cette loge!

— Je ne parierais pas que tu m'en remercieras toujours.

— Armande est un ange.

— Et ton mariage?

— A tous les diables.

— Que va dire ton père?

— Tout ce qu'il voudra! Après tout, je suis libre.

— A merveille. Et que répondrai-je à madame d'Harville?

— Tout ce qu'il te plaira de répondre, pourvu qu'elle ne m'écrive plus et que je n'entende plus parler d'elle.

— Adieu.

— Tu t'en vas?

— Oui.

— Veux-tu souper ce soir, après le spectacle, avec Armande et moi?

— Merci, je ne puis pas.

— Allons, adieu.

Camille m'accompagna jusqu'à la porte, et rentra chez lui en chantant un air de vaudeville. Quant à moi, je ne revenais pas de la surprise que me causait cette étrange métamorphose. Je me rendis tout de suite chez madame d'Harville, ne sachant trop ce que j'allais lui dire. Je la trouvai dans un charmant boudoir, meublé de fort élégante façon. Je lui racontai ce qui venait de se passer, en atténuant un peu les réponses de Camille.

— C'est bien, monsieur, me dit-elle ; je sais maintenant ce qu'il me reste à faire.

Elle ne versa pas une larme. La dignité surmontait l'amour. Quand je pris congé de madame d'Harville, elle avait tout le calme d'une résolution sûre et soudainement prise. Elle me remercia de la démarche que j'avais faite, et me demanda pardon de l'ennui que cette démarche avait dû me causer. Puis elle me tendit sa blanche main, me fit un doux sourire, et je partis.

Le lendemain, je reçus un paquet et un mot de madame d'Harville, qui me priait de remettre ce paquet à Camille. Je fis la commission. C'étaient les lettres que son ancienne maîtresse renvoyait à mon ami, en lui écrivant qu'elle quittait Paris.

Il jeta les lettres au feu, et s'écria : — Tant mieux ! à la nouvelle du départ de madame d'Harville. J'étais loin d'approuver la conduite de Camille, et cette malheureuse loge que je lui avais donnée avait de trop désagréables résultats pour que je prisse un grand intérêt à ceux que je pressentais encore. Je cessai donc, comme par le passé, de voir mon ancien camarade, et je le laissai tout entier à ses folies.

Deux mois se passèrent ainsi ; mais au bout de deux mois, je reçus une étrange visite. A sept heures du matin, un homme se présenta chez moi, m'apportant une lettre de Camille. Voici ce que contenait cette lettre :

« Cher ami,

« Je viens d'être arrêté pour 10,000 fr. de lettres de change, je n'ai pu payer et je suis à Clichy. Te demander cette somme serait un pléonasme. Mais tu peux me rendre le service de partir ce soir pour Rouen, où demeurent mon père et ma mère. Va leur expliquer ma position, et remets-leur la lettre que je joins à celle-ci, sans quoi je tremble qu'ils ne me laissent où je suis, sous prétexte de me donner une leçon.

« Pars aujourd'hui même, et crois à ma reconnaissance. »

Je partis. Le lendemain j'étais chez les parents de Camille, auxquels j'expliquais avec toutes les formes possibles l'embarras de leur fils. Ils me donnèrent une lettre pour lui, mais ils ne me remirent pas d'argent.

— A quelque chose malheur est bon, me dit le père de Camille. Voilà mon fils en prison, il faudra bien qu'il accepte nos conditions, sans quoi il n'en sortira pas. Dites-lui cela de notre part. D'ailleurs vous ne ferez que répéter ce que contient ma lettre.

Je repartis à l'instant même, et j'allai voir Camille à Clichy. Les anciens avaient inventé les Champs-Élysées comme lieu de délices, notre civilisation moderne a inventé Clichy. Pâlissent les anciens !

Malheureusement Camille pensait à Armande, et, à ce qu'il paraît, Armande ne pensait pas beaucoup à Camille, car depuis qu'il était arrêté, elle n'était venue le voir qu'une fois.

Je lui remis la lettre de son père, qui lui disait que les 10,000 fr. ne seraient payés qu'à la condition qu'il s'engagerait d'honneur à partir pour Rouen immédiatement après sa sortie de prison. Camille s'engagea à tout ce qu'on voulut, il fit à son père une promesse formelle d'aller le rejoindre, et je mis la lettre à la poste.

Trois jours après, Camille était libre. Vous devinez aisément que la première chose que fit Camille fut non pas d'aller chez son père, mais de courir chez Armande. Je rentrai chez moi désespéré de la démarche que j'avais faite, et me croyant presque solidaire de la conduite de mon ami.

Mais ce n'était pas tout. Camille arriva chez moi tout effaré.

— Mon cher, me dit-il en entrant, il faut que tu me serves de témoin.

— Tu es donc résolu à te marier?

— Du tout! je me bats.

— Allons! bien, et avec qui?

— Avec un monsieur que je ne connais pas du tout et qui m'a donné un soufflet.

— Où cela?

— Chez Armande.

— Comment cela est-il venu?

— Je suis allé chez Armande. On m'a répondu qu'elle n'était pas chez elle; j'ai voulu entrer, car je savais qu'elle y était; alors est sorti un grand gaillard, flanqué de moustaches incroyables, en bras de chemise, et qui m'a demandé ce que je voulais, d'un ton fort impertinent. Je lui ai répondu sur le même ton, il a levé la main sur moi. Je lui ai donné ma carte, et il m'a donné la sienne, que voici:

M. de Saint-Alexis, rue Richelieu, 92.

— Ah! conférences de l'Observatoire, où êtes-vous? m'écriai-je.

— Tu comprends, reprit Camille, qu'il faut que cette affaire soit vidée à l'instant même.

— Tu as le choix des armes?

— Naturellement.

— Lesquelles choisis-tu?

— Peu m'importe! je n'en connais aucune.

— A merveille! tu vas te faire tuer comme un lapin; cela va être bien amusant. Choisis l'épée, tu auras la ressource de rompre. A-t-il l'air d'un tireur, ton monsieur de Saint-Alexis!

— Oui, il est grand, fort, et il a le verbe haut.

— Je tâcherai de le placer devant un fossé alors, et il se jettera dedans à ta première feinte. Si cela peut finir comme cela, ce sera très-heureux. As-tu un autre témoin?

— Je ne connais que des professeurs.

— Alors je vais prendre un de mes amis. Compte sur moi. Et ton père qui t'attend pour te marier? Voilà une affaire qui promet de devenir drôle. A quelle heure ce monsieur recevra-t-il tes témoins?

— Aujourd'hui même, jusqu'à cinq heures.

— Reste ici. Je reviens tout de suite.

Je courus chez un de mes amis, à qui je racontai l'affaire, et que je priai de m'accompagner. Nous nous rendîmes chez M. de Saint-Alexis. C'était un grand monsieur qui voulait se donner l'air très-méchant, et qui nous reçut dans un appartement assez riche, mais d'une richesse de mauvais goût.

L'affaire était bien simple, aussi ne souffrit-elle point la moindre difficulté. Nous offrîmes à ce monsieur de faire des excuses qu'il était impossible qu'il fît, de sorte que nous conclûmes à une rencontre pour le surlendemain, et nous choisîmes l'épée.

M. de Saint-Alexis fut suffisamment convenable, et nous nous retirâmes.

Le terrain du duel était Ville-d'Avray. Je vins rejoindre Camille, qui écrivait à Armande une lettre fort pathétique, qu'il déchira à ma sollicitation, et après lui avoir fait part des conventions prises, je le menai chez Grisier.

J'avais cru deviner à la figure et aux façons de M. de Saint-Alexis qu'il ne devait pas être un adversaire fort dangereux, et je fis part de cette observation à Camille, qui, du reste, était un garçon très-brave, et doublement brave même par l'inexpérience du danger. Il fit des armes tant qu'il put, et le surlendemain à sept heures, nous étions à Ville-d'Avray.

Je ne m'étais pas trompé. M. de Saint-Alexis n'était pas brave, et il ne semblait pas fort à son aise en engageant le fer; mais à la façon dont Camille se mit en garde, il comprit qu'il avait affaire à un écolier, et il reprit un peu de sang-froid. Camille parait et ripostait d'une façon incroyable. Il se servait de son épée comme d'une canne, il faisait des moulinets, sautait, courait et risquait à chaque instant de se faire tuer. C'était maladroit, mais c'était dangereux, et M. de Saint-Alexis rompait.

Le duel se présentait sous un aspect assez gai, et j'entrevoyais que nous allions passer une bonne demi-heure à voir ces messieurs s'escrimer sans se faire le moindre mal. M. de Saint-Alexis commençait à perdre le peu d'assurance qu'il avait reprise, et il se mit à parer à tort et à travers les coups que lui portait Camille. Dans une de ces parades, il toucha assez vigoureusement son adversaire, qui, en voyant son sang rougir sa chemise, se précipita sur lui en tenant son épée comme une lance.

Camille avait trois pouces de fer dans l'épaule, et M. de Saint-Alexis avait la cuisse traversée.

C'était suffisant, et ce qu'on appelle l'honneur était satisfait. Nous emportâmes les blessés, et les compresses commencèrent.

Le père de Camille, ne sachant à quoi attribuer le silence de son fils, arriva à Paris et le trouva sur le dos, moi le soignant. On remonta à la source de cette querelle, et l'on finit par en trouver l'origine dans la loge que j'avais donnée au blessé.

Ce duel fit grand bruit. L'Observatoire s'en émut. Je passai pour avoir corrompu un jeune savant. La mère de Camille, avertie de la maladie de son fils, arriva pour le soigner. En apprenant que c'était moi qui avais donné la loge, cause première de tous ces malheurs, elle signifia à son fils qu'elle ne voulait plus me voir chez lui.

La famille de la jeune fille que devait épouser Camille reprit sa parole, disant qu'elle n'abandonnerait jamais son unique enfant à un spadassin qui courait les coulisses et se battait pour des filles de théâtre. Quant au père, à cette nouvelle, il donna sa malédiction à Camille, lequel, abandonné par Armande, oublié de madame d'Harville, maudit par son père et méprisé des savants, s'engagea dans les spahis. Dernièrement, quand je passai à Blidah, un grand jeune homme au teint bruni, aux moustaches en crochet, et orné d'une cicatrice qui lui traversait la figure comme un baudrier, vint à moi et me dit :

— Me reconnais-tu ?

— Aucunement.

— Je suis Camille.

— Toi... vous... toi !

— Moi-même.

— Quel vilain coup de sabre tu as dans la figure.

— Mon cher, je l'ai reçu il y a un an, et l'on m'a donné la croix en échange. Je suis maréchal des logis chef.

— Je t'en fais mon compliment ; et t'amuses-tu ici ?

— Peu ; mais enfin je puis être sous-lieutenant dans six

mois, lieutenant dans un an, capitaine dans deux, colonel dans six, maréchal de camp dans huit, lieutenant général dans dix, maréchal de France dans douze ans, et vice-roi d'Afrique, plus tard, si le maréchal Bugeaud s'en va, comme le bruit en court.

— Ah! mon pauvre cher Camille, qui est-ce qui aurait dit, quand tu écoutais M. Arago dissertant sur l'astronomie, et M. Flourens sur la teinture des os de poulet, que tout cela te mènerait où tu es aujourd'hui?

— Cela ne prouve qu'une chose, mon cher, reprit Camille en tordant sa moustache et en m'envoyant au visage une large bouffée de tabac, c'est que les théories sont bonnes avec tout, excepté avec la femme.

Armande continue à jouer des rôles de nymphe; madame d'Harville est remariée; le père de Camille parle avec enthousiasme du courage de son fils, et la fiancée de celui-ci a épousé M. de Saint-Alexis.

Voilà comment arrivent des choses qui semblaient ne pas devoir arriver.

Et tout cela parce que j'ai donné une loge à Camille.

FIN DE LA LOGE A CAMILLE.

CHEZ LES MÊMES ÉDITEURS

BIBLIOTHÈQUE NOUVELLE
à 1 franc le volume.

FORMAT IN-16, IMPRIMÉ AVEC CARACTÈRES NEUFS SUR BEAU PAPIER SATINÉ, ÉDITION DE 500,000 LETTRES AU MOINS, VALEUR DE DEUX VOLUMES IN-OCTAVO.

VOLUMES PARUS ET A PARAITRE

A. DE LAMARTINE
Geneviève, Histoire d'une Servante. . . 1 vol.

ÉMILE DE GIRARDIN
Le Droit (2ᵉ édition). . . . . 1 vol.
La Politique universelle. . . . . . . 1 vol.

THÉOPHILE GAUTIER
Théatre de poche. . . . . 1 vol.
Le Capitaine Fracasse. . . . . 1 vol.

ALPHONSE KARR
Histoires normandes. . . . . 1 vol.

MÉRY
Les Nuits parisiennes. . . . . 1 vol.

STENDHAL (BEYLE)
Le Rouge et le Noir. . . . . 1 vol.
La Chartreuse de Parme. . . . . . . 1 vol.

PHILARÈTE CHASLES
Souvenirs d'un Médecin. . . . . . . 1 vol.

HENRI MONNIER
Mémoires de M. Joseph Prudhomme. . 2 vol.

ALEXANDRE DUMAS FILS
Diane de Lys. . . . . 1 vol.
Le Roman d'une Femme. . . . . 1 vol.

Mᵐᵉ LAFARGE
Heures de Prison. . . . . 1 vol.

LE COMTE DE RAOUSSET-BOULBON
Une Conversion. . . . . 1 vol.

CHAMPFLEURY
Les Bourgeois de Molinchart. . . . 1 vol.

AMÉDÉE ACHARD
La Robe de Nessus. . . . . 1 vol.
Belle-Rose. . . . . 2 vol.

JULES GÉRARD (LE TUEUR DE
La Chasse au Lion, ornée de 12 magnifiques grav., par Gustave Doré

TAXILE DELORD
Charges et Portraits littéraires et politiques.

Mᵐᵉ MOLINOS-LAFITTE
L'Éducation du Foyer. . . . .
Scènes de la vie des Enfants.

MISS EDGEWORTH
Demain. . . . .

DE SESENOFF
La Vérité sur l'Empereur Nicolas.
Histoire intime de sa vie et de son règne.

ARNOULD FRÉMY
Les Maîtresses parisiennes.

EUGÈNE CHAPUS
Les Soirées de Chantilly.

Mᵐᵉ SOPHIE GAY
Les Malheurs d'un Amant heureux.

Mᵐᵉ ROGER DE BEAUVOIR
Confidences de Mademoiselle Ma...

BARBEY D'AUREVILLY
Une vieille Maîtresse.

LOUIS BOUILHET
Melœnis, Conte romain en vers.

POUR PARAITRE SUCCESSIVEMENT
Œuvres de Molière. — Corneille. — Racine. — Boileau. — La Fontaine. — La Bruyère. — La Rochefoucauld. — Madame Sévigné, etc.

PARIS. — IMP. SIMON RAÇON ET COMP., RUE D'ERFURTH, 1.